Kurt Hasel

Zauber des ABERGLAUBENS

Belastung und Befreiung

NewStartCenter®

Impressum:

Kurt Hasel
Zauber des Aberglaubens

15. deutsche erweiterte Auflage 2006
16. deutsche erweiterte Auflage 2006

Satz: rimi-grafik G. Rimarzik, D29336 Nienhagen
Printed in Germany

Vertrieb:
NewStartCenter®
Hohenegg 1 • 79692 Raich (Germany)
www.newstartcenter.de
www.okkultismus-aberglauben.de

ISBN: 3-933785-33-2
Bestellnummer: 250-533

Immer mehr Menschen wenden sich heute Lehren und Praktiken zu, die oft von mystischen und okkulten Denkweisen geprägt sind, sehen aber nicht die Gefahr einer okkulten Betätigung und Beratung. Das Angebot der Okkultisten ist beachtlich groß. Es reicht vom Horoskop über Handlinienlesen, Pendeln, Yoga, spiritistischen Sitzungen, Totenbefragung bis zum Besprechen kranker Organe – um nur einige Dinge zu nennen. Das Angebot ist gesellschaftsfähig geworden! Eine Umfrage hat ergeben, daß in Westeuropa 85% der Befragten zu irgendeiner Zeit in ihrem Leben irgendwelche okkulten Kräfte in Anspruch genommen haben. Diese Umfrage ergab auch, daß die deutschsprachigen Länder die meisten Zauberer, Wahrsager, Kartenleger, Hypnotiseure und Personen haben, die die „Kunst der scharzen Magie" beherrschen, die okkulte Praktiken berufsmäßig betreiben.

Satan ist ein schlauer Stratege. Er weiß geschickt sein Fangnetz auszubreiten und sich die Menschen gerade in ihrer Not hörig zu machen. So wird heute immer wieder festgestellt, daß Wahrsager, Zeichendeuter, Spiritisten mit ihren „Patienten" beten, ihnen die Hände auflegen und mit großer Kenntnis die Bibel zitieren. Das ist nichts anderes als Weiße Magie!

Okkulte Praktiken und Einflüsse, verschleiert und gut getarnt, werden auch für die Gläubigen zu einer Gefahr! Getarnt als Engel des Lichts versucht der Teufel Gläubige in seinen Bann zu ziehen; mit feinsten Methoden versucht er die Gläubigen – insbesondere auf dem Gebiet der Paramedizin – zu überlisten. Das Wort Gottes sagt, daß Satan – von Anbeginn an ein Lügner – als Engel des Lichts auftreten kann. Die Bibel warnt uns vor solch listigen Anläufen des Teufels! Gleichzeitig gibt das Wort Gottes uns die Anweisung, wie wir uns in diesem Kampf verhalten sollen. Die einzige Waffe, die wir besitzen, ist das Wort Gottes selbst!

Wir stellen eine beängstigende Zunahme okkulter Praktiken fest. Die Sehnsucht und die Neugierde der Menschen nach dem Übersinnlichen wächst. Der magische und okkulte Untergrund breitet sich aus. Wir merken auch, daß diese okkulte Welle die Gemeinde Jesu nicht verschont und vor ihren Türen nicht halt macht.

Viele spekulieren heute mit der Angst, der Zukunftsangst, der Angst vor Krebs. Außerdem wecken Vereinsamung und vielleicht Bedrohungen des Lebens im Menschen das Verlangen nach Geborgenheit, nach Trost und nach Antworten auf die vielen ungelösten Fragen. Und hier bieten Okkultisten mit Hilfe von Zeitungsanzeigen ihre Dienste an. Nicht selten findet man auch Hinweise auf schmuckvolle Amulette. Das Geschäft blüht!

So glauben 30% der Deutschen, daß sich die Zukunft voraussagen läßt. Und wer bereit ist, für die Zukunftsdeuterei mindestens 150 bis 300 DM zu zahlen, der hat unter Deutschlands professionellen Hellsehern, Wahrsagern und Magiern die Qual der Wahl. Fast alle sind bekannt durch Presse, Funk und Fernsehen! Aus Angst vor der ungewissen Zukunft bedient man sich der Astrologie, der Horoskopie. Horoskoplesen führt schließlich schon nach kurzer Zeit zu Horoskopgläubigkeit! So wird Gott, der unser Leben liebend gestalten möchte, beiseite geschoben. Aber nur Gott kann uns die Angst vor der Zukunft nehmen, nicht das Horoskop, das Lesen der Handlinien oder sogar das Befragen von Toten!

Wenn wir beispielsweise im Westen das Wort Yoga hören, denken wir meistens an akrobatische Verrenkungen, an Kopfstand, an Lotossitz und andere schwierige Körperhaltun-

gen. In Wirklichkeit ist Yoga wesentlich mehr als eine asiatische Gymnastik. Das Ziel des Yoga liegt in der Selbstbewußtwerdung des Menschen; die Zielrichtung ist auf ein Geistiges ausgerichtet!

Nach Professor Löb aus Gießen ist „auch in unserem Zeitalter der Aberglaube noch nicht ganz ausgestorben, und es gibt immer noch Leute, die damit Geschäfte machen". Nach Jacquerod hilft die Wünschelrute, mit der man an den Glauben, an den Sinn des Gehimnisvollen, des Übernatürlichen appelliert, dazu, „den Aberglauben im Volke, selbst bei Gebildeten zu nähren; sie stellt eine Rückkehr zur Epoche der Zauberei dar". Und es trifft nicht zu, daß schon Mose ein Rutengänger war. Vielmehr wird das „Befragen der Rute" in der Bibel im Sinne von Zauberei ganz deutlich verworfen und verboten! Auch kennt die Wissenschaft keine Erdstrahlen im Sinne der Rutengänger. Außer Hypothesen konnte bisher über Erdstrahlen niemand etwas liefern! In keinem wissenschaftlichen Versuch konnte bisher der Einfluß von Erdstrahlen nachgewiesen werden. so sollte sich niemand von uns verblenden lassen!

Uns ist eine Gefahr aus dem Bereich des Okkulten kommend bekannt. Die Fachliteratur berichtet zur Genüge über die Folgen okkulter Beratung wie Schäden im seelischen Bereich, Angstvorstellungen, Schwermut, erschreckend hohe Zahl von Selbstmordversuchen und Trennung von Gott. Es wird sich aber immer als ein Irrweg erweisen, wenn der Mensch seine Probleme ohne Gott lösen will.

Gott begleitet uns jeden Tag, gibt uns Worte der Hoffnung. Jesus ist stärker als alle Gebundenheit! Die Zukunft eines Christen ist die Wiederkunft Jesu. Wer sich für ein Leben für Gott entscheidet, wählt auch ein Leben mit Gott! Befreiung von der Finsternis gibt es nur durch das Blut Christi: „So euch nun der Sohn frei macht, so seid ihr frei." (Johannes 8,36)

Das Kreuz ist das Zeichen der Liebe Gottes!

So ist auch das Hauptanliegen des Verfassers in dem vorliegenden Buch darin zu sehen, vor Okkultem und Magischem und den sich daraus ergebenden seelischen Bindungen zu warnen. Es geht Kurt Hasel nicht nur um eine bloße Darstellung der möglichen Verirrungen, sondern vor allem um eine Bestätigung des alten Weges zum Heil, der über das Kreuz Christi führt. Möge auch diese neue erweiterte Auflage eine breite Leserschaft finden!

Bad Laasphe, Oktober 1993

Dr. Manfred Heide

Inhaltsverzeichnis

Aberglaube, Okkultismus und Spiritismus begegnen uns auf Schritt und Tritt. Man kommt mit diesen Praktiken schnell in Berührung. Ist es nur ein harmloser Zeitvertreib, ein prickelnder Nervenkitzel oder geht es hier um eine todernste Angelegenheit?

Die Heilige Schrift warnt: Achtung Lebensgefahr! Gott bezeichnet die Betätigung im Bereich von Aberglaube, Okkultismus und Spiritismus unmißverständlich als „Greuel“. (5. Mose 18, 9-14)

Warum sind Greuelsünden besonders schwere Sünden?

1. Wer eine Greuelsünde praktiziert, sucht die Hilfe bei Satan und nicht bei Gott.
2. Greuelsünden sind eine direkte Beleidigung und Zurücksetzung Gottes.
3. Für Satans Hilfe durch Aberglaube, Okkultismus und Spiritismus muß ich in meinem Leben einen hohen Preis zahlen, ich leide unter Belastungen. Satan will mich zugrunde richten.
4. Die negativen Folgen der Greuelsünden können sich bis in die vierte Generation aus wirken.

Wer wissentlich oder unwissentlich „Greuelsünden“ praktiziert hat, oder wenn die Vorfahren hier schuldig geworden sind, zurückreichend bis zu den Urgroßeltern, braucht dennoch nicht verzweifeln oder entmutigt sein. Gott schenkt echte Befreiung von allen okkulten Belastungen.

Gottes „GUTE NACHRICHT“ lautet:

1. **Jesus liebt Dich!**
2. **Jesus will dir wirklich helfen, weil er dich liebt.**
3. **Jesus kann dir wirklich helfen, weil er allmächtig ist.**
4. **Jesu befreiende Hilfe kostet keinen Preis. Liebe fordert nicht, Liebe schenkt.**
5. **Jesus Christus, der Sohn Gottes, vergibt dir alle Sünden, auch die Greuelsünden. Die Bedingung für das göttliche Vergebungsangebot: Du mußt Jesus deine Sünden bekennen und seine Vergebung annehmen.**
6. **Jesus Christus befreit dich von jeder Belastung, die ihre Ursache in okkulter Betätigung hat.**
7. **Jesus Christus ist der Sieger über Satan und seine Macht, auch in deinem Leben.**

Meine Gebete begleiten diese Niederschrift. Ich bitte Gott, daß auch du, wie schon viele Tausende vor dir, die beglückende Befreiung durch Jesus Christus erlebst.

Wenn du heute noch den Weg der Befreiung gehst, kannst du heute noch durch die Siegeskraft von Jesus Christus von allen okkulten Belastugnen frei werden.

JESUS IST SIEGER!

Benutzte Bibelübersetzungen:
Die Bibel im heutigen Deutsch;
„Die Gute Nachricht des Alten und Neuen Testaments",
Deutsche Bibelgesellschaft, Stuttgart;
weitere Bibelübersetzungen sind in Klammern angegeben.

Gläubig oder abergläubisch?

Esoterik

In jeder Buchhandlung finden wir unter dem Begriff „Esoterik“ eine wahre Bücherflut, die kaum noch zu überschauen ist. Die Nachfrage nach Veröffentlichungen auf diesem Gebiet wächst ständig. Bestimmte Begriffe begegnen uns hier immer wieder. Um nur einige zu nennen: „Astrologie“, „Geistheilung“, „Hypnose“, „Magie“, „Meditation“, „Mentaltraining“, „Mystik“, „Spirituelle Heilung“, „Spiritismus“, „Yoga“.

Die okkulte Welle rollt

Wir können die Tatsache nicht leugnen: Aberglaube, Okkultismus und Spiritismus in ihren vielfältigen Erscheinungsformen, spielen in unserer wissenschaftlichen Zeit eine immer größere Rolle. Wer wissen will, welche Entscheidung zu treffen ist, bezahlt für ein Kurzhoroskop zwischen 30 und 50 Euro. Großunternehmen beschäftigen Astrologen. Schauspieler und Politiker lassen sich durch Astrologen beraten. Magische Zirkel, schwarze Messen, Spiritismus finden ein wachsendes Interesse.

Schüler betätigen sich okkult

Viele Jugendliche sind mit okkulten Praktiken vertraut. In Schulen beklagen verantwortungsbewußte Lehrer, wie in zunehmendem Maße Schüler in ihrer Freizeit mit Glasrücken, Tischrücken, Pendeln und anderen okkulten Praktiken ihren Spaß haben – „nur so zum Zeitvertreib“ –, ohne Kenntnis zu haben, in welche Abhängigkeit und in welchen Einflußbereich sie dabei kommen. Neben den „okkulten Praktiken“, berichten immer mehr Jugendliche von ihren Berührungen mit „schwarzen Messen“ und „Satanskulten“.

Aberglaube und Okkultismus mit allen Begleiterscheinungen gehören nicht der Vergangenheit an. Gerade in unserem Zeitalter der Technik und des Bildungshochstandes ist der Aberglaube in den Herzen der Menschen so fest verwurzelt wie seit eh und je.

Triumphiert der Aberglaube?

Die Botschaft von Jesus Christus und seiner Erlösungstat wurde noch nie von den Kanzeln, über Radio und Fernsehen, so intensiv verkündet wie gerade heute. Bibeln werden mit Millionenauflagen verkauft. Eine Flut von christlicher Literatur wird täglich gedruckt. Ist es da nicht seltsam, wenn wir mit Verwunderung feststellen, daß auch Aberglaube und Okkultismus Schritt halten und immer neue Triumphe feiern?

Zwei Worterklärungen sollen helfen, die angesprochenen Bereiche besser zu verstehen:

Okkultismus

Das Wort „okkult“ bedeutet „verborgen, heimlich, geheim“. Mit „Okkultismus“ ist die „Geheimwissenschaft“ gemeint; es ist die „Lehre von Über- und Außersinnlichem“, es handelt sich um die „Beschäftigung mit schwer zugänglichen Randgebieten menschlicher Erkenntnis“.

Spiritismus

Der „Spiritismus“ hat es mit dem „Glauben an vermeintliche Erscheinungen von Seelen Verstorbener“ zu tun.

Gefährliche Angriffe

Aberglaube, Okkultismus und Spiritismus haben auf viele Menschen eine große „Reizwirkung“. Es ist erschreckend, wie viele sich in unserer hoch technisierten Zeit mit geheimen Praktiken beschäftigen, in der Annahme, dadurch Zugang zu einem Wissen zu erhalten, das über nüchterne, wissenschaftliche Verfahren nicht zu erhalten ist.

In Wirklichkeit verbirgt sich hinter Aberglauben, Okkultismus und Spiritismus der Gegenspieler Gottes. Er hat über diese Bereiche einen dichten Nebel ausgebreitet, der alle Grenzen verwischt. Auf den genannten Gebieten begegnen uns seine gezielten und gefährlichen Angriffe.

Die Vorteile des christlichen Glaubens

Welche Rolle spielt der Glaube? Glauben heißt vertrauen. Eine hilfreiche Begriffsbestimmung finden wir in der Hl. Schrift:

Glauben heißt Vertrauen

Gott vertrauen heißt: sich verlassen auf das, was man hofft, und fest mit dem rechnen, was man nicht sehen kann.“ Hebräer 11,1

Die Frage, ob Glaube oder Vertrauen nebensächliche Bedeutung haben oder eine Lebensnotwendigkeit sind, beantwortet die biblische Aussage:

„Keiner kann Gott gefallen, der ihm nicht vertraut. Wer zu Gott kommen will, muß sich darauf verlassen, daß Gott lebt und die belohnt, die ihn suchen.“ Hebräer 11,6

Die Glaubensantenne

Durch den Glauben nehmen wir mit Gott die Verbindung auf. Wir setzen unser Vertrauen auf Gott. Der Glaube ist gewissermaßen die Antenne unseres christlichen Lebens. Die Glaubensantenne ermöglicht den Empfang der „Göttlichen Welle“.

Das Ziel des Glaubens

Der christliche Glaube hat ein Ziel. Dieses Ziel ist Gott. In Gott begegnet uns der Inbegriff echter Liebe. Gott will uns helfen, weil er uns wirklich liebt. Er will uns jetzt schon von der Sünde und ihren schrecklichen Folgen befreien, und er will eines Tages auch die Todesgrenze unseres Lebens aufheben. Dann sind wir nicht mehr dem Tode unterworfen; wir können ein unbeschwertes, sorgenfreies und glückliches „ewiges Leben in der Gegenwart Gottes“ leben.
„Damit ist die Botschaft gemeint, die wir verkünden: Vor Gott gilt einzig und allein das Vertrauen. Wenn ihr also mit dem Mund bekennt: ‚Jesus ist der Herr‘, und mit dem Herzen darauf vertraut, daß Gott ihn vom Tod erweckt hat, werdet ihr gerettet. Wer mit dem Herzen vertraut, wird von Gott angenommen; und wer mit dem Mund bekennt, wird gerettet. Darum heißt es: ‚Wer ihm vertraut wird nicht untergehen.‘“ Römer 10,8-11

Lebensgefährlicher Glaube

Aberglaube, Okkultismus und Spiritismus haben ein anderes Ziel. Der Glaube, vor dem ein „Aber“ steht, ist das Gegenstück des echten Glaubens. Diese Tätigkeitsbereiche gehören zu dem Machtbereich des Teufels. Vordergründig bietet der Gegenspieler Gottes den Menschen seine Hilfe an.

Hinter seinen verlockenden Angeboten verbirgt sich jedoch ein verderbenbringender Betrug. In Wirklichkeit hat der Teufel nur die eine Absicht: Er will uns, wenn wir einmal seine Hilfe in Anspruch genommen haben, geistig, seelisch und körperlich zugrunde richten und uns bleibenden Schaden zufügen.

Was Gott von uns fordert

Was fordert Gott von uns? Er ist unser Schöpfer und hat damit auch das Recht, Forderungen zu stellen. Gott stellt keine eigennützigen Forderungen. Er fordert das, was uns zum Besten dient.

„Es ist bekannt, daß Gott das Gebet der Sünder nicht hört. Er hört nur auf die, die ihn ehren und seinen Willen ausführen.“ Johannes 9,31

Gehorsam, eine Quelle der Freude

Gott fordert Gehorsam. Auch Eltern fordern von ihren Kindern Gehorsam, nicht um die Kinder zu quälen und ihnen das Leben schwer zu machen, im Gegenteil, sie wollen ihren Kindern helfend zur Seite stehen. Eltern wissen, wohin Ungehorsam führt; die Kinder sind noch ahnungslos. Wir freuen uns, wenn unsere Kinder unsere Anordnungen wirklich befolgen und uns gehorsam sind. Eltern fordern von ihren Kindern Gehorsam, weil sie die Kinder lieben. Hat sich zwischen den Eltern und ihren Kindern ein Vertrauensverhältnis entwickelt, werden die Kinder die Anordnungen der Eltern gerne befolgen, weil sie wissen, die Eltern meinen es gut mit ihnen. Der Gehorsam fällt dann nicht mehr schwer.

Eine lebendige Gemeinschaft mit Gott

Das beste Angebot macht uns Gott. Können wir es uns leisten, solch ein Angebot auszuschlagen?

„Jesus antwortete ihm: ‚Wer mich liebt, der wird sich nach meinem Wort richten; dann wird ihn auch mein Vater lieben, wir werden zu ihm kommen und bei ihm wohnen.“ Johannes 14,23

Wer Gottes Willen erfüllt, hat das Erlebnis einer lebendigen Gemeinschaft mit dem lebendigen Gott. Wenn Gott in meinem Leben die Herrschaft übernimmt, kann Satan in meinem Leben keine Forderungen mehr stellen. Ich bin das Eigentum eines allmächtigen Herrn geworden.

Weiterhin sagt uns Jesus, womit er uns außerdem noch beschenken will:

Sehnsucht nach Frieden

„Zum Abschied gebe ich euch den Frieden, meinen Frieden, nicht den Frieden, den die Welt gibt. Erschreckt nicht, habt keine Angst!“ Johannes 14,27

Wir sehnen uns alle nach echtem Herzensfrieden. Nur Jesus kann uns dauernden und beglückenden Frieden schenken. Dieser innere Friede ist eine Folge, wenn wir in Übereinstimmung mit Gottes Willen leben.

Keiner kann so helfen wie Gott. Wir dürfen uns auf seine Zusage verlassen:

Nur Gott kann helfen

„Wir wollen zuversichtlich sagen: ‚Der Herr steht mir bei; nun fürchte ich nichts mehr. Was könnte ein Mensch mir schon tun?“ Hebräer 13,6

Gott ist allmächtig. Hudson Taylor, der große Chinamissionar, sagte einmal: „Warum soll ich ohnmächtige Menschen bitten, wenn es einen allmächtigen Gott gibt?" Dieser Missionar, der mit Gott Großes vollbracht hat, wußte um diese großartige Hilfe, die nur ein allmächtiger Gott geben kann. Lieber Leser, wenn du dein Leben Gott anvertraust, kann Gottes Allmacht auch in deinem Leben wirksam werden. Gott kann dir in deinen persönlichen Anliegen wunderbar helfen.

Jesus ist Sieger

Jesus Christus ist Sieger! Diese Tatsache ist das Fundament christlichen Glaubens.

„Wer nicht aufhört zu sündigen, gehört dem Teufel, denn der Teufel hat von Anfang an gesündigt. Der Sohn Gottes aber ist auf die Erde gekommen, um die Werke des Teufels zu zerstören." 1. Johannes 3,8

Der Teufel ist besiegt. Jesus Christus will auch der Sieger in deinem Leben sein. Er kann es! Er will es! Freue dich: Jesus Christus ist Sieger!

Enthüllungen über Herkunft und Absicht des Teufels

Das Thema: „Gläubig oder abergläubisch" ist ein sehr ernstes Thema. Möglicherweise liest du diese Niederschrift nur aus Neugierde. Vielleicht beschäftigst du dich mit allerlei Fragen, für die du eine Antwort suchst. In Wirklichkeit hat dieses Thema eine schockierende Tragweite.

Dem Teufel gefällt es nicht

Zunächst wollen wir die Arbeitsmethoden des Teufels kennenlernen. Diesen Teufel gibt es wirklich. Er stellt sich jedoch nicht als Teufel vor. Er versteckt sich hinter einer Vielfalt von Masken. Mit Gottes Hilfe wollen wir den Teufel entlarven. Dieses Vorhaben gefällt ihm nicht. Wer hat es schon gerne, wenn ihm die Maske herunter gerissen wird? Bei allem wollen wir uns jedoch daran erinnern: Jesus ist Sieger!

Mein Gebet: Schenke mir Schutz und Sieg

Bei dem Ernst und der Tragweite des Themas ist das Gebet unerläßlich. Es ist notwendig Gott jetzt um seinen Beistand und Schutz zu bitten und um die Gewißheit: JESUS IST SIEGER! Gott wird dir dein Gebet gerne erhören. Lieber Leser, es geht um dein Wohlergehen. Ich bitte dich dieses Gebet laut zu beten:

„Allmächtiger Gott, himmlischer Vater, im Namen Jesu komme ich in diesem Augenblick zu Dir. Ich danke Dir für die Tatsache: Jesus Christus ist der Sieger in der Auseinandersetzung mit dem Teufel. Großer Gott, du kannst mir das wahre Wesen des Teufels und seine Verführungspraktiken offenbaren. Ich will mich jetzt unter das kostbare Blut Jesu stellen und Dich um Deinen göttlichen Schutz bitten. Schenke mir durch Deinen heiligen Geist das richtige Verständnis und offenbare mir, womit ich Dich in meinem Leben beleidigt habe. Hilf mir den Ernst und die Tragweite dieses Themas zu begreifen. Schenke mir auch die innere Bereitschaft den Weg der Befreiung zu gehen. Ich berufe mich auf Dein Versprechen: ‚Ihr werdet die Wahrheit erkennen und die Wahrheit wird euch frei machen'. Schenke mir die

Gewißheit: JESUS IST SIEGER auch in meinem Leben. Dein Versprechen lautet: ‚Und was ihr bitten werdet in meinem Namen, das will ich tun, auf daß der Vater verherrlicht werde in dem Sohne.' Ich glaube, daß Du diese Zusagen erfüllen kannst. Schenke mir jetzt die Erhörung und ich danke Dir, daß du der Sieger in meinem Leben geworden bist. Ich danke Dir, daß ich ein froher und dankbarer Mensch sein darf. Amen."

Der Teufel ist keine Erfindung

Der Gegenspieler Gottes ist der Teufel. Er ist keine Erfindung. Es gibt ihn wirklich, auch wenn wir ihn noch nie gesehen haben. Ein junger Mann meinte: „Ich glaube an keinen Teufel. Es gibt gar keinen Teufel." Auf meine Frage, warum er nicht von der Existenz eines Teufels überzeugt sei, antwortete er: „Ich habe ihn noch nie gesehen!" Ich wollte daraufhin wissen, ob er an Gott glaube. „Ja, an Gott glaube ich", meinte er. „Haben sie Gott oder ihren Verstand schon einmal gesehen?" fragte ich. „Nein!", war seine Antwort, „ich habe weder Gott noch meinen Verstand jemals gesehen." Ich erklärte ihm: „Wenn sie davon überzeugt sind, daß es einen Gott gibt und daß sie einen Verstand besitzen ohne daß sie dies gesehen haben, dann können sie auch von der Existenz des Teufels überzeugt sein, auch wenn sie ihn noch nie zu Gesicht bekommen haben. Außerdem berichtet die Bibel, das Wort Gottes, daß es einen Teufel gibt."

Jesus Christus bekennt:

„Ich bin der Weg und die Wahrheit und das Leben; niemand kommt zum Vater außer durch mich." Johannes 14,6

Jesus warnt vor dem Teufel

Jesus warnt uns eindringlich vor seinem Gegenspieler:

„Ihr seid Kinder des Teufels, der ist euer Vater und nach seinen Wünschen handelt ihr. Er ist von Anfang an ein Mörder gewesen und hat niemals etwas mit der Wahrheit zu tun gehabt, weil es in ihm keine Wahrheit gibt. Wenn er lügt, so entspricht das seinem Wesen; denn er ist ein Lügner, und alle Lüge stammt von ihm." Johannes 8,44

Es gibt nur zwei Möglichkeiten: Entweder war Jesus Christus die „Wahrheit" in Person oder er war ein Lügner. Selbst wenn er ein Lügner gewesen sein sollte, müssen wir uns wundern, wieviel Gutes sein Leben bewirkt hat. Wenn Er jedoch die „Wahrheit" verkörpert, dann müssen wir seiner Aussage glauben. Jesus schildert uns unmißverständlich seinen Gegenspieler. Der Teufel ist der erklärte Feind Gottes.

Der Teufel verführt alle Menschen

Die Aussage der Bibel informiert uns weiterhin über die Herkunft und die Existenz des Teufels:

„Dann brach im Himmel ein Krieg aus. Michael kämpfte mit seinen Engeln gegen den Drachen. Der Drache schlug mit seinen Engeln zurück; aber er wurde besiegt. Er und seine Engel durften nicht länger im Himmel bleiben. Der große Drache wurde hinuntergestürzt! Er ist die alte Schlange, die

auch Teufel oder Satan genannt wird und die ganze Welt verführt. Mit allen seinen Engeln wurde er auf die Erde hinuntergestürzt.“ Offenbarung 12,7-9

An dem Vorhandensein eines persönlichen Teufels gibt es nach der Aussage Gottes keinen Zweifel. Die Bibel berichtet uns von einem Teufel, der „die ganze Welt verführt“. Wie bewerkstelligt er das? Wie ist es möglich, daß gebildete und intelligente Menschen Tag für Tag „verführt“ werden ohne es zu wissen? Raffinierte Verführungskünste und meisterhafte Tarnung sind Techniken, deren sich der Teufel bedient.

Der Teufel bringt den Tod

Von Martin Luther stammt der Ausspruch: „Der Teufel ist der große Affe Gottes.“ Diese Aussage hat ihre Berechtigung. Was Gott uns in seiner Liebe schenkt, bietet auch der Teufel an, nur unter anderen Vorzeichen. Der Teufel verführt zur Sünde, die Folge davon ist der Tod. Gott schenkt uns Seine Rechtschaffenheit und ewiges Leben. Gott und der Teufel fordern Gehorsam. Gehorsam Gott gegenüber schenkt uns ein befreites Leben. Gehorsam dem Teufel gegenüber bringt den Tod. Wir können wählen, wem wir gehorsam sein wollen:

„Ihr wißt doch: Wem ihr euch als Sklaven unterstellt, dem müßt ihr auch gehorchen. Entweder stellt ihr euch auf die Seite der Sünde; dann werdet ihr sterben. Oder ihr stellt euch auf die Seite des Gehorsams; dann werdet ihr vor Gottes Gericht bestehen können.“ Römer 6,16

Gefährliche Mischung von Wahrheit und Lüge

Zur Tarnung des Teufels gehört eine weitere ausgeklügelte Methode. Er benutzt immer so viel Wahrheit, bis ihm seine Lügen geglaubt werden.
Der Teufel bindet einen Sack voll Wahrheit mit einer Lügenschnur zusammen. Daher ist es nicht verwunderlich, wenn die meisten Menschen Schwierigkeiten haben, bei den Angeboten des Teufels Wahrheit von Lüge zu unterscheiden. Das macht es so schwer, ihm mit seinen Machenschaften auf die Schliche zu kommen.

Der Teufel ist ein Meister der Verstellungskunst. Die Bibel warnt uns:

„Und es ist kein Wunder! Es tarnt sich ja selbst der Satan als ein Engel des Lichtes.“ 2. Korinther 11,14 (Pattloch)

Eine meisterhafte Tarnung

Mit dem Ausdruck „Engel des Lichts“ werden wir darauf aufmerksam gemacht, daß sich der Teufel als ein „Wohltäter der Menschen“ ausgibt. In dieser Eigenschaft macht er uns glänzende, verführerische Hilfsangebote. Unmißverständlich sagt uns das Wort Gottes: *„Es tarnt sich ja selbst der Satan als ein Engel des Lichtes.“* In der Tat, es ist eine meisterhafte Tarnung. Hinter dieser Tarnung ist der Teufel kaum zu entdecken. Wir werden feststellen, welcher Tarnung sich der Teufel bedient und welche Hilfsangebote er macht.

Ein Attentat ist geplant

Lieber Leser, auf dich ist ein Attentat geplant. Gottes Mitteilung lautet: *„Ziehet an die Vollrüstung Gottes, damit ihr bestehen könnt gegenüber den Anschlägen des Teufels!“* Epheser 6,11 (Pattloch)

Wie wird ein Anschlag oder ein Attentat durchgeführt? Attentäter operieren nicht in der Öffentlichkeit. Sie kommen aus dem Hinterhalt. Blitzschnell tauchen sie auf und führen ihren Anschlag aus. Dies entspricht genau der Angriffsmethode des Teufels.

Die Kampffront

Wir stehen alle an der Kämpferfront. Der Gegner ist unsichtbar. Oft erleben wir, daß der Kampf von dem hinterhältigen Gegner schon gewonnen ist, ehe wir richtig begriffen haben, worum es geht. Schnell sind wir einem Attentat des Teufels zum Opfer gefallen. Die Bibel beschreibt die Situation:

„Denn wir kämpfen nicht gegen Menschen. Wir kämpfen gegen unsichtbare Mächte und Gewalten, gegen die bösen Geister zwischen Himmel und Erde, die jetzt diese dunkle Welt beherrschen. Darum greift zu den Waffen Gottes! Wenn dann der schlimme Tag kommt, werdet ihr wohlgerüstet sein und den Angriffen des Feindes standhalten können." Epheser 6,12.13

Wir müssen zahlen

Wenn Gott uns hilft und wir Seinen Beistand in Anspruch nehmen, kostet uns das nichts. Für die Hilfe des Teufels, die wir bewußt oder unbewußt benützen, – müssen wir – zahlen. Wenn Gott hilft, hilft Er aus Liebe. Liebe läßt sich nichts bezahlen. Liebe gibt umsonst. Der Teufel liebt uns nicht. Wenn wir seine Hilfe, die er uns als scheinbarer Wohltäter anbietet, in Anspruch nehmen, dann müssen wir dafür einen Preis zahlen. Die Absicht des Teufels besteht darin, uns zu ruinieren. Es ist ein hoher Preis, den er fordert. Im Kapitel **„Der Zauber des Aberglaubens"** werden die Preise aufgezählt, die der Teufel für seine Hilfe von uns fordert. Die Kapitel **„Befreiung durch Jesus"** und **„Der Weg der Befreiung"** behandeln den wichtigsten Teil dieser Ausführung.

Hier beschäftigt uns die Frage: Wie bringt es der Teufel fertig, intelligente und aufgeklärte Menschen zu verführen? Hinter welchen Masken versteckt sich der Gegenspieler Gottes? Wie sieht sein getarntes Hilfsangebot aus? Gottes Wort nennt die Dinge beim Namen:

Hilfsangebot des Teufels

„Wenn du in das Land kommst, das dir der HERR, dein Gott, geben wird, so sollst du nicht lernen, die Greuel dieser Völker zu tun, daß nicht jemand unter dir gefunden werde, der seinen Sohn oder seine Tochter durchs Feuer gehen läßt oder Wahrsagerei, Hellseherei, geheime Künste oder Zauberei treibt oder Bannungen oder Geisterbeschwörungen oder Zeichendeuterei vornimmt oder die Toten befragt. Denn wer das tut, der ist dem HERRN ein Greuel, und um solcher Greuel willen vertreibt der HERR, dein Gott, die Völker vor dir. Du aber sollst untadelig sein vor dem HERRN, deinem Gott. Denn diese Völker, deren Land du einnehmen wirst, hören auf Zeichendeuter und Wahrsager; dir aber hat der HERR, dein Gott, so etwas verwehrt."
5. Mose 18,9-14 (Luther)

Greuelsünden

Gott bezeichnet Aberglaube, Okkultismus und Spiritismus mit allen dazugehörenden Praktiken als „Greuel". Es handelt sich hier keineswegs um harmlosen „Zeitvertreib" oder „Kleinigkeiten". Diese Aberglauben- und Zaubereisünden sind schwere Verfehlungen. Es sind „Majestätsverbrechen", die uns Schaden zufügen und unter der Strafe Gottes stehen.

Was nach Gottes Aussage eine Sünde ist, in diesem Fall ist es sogar ein „Greuel", kann uns nicht gleichgültig sein. Jede Sünde hat Jesus Christus, dem Sohn Gottes, das Leben gekostet. Er hat sein kostbares Blut dafür vergossen. Damit wurde auch für die „Greuelsünden" der höchste Preis auf dieser Welt bezahlt, und dadurch ist die Möglichkeit gegeben, daß uns Jesus diese schwere Sündenschuld vergibt.

Die biblische Beschreibung der „Greuelsünden" enthält gewissermaßen die „Musterkollektion" des Teufels. Welche Bewandtnis hat es mit der „Musterkollektion" des Teufels?

Die Musterkollektion des Teufels

Wenn ein Firmenvertreter die Geschäftskunden besucht, legt er seine umfangreiche Musterkollektion vor. Er führt Koffer und Taschen mit sich und ist in der Lage für jeden Geschmack und in allen Preislagen geeignete Muster vorzulegen. Der Teufel arbeitet nach demselben Prinzip. Er verfügt über ein reichhaltiges und abwechslungsreiches Angebot. Wer an einer bestimmten Art und Weise keinen Gefallen findet, der wird sich sicher für andere Mittel und Wege begeistern lassen. Wem gewisse Ansinnen zu primitiv sind, der wird wahrscheinlich für andere Vorschläge Interesse zeigen. Schließlich meinen wir: „Abergläubisch bin ich ja nicht, aber es scheint doch gewisse Zusammenhänge zu geben." Wir wollen uns jetzt näher mit der in 5.Mose 18 aufgeführten „Musterkollektion" des Teufels beschäftigen. Es sind Masken, hinter denen sich der Teufel versteckt.

Wahrsagerei und Kartenlegen

Wahrsagen

Das Gebiet der Wahrsagerei ist sehr umfangreich. Die Wahrsager erleben gerade in unserer Zeit Hochkonjunktur. Daneben gibt es viele Menschen, die sich selbst mit der Wahrsagerei beschäftigen. In den Vereinigten Staaten kann man häufig an den Straßen Schilder lesen: „Wahrsagedienst. Bitte treten sie ein. Geöffnet zu jeder Tages- und Nachtzeit." Es ist verführerisch. Wer möchte nicht gerne wissen, wie die Reise verläuft, ob man einen freundlichen oder unangenehmen Empfang hat. Die Versuchung ist groß und kaum jemand denkt hierbei an ein „Majestätsverbrechen" Gott gegenüber, an ein Hilfsangebot des Teufels.

Kartenlegen

Zu der Wahrsagerei gehört das Kartenlegen. Dies ist eine der vielen Masken, hinter denen sich der Teufel versteckt. Es ist erschreckend, wie viele Menschen sich die Karten legen. Man will wissen, was die Zukunft bringt oder welche Entscheidung getroffen werden soll. Auf einer Münchener Ausstellung beobachtete ich zur Mittagszeit auf einem Ausstellungsstand einen Herrn mit seiner Sekretärin. Die Dame las aufmerksam die Zeitung. Der Herr saß an einem Tisch und legte sich die Karten. Ob er wohl wissen wollte, welche Geschäftsabschlüsse zu erwarten sind?

Keine selbständige Entscheidung

Wer sich die Karten legt oder legen läßt, gerät in eine unheilvolle Abhängigkeit. Im Laufe der Zeit wird man unfähig, selbständige Entscheidungen zu treffen, ohne zuvor die Karten befragt zu haben. Warum wollen wir die Karten fragen? Wie sagte doch Hudson Taylor? „Warum soll ich ohnmächtige Menschen fragen, wenn es einen allmächtigen Gott gibt?" Warum fragen wir nicht Gott, wenn wir eine Entscheidung treffen müssen? Gott will und kann mich wahrheitsgetreu beraten. Gott läßt sich so nicht in die Karten schauen.

Ist Kartenlegen Sünde?

Warum soll Kartenlegen Sünde sein? Wer sich die Karten legt oder legen läßt, wendet sich nicht an Gott, sondern an den Teufel. Wir suchen die Hilfe nicht bei Gott, sondern bei seinem Gegenspieler. Kartenlegen ist ein Majestätsverbrechen, mit dem wir Gott beleidigen. Damit beleidigen wir Gott. Außerdem werden wir für die Hilfeleistung des Teufels einen Preis bezahlen müssen. Erfreulich ist die gute Nachricht: Gott befreit mich von den negativen Folgen des Kartenlegens.

Zeichendeuterei, Tagewählerei, Handlinienlesen

Zeichendeuterei

Zu dem Gebiet der Wahrsagerei gehört auch die Zeichendeuterei. Was ist darunter zu verstehen?
Einige Beispiele sollen genügen:

Unglückszeichen

> Ein umgeworfenes Salzfaß bedeutet Streit.
> Wenn ein Messer oder eine Schere beim Fallen mit der Spitze im Boden stecken bleiben, bedeutet dies Unglück.
> Wenn der Kopf oder die rechte Hand oder die Nase juckt, hört man eine Neuigkeit.
> Dreimal einen Wunsch aussprechen in einer neuen Kirche.
> Drei Kreuze über die Haustür oder über das Fenster machen.
>
> Die Zahl 13 als Unglückszahl ansehen.
> Kleider aus Versehen umgekehrt anziehen, bringt Unglück.

Tagewählerei

> An bestimmten Tagen, bei Neumond, säen und pflanzen, nicht reisen oder heiraten.
> Zwischen Weihnachten und Neujahr keine Wäsche auf dem Boden trocknen.

Eine unheilvolle Abhängigkeit

Diese Aufzählung könnte noch beliebig fortgesetzt werden. Die Zeichendeuterei ist sehr weit verbreitet. Bewußt oder unbewußt messen wir irgendwelchen Zeichen oder Ereignissen eine bestimmte Bedeutung bei. Dadurch geraten wir jedoch schnell in eine gefährliche Abhängigkeit. Zeichendeutung bedeutet uns in der Regel mehr als die Tatsache, daß ein lebendiger Gott über unserem Leben wacht.

In Wirklichkeit hält Gott nicht nur die Geschicke dieser Welt fest in seiner Hand, sondern er ist auch der Herr unseres Lebens. Wir dürfen unser Leben wirklich diesem allmächtigen und liebevollen Gott anvertrauen. Gott kennt alle unsere Bedürfnisse. Wir wünschen uns alle die Gewißheit, daß Gott in treuer Weise für uns sorgt.

Gott vertrauen, die bessere Entscheidung

Alles, was uns im Leben begegnet, muß zuerst an Gott vorbei. Er läßt nur das zu, was zu unserem Besten dient. Er will uns seine Hilfe und seine Geborgenheit schenken. Der Apostel Paulus bekundet in Römer 8,28:

„Wir wissen, daß denen, die Gott lieben, alles mitwirkt zum Guten …"

Sollten wir stattdessen einer fragwürdigen Zeichendeuterei oder Wahrsagerei Beachtung schenken? Wollen wir unser Leben von Zeichen und okkulten Praktiken abhängig machen? Die beste Entscheidung ist doch zweifelsfrei, wenn wir uns bewußt der Führung und dem Schutz Gottes anvertrauen.

Handlinien lesen

Das Handlinienlesen zählt ebenfalls zur Wahrsagerei. Viele sind der Meinung, daß das harmlos sei. Auf manchem Jahrmarkt kann man sich für ein paar Mark aus der Hand die Zukunft lesen lassen. Warum sollte man das nicht auch einmal machen? Es ist doch nur ein Scherz! Auch hier wird der Teufel für meine Neugier und für seine Hilfeleistung einen Preis fordern.

Vergessen unmöglich

Bei der ganzen Art von Zukunftsdeutung, sei es durch Wahrsagen, Kartenlegen, Handlinienlesen und dergleichen mehr, können wir nicht recht froh werden. Es ist eigenartig, aber wir können die Prophezeiungen nicht mehr vergessen. Ob wir es nur als eine Albernheit betrachtet haben, ob wir aus Neugierde gehandelt haben, oder ob es nur zum Zeitvertreib geschehen ist, wir erinnern uns ständig an die Deutung.

Der Affe mit dem roten Gesicht

Es wird von einem indischen Fakir berichtet. Er kam in ein Dorf und erklärte, er wolle zeigen, wie man Gold herstellen kann. Es dauerte nicht lange und eine neugierige Menschenmenge sah mit großer Aufmerksamkeit zu, wie er Wasser in einen großen Kessel goß, etwas Farbe dazuschüttete und unter ständigem Gemurmel von Zaubersprüchen das Wasser umrührte. Bei einem günstigen Augenblick, während die Aufmerksamkeit der Zuschauer abgelenkt war, ließ er unbemerkt einige Goldklumpen in das Wasser fallen. Er rührte noch eine Weile um und ließ schließlich das Wasser ablaufen. Auf dem Boden des Kessels lag nun das versprochene Gold. Die Dorfbewohner machten große Augen und kamen aus dem Staunen nicht heraus. Der Geldwechsler bot für das Rezept 500 Rupien. „Aber", erklärte der Fakir, „du darfst nicht an den Affen mit dem roten Gesicht denken, solange du herumrührst. Wenn du an ihn denkst, wirst du nie Gold bekommen." Der Geldwechsler versprach, daß er aufpassen und sich bemühen wolle, den Affen mit dem roten Gesicht zu vergessen. Aber so sehr er es auch versuchte, der Affe mit dem roten Gesicht verschwand nicht aus seinem Gedächtnis. Damit war die Bedingung nicht erfüllt und die Goldgewinnung verhindert.

Lieber Leser, es wird dir ähnlich ergehen, wenn du versuchen willst, die Zukunftsvoraussagen zu vergessen. Warum willst du dich mit diesem Zukunftswissen, das du durch das Wahrsagen und andere okkulte Praktiken erhalten hast, belasten? Du wirst darüber nie froh und glücklich werden. Du wirst für dein Zukunftswissen einen hohen Preis bezahlen müssen.

Astrologie, Horoskop, Tierkreiszeichen

Astrologie

Die Astronomie ist eine Wissenschaft, deren Aufgabe es ist, die Gestirne und das Weltall zu erforschen. – Die Astrologie jedoch beschäftigt sich mit der Sterndeutung und gehört damit in den okkulten Bereich. Horoskope und Tierkreiszeichen spielen hier eine große Rolle. Die Astrologie hat es mit der Zukunftsdeutung aus den Sternstellungen zu tun. Diese Gestirnsdeutung beruht nicht auf göttlicher Wahrheit.

Horoskope

Kaum eine Illustrierte oder Wochenzeitung kann es sich leisten, auf Horoskope und die damit verbundene Zukunftsberatung zu verzichten. Blätter, die keine Horoskope drucken, haben Absatzschwierigkeiten und die Auflagenhöhe sinkt.

Alte Ladenhüter verkauft

Von einer großen Zeitung wird berichtet, daß der angestellte Astrologe sein Horoskop einmal nicht rechtzeitig fertig hatte. Die Zeitung mußte in den Druck. In Zeitnot gekommen, entschloß sich ein Redakteur, ein Horoskop, das bereits vor sechs Jahren erschienen war, abzudrucken. Man rechnete mit einer Flut von Beschwerdebriefen. Es kam jedoch keine einzige Zuschrift. Schließlich sagte man sich, wozu sollen wir einen Astrologen bezahlen? Wir werden einfach die alten Horoskope abdrucken. Das geschah dann auch. Erst nach einem halben Jahr meldete sich ein Leser und beschwerte sich darüber, daß er dieses Horoskop schon einmal gelesen habe. Er schrieb: „Hier kann etwas nicht stimmen!“ Er hatte recht, das Horoskop stimmte tatsächlich nicht. Die andere Leserschaft, die nach Hunderttausenden zählte, merkte nichts davon und schenkte den Horoskopen blinden Glauben.

*Mein Hobby: **Tierkreiszeichen***

Eine Dame berichtete mir: „Horoskope lesen und auf Tierkreiszeichen achten, das ist mein Hobby!“ Entschuldigend fügte sie hinzu: „Das ist aber ein ganz harmloser Zeitvertreib!“ – Lieber Leser, sollte das auch dein Hobby sein, dann wirst du dafür einen hohen Preis zahlen müssen. Jesus kann dich jedoch von deinen Belastungen befreien, so wie er auch dieser Dame die ersehnte Befreiung geschenkt hat.

Heidnischer Ursprung

Die Lehre von der „astrologischen Stundenschau“ wurde vor 4 000-5 000 Jahren von chaldäischen und babylonischen Priestern aufgestellt. Obwohl sie in der Zwischenzeit mancherlei Wandlungen unterworfen war, gründet sich die heutige Astrologie mehr oder weniger auf diese uralten Behauptungen. Die astrologische Stundenschau hat keinerlei christlichen Ursprung oder Hintergrund.

Ein folgenschwerer Irrtum

Damals beobachtete man ohne unsere modernen technischen Hilfsmittel den Himmel. Man war der Ansicht, daß der Himmel einem Gewölbe gleiche, an dem die Sterne wie an einem Teppich alle nebeneinander angeordnet seien. Heute wissen wir, daß dies nicht der Fall ist. Die Sterne befinden sich nicht nur nebeneinander, sondern auch hintereinander, weil der Himmel auch tief ist. Die Tiefe des Himmels wird heute von Astronomen auf mehrere Milliarden Lichtjahre geschätzt. Die Sterne sind oft tausende von

Lichtjahren und noch mehr voneinander entfernt. Jeder Stern bewegt sich in unterschiedlicher Geschwindigkeit auf eigener Bahn. Das was wir am Himmel sehen, ist in Wirklichkeit ein Trugbild, denn die Sterne befinden sich nicht auf einer Ebene nebeneinander, sie sind vielmehr gestaffelt hintereinander im Weltenraum angeordnet.

Die willkürliche Einteilung

Als Tierkreis bezeichnet man den Weg, den die Sonne im Laufe eines Jahres durchwandert. Dieser Tierkreis wird in 12 Abschnitte eingeteilt. Diese Einteilung in 12 Abschnitte ist rein willkürlich und es ist durch nichts erwiesen, daß es genau 12 Abschnitte sein müssen.

Tierkreiszeichen existieren nicht

Die Chaldäer brachten diese Teilabschnitte der himmlischen Sonnenbahn mit den religiösen Symbolen ihrer babylonischen Götter in Verbindung. Sie suchten sich eine bestimmte Sternengruppe aus, die mit gedachten Verbindungslinien das Bild eines Löwen ergab und benannten diesen Teil des Himmels das „Sternbild des Löwen". Für den Skorpion wurde ein anderer Teil des Himmels reserviert, an dem man eine dem Skorpion ähnliche Sternstellung vorfand. Die 12 Tierkreise sind also keine wirklichen Figuren, sondern nur gedachte Sinnbilder, die angeblich ihren Ort am Himmelsgewölbe haben sollten. In Wirklichkeit existieren die astrologischen Symbole des Tierkreises als geschlossene Himmelsgebilde überhaupt nicht.

Verblüffende Charakterdeutung

Wir wollen uns nun einige der angeblich verblüffenden Tierkreischarakterdeutungen etwas näher ansehen. Lieber Leser, wenn du im Zeichen des Widders geboren bist, solltest du jetzt gut aufpassen. Bist du in einem anderen Tierkreiszeichen geboren, dann solltest du noch besser aufpassen. Du wirst erstaunt feststellen, daß die Charakterbeschreibung für die „Widder-Menschen" auch für dich zutrifft, selbst wenn du einem anderen Tierkreiszeichen angehörst.

Der Widder

Die Astrologie behauptet: „Menschen, im Zeichen des Widder geboren, sind oft ernst und bestimmt, dann wieder nervös und wankelmütig. Sie verursachen sich selbst durch voreiliges, meist unüberlegtes Urteilen und Handeln Verluste und Unglücksfälle."

Die Beschreibung paßt für alle

Vielleicht fragst du dich jetzt erstaunt: „Wer kennt mich so genau?" Du wirst noch mehr staunen. Diese Beschreibung ist so allgemein gehalten, daß sie für jeden anderen auch zutrifft. Bitte prüfe, ob es nicht auch für dich paßt. Bist du nicht auch oft „ernst und bestimmt"? Widdermenschen sind „nervös und wankelmütig". Trifft das nicht auch auf dich zu? Geht es dir nicht auch so, daß du manchmal bei einer bestimmten Entscheidung schwankst und keinen rechten Entschluß fassen kannst? Wer ist heute nicht nervös? Hast du nicht auch schon „voreilig" und „unüberlegt" gehandelt und geurteilt? Du wirst erstaunt feststellen, daß die Beschreibung der Widdermenschen so gehalten ist, daß sie gleichzeitig eine allgemeine Beschreibung ist, die auf alle Menschen zutrifft. Doch der Widdermensch ist verblüfft, wenn er die Beschreibung seines Charakters liest und für ihn ist wieder einmal mehr bewiesen, daß an der Astrologie doch etwas „dran sein" muß. Diese Beschreibung beweist jedoch gar nichts.

Der Löwe

Von den im Sternbild des Löwen Geborenen wird gesagt: „Löwegeborene sind meist gutherzig, sie planen stets mehr als sie ausführen können." Die Löwegeborenen werden sagen, daß dies eine genaue Beschreibung ihrer Veranlagung ist. Wenn du nicht zu den Löwegeborenen zählst, frage ich dich jetzt, bist du nicht auch „gutherzig"? Du willst dich bestimmt bemühen, Gutes zu tun. Planst du nicht auch oft viel mehr, als du hinterher ausführen kannst? Die Charaktermerkmale der Löwegeborenen treffen genauso auf alle anderen Menschen zu.

Die Zwillinge

„Zwillingsgeborene seien ‚zuvorkommend und freundlich', ‚ihre Aussagen und Taten stimmen nicht immer völlig überein'." Ist das nicht gleichzeitig auf uns alle zutreffend? (1)

Sie erfahren nichts Neues

Lieber Leser, niemand kann durch die Astrologie etwas erfahren, was er nicht schon vorher gewußt hat. Das Traurige bei dieser Angelegenheit ist, daß dieses Gebiet zur Musterkollektion des Teufels gehört und wir uns hier mit Dingen beschäftigen, die Gott ausdrücklich verboten hat.

Wer hat recht?

Es ist sonderbar, die Astrologen arbeiten nach verschiedenen Methoden. Der eine Astrologe nimmt als Grundlage für die Berechnung des Horoskopes den Augenblick der Geburt. Man muß nicht nur Tag und Stunde der Geburt angeben, sondern auch die Minute und am besten noch die Sekunde. Die Planetengruppe, die im Augenblick unserer Geburt am östlichen Horizont aufstieg, soll dann für unser Leben bestimmend sein. Ein anderer rechnet nach den Gestirnen, die im Zeitpunkt der Geburt senkrecht am Himmel standen. Schließlich gibt es auch noch Astrologen, die den Augenblick der Empfängnis für ausschlaggebend halten. Hier wird die Sache noch schwieriger, denn wer kann da genaue Angaben über den Zeitpunkt machen? Wer von diesen Astrologen hat nun in seiner Berechnung recht?

Das Urteil Gottes

Jetzt wollen wir zur Kenntnis nehmen, was über die Astrologen in der Hl. Schrift ausgesagt wird. Der Prophet Jesaja nimmt dazu Stellung:

„Du hast dich geplagt mit deiner Menge an Ratschlägen. Laßt sie doch antreten und dich retten, die Himmelsbeschwörer, die Sternengucker, die dir ankündigen jeden Neumond, was dir begegnen wird! Seht, sie werden wie Spreu, Feuer verbrennt sie; sie retten ihr Leben nicht aus der Flammengewalt." Jesaja 47,13.14

Nach biblischer Aussage gehört Astrologie zu den Greuelsünden. Gott stellt diese Praktiken unter die Todesstrafe.

Ein verhängnisvolles Horoskop

Astrologie ist ein Vergehen, das sich gegen Gott richtet. Die Menschen, die sich damit befassen, geraten in eine starke Abhängigkeit. Ich lernte einen Geschäftsmann kennen, der mir erzählte: „Ich halte viel von Astrologie. Astrologie ist eine tolle Sache. Ich wüßte gar nicht, was ich ohne sie machen sollte!" Er berichtete dann, daß er sich zu Beginn des Jahres ein Horoskop anfertigen ließ. Das Horoskop sagte ihm, daß er in der zweiten Augustwoche eine Unglückswoche haben wird. Dieser hochintelligente Herr versicherte mir dann: „Wissen sie, es ist gut, daß mir das bekannt ist. In dieser Woche werde ich keinen Schritt vor die Türe gehen. Ich werde auch nicht mit meinem Wagen fahren, denn ich möchte nicht, daß mir ein Unglück zustößt."

Das Sterbedatum macht nicht froh

Dieser Herr wurde Sklave seines Horoskopes und geriet in eine starke Abhängigkeit – letztlich von einem Stück Papier. Schließlich meinte er: „Ich habe mir ein ausführliches Horoskop stellen lassen. Ich weiß sogar meinen Todestag, nur meine Frau will es nicht glauben."

Lieber Leser, ich bin froh, daß mir mein Todestag unbekannt ist. Ich danke Gott, daß Er mir das nicht offenbart hat. Wenn ich diesen Tag wüßte, müßte ich bestimmt täglich daran denken. Auf solch ein Vorherwissen verzichte ich gerne. Jeden Tag den Gott mir schenkt, will ich bewußt unter der Führung Gottes erleben. Mein Leben liegt in Gottes Hand. Gott hilft mir, in dem Wissen zu leben, daß mein Leben jeden Tag ein Ende haben kann. Ich will täglich auf meinen Tod vorbereitet sein. Meinen Todestag will ich jedoch nicht wissen. Noch nie bin ich jemand begegnet, der über die Kenntnis seines Todestages wirklich froh und glücklich war. Im Gegenteil, je näher dieser Tag für solche Menschen kam, desto nervöser und unruhiger wurden sie. Mein Leben ist in Gottes Hand geborgen, diese Tatsache schenkt mir inneren Frieden.

Wahrsager lügen

Eine Dame, die sich sehr stark mit der Astrologie und der damit verbundenen Wahrsagerei zu ihrem „Zeitvertreib" beschäftigt hatte, wollte nicht wahrhaben, daß dies etwas Verkehrtes sei. Für sie war das nur ein harmloser Zeitvertreib. Die Aussage Gottes öffnete ihr die Augen über den wahren Sachverhalt.

„Der Gott Israels, der Herr der Welt, hat gesagt: ‚Laßt euch nicht täuschen von den Propheten und Wahrsagern, die unter euch sind. Verlaßt euch nicht auf diese Träumer, die das für euch träumen, was ihr euch wünscht! Sie behaupten in meinem Auftrag zu reden. Aber sie lügen euch an; ich habe sie nicht gesandt.'" Jeremia 29,8.9

Nachdem die Dame diesen Text gelesen hatte, bekannte sie: „Ich habe nicht gewußt, daß Gott die Wahrsager als Lügner bezeichnet. Ich wußte nicht, daß Wahrsagerei in Gottes Augen Sünde ist. Wenn es Sünde ist, will ich nichts mehr damit zu tun haben!"

Pendel, Wünschelrute

Pendel

Der nächste Bereich der Musterkollektion ist das Pendel. Pendeln ist weit verbreitet. Bauern pendeln Hühnereier aus, um so festzustellen, ob ein Huhn oder ein Hahn aus dem Ei schlüpfen wird. Mütter, die gerne wissen wollen, ob sie einem Mädchen oder einem Jungen das Leben schenken werden, befragen das Pendel. Viele benutzen das Pendel, um die für sie bekömmlichen Lebensmittel herauszufinden. Nach dem letzten Krieg lebten viele Frauen in der Ungewißheit über das Schicksal ihres Mannes. Sie hielten über die Fotografie ihres Mannes das Pendel und je nachdem, wie das Pendel ausschlug, bedeutete dies die baldige Rückkehr, den Tod oder es zeigte etwas anderes an. Wer weiß schon, daß der Umgang mit dem Pendel nicht harmlos ist. Oft verfielen diejenigen, die das Pendel benutzt haben, der Schwermut, waren von Selbstmordgedanken gequält oder bezahlten auf einem anderen Gebiet einen hohen Preis.

Diagnose mit dem Pendel

Es gibt Heilpraktiker, aber auch Ärzte, die ihre Patienten mit dem Pendel untersuchen. Die „Pendel-Diagnose", der Pendel schlägt an der kranken Körperstelle aus, stimmt angeblich immer. Möglicherweise wird selbst die geeignete Arznei unter Zuhilfenahme des Pendels festgestellt. Wir fragen uns, welche Folgen die Benutzung des Pendels haben kann, wenn es nicht auf irgendwelche undefinierbaren Strahlen reagiert, sondern in Wirklichkeit Kräfte einer anderen Macht sichtbar werden?

Ein persönliches Bekenntnis

Leider bedienen sich Ärzte und Heilpraktiker in steigendem Maße okkulter Praktiken. An dieser Stelle will ich ein persönliches Bekenntnis ablegen: Ich will nicht unter einen gefährlichen Einflußbereich geraten. Aus diesem Grund vergewissere ich mich, evtl. auch durch gezielte Fragen, ob mit Verfahrensweisen gearbeitet wird, die eindeutig zu dem okkulten Bereich gehören. Wenn dies der Fall ist, verzichte ich auf eine Diagnose und die sich daraus ergebende Behandlung. Ich vertraue mich nur solchen Ärzten an, die nach einwandfreien Verfahren und Therapien arbeiten. Ich freue mich, daß ich trotz dieser Vorsichtsmaßnahme immer gute und tüchtige Ärzte gefunden habe, deren Diagnose und Behandlung mit einwandfreien Verfahren durchgeführt werden.

Pendeln in der Schule

An vielen Schulen benutzen die Schüler in der großen Pause das Pendel, um über alle möglichen Fragen und Anliegen Auskunft zu erhalten. Man betrachtet das Pendel als harmlosen Zeitvertreib oder bestenfalls als eine geheimnisvolle Praktik, bei der man einen gewissen Nervenkitzel empfindet, ohne zu ahnen, welche Belastungen man sich dabei einhandelt.

Wünschelrute

Das Rutengehen mit der Wünschelrute muß hier ebenfalls aufgezählt werden. Es gibt gute wissenschaftliche Erklärungen für die Wirksamkeit der Wünschelrute. Das Ausschlagen der Wünschelrute wird auf die Wirksamkeit von „erdmagnetischen Strahlen" zurückgeführt. So vernünftig die Erklärungsversuche auch klingen mögen, bei Pendel und Wünschelrute sind noch andere „Kräfte" im Spiel.

Alarmstufe 1

Zwei Umstände sind es, die uns bei der Wünschelrute in Alarmbereitschaft versetzen und das Signal „höchste" Gefahr geben.
Das Eigenartige ist, daß die Empfänglichkeit für das Umgehen mit der Wünschelrute übertragbar ist. Welche Bewandtnis hat dies? Ein Herr berichtete mir, wie er Zeuge war, als ein Wünschelrutengänger mit seiner Wünschelrute eine Wasserader suchte. An bestimmten Stellen schlug die Wünschelrute aus. Interessiert schaute er zu. Schließlich fragte ihn der Wünschelrutengänger, ob er selber auch einmal die Wünschelrute in die Hand nehmen wolle. Neugierig geworden sagte er zu. Er nahm die Wün-

schelrute in beide Hände, aber sie reagierte überhaupt nicht. Er war enttäuscht, hatte er doch vorher beobachtet, daß sie an bestimmten Stellen deutlich ausschlug.

Rezept für Wünschelrutengänger

Der Wünschelrutengänger forderte den Herrn auf, es noch einmal zu versuchen. Wieder ging er über dieselben Stellen, an denen vorher die Wünschelrute ausgeschlagen hatte. Aber sie rührte sich auch diesmal nicht. Ein dritter Versuch blieb ebenfalls erfolglos. Entmutigt wollte er schon aufgeben, als der Wünschelrutengänger sagte: „Das werden wir gleich haben!" Dann fuhr der Wünschelrutengänger dem Herrn mit beiden Händen über die beiden Oberarme und forderte ihn auf: „Jetzt probieren sie es noch einmal!" Er nahm die Wünschelrute erneut fest in die Hand und ging los. Plötzlich schlug die Wünschelrute so stark aus, daß er sie selbst mit aller Kraftanstrengung nicht mehr halten konnte. Von da ab hatte der Herr das „Gefühl" für die Wünschelrute bekommen und war in der Lage Wasseradern aufzufinden.

Überirdische Kräfte

Lieber Leser, die Tatsache, daß die Empfänglichkeit für die Wünschelrute übertragbar ist, stimmt uns nachdenklich. Wenn die Wünschelrute wirklich nur auf die angeblich vorhandenen erdmagnetischen Strahlen ausschlägt, dann müßte sie gleichermaßen bei allen Menschen ausschlagen. Wenn jedoch die Wünschelrutenempfänglichkeit übertragbar ist, dann sind hier zweifellos noch andere Kräfte wirksam. Es sind Kräfte überirdischer Natur, zu denen sich Gott nicht bekennt.
Der Gegenspieler Gottes verschenkt seine Hilfe nicht. Wünschelrutengänger haben oft unerklärliches Unglück in ihrer Familie, viele leiden unter Depressionen und Selbstmordgedanken, um hier nur einige Belastungen zu nennen.

Belastung und Befreiung

Einer Frau wurde die Fähigkeit, mit der Wünschelrute umzugehen, auf die oben beschriebene Art übertragen. Sie bekannte mir: „Ich habe jegliche Freude am Gebet und an allen göttlichen Dingen verloren und empfinde eine innere Unruhe, die immer größer wird." Ich zeigte ihr den Weg der Befreiung von allen okkulten Belastungen durch Jesus Christus. Sie war bereit, dieses göttliche Hilfsangebot anzunehmen und erlebte noch am selben Tag die Befreiung.

Wer als Wünschelrutengänger die Hilfe von Gottes Gegenspieler in Anspruch nimmt, der muß dafür einen Preis bezahlen. Lieber Leser, Selbstmordgedanken, Schwermut, Unlust zum Gebet und ähnliche Dinge sind keine Gaben, die von Gott kommen. Sie haben ihren Ursprung bei Satan, von dem Jesus berichtet, daß er ein „Menschenmörder von Anbeginn" ist. Die „Gute Nachricht" besteht darin, daß Gott mich wirklich von allen Belastungen befreien kann. Am häufigsten wird die Wünschelrute bei der Wassersuche benutzt. Bisweilen werden aber auch Krankheitsdiagnosen oder geeignete Arzneien unter Zuhilfenahme der Wünschelrute bestimmt. In aller Deutlichkeit sei gesagt, daß die Wünschelrute zur Musterkollektion des Teufels gehört und eine Maske ist, hinter der er sich meisterhaft versteckt.

Ein Gebet, das Gott erhört

Der Teufel hat es verstanden, über sein umfangreiches Hilfsangebot einen solch undurchdringlichen Nebel zu legen, daß es schwer ist, Licht in diese „dunklen Dinge" zu bringen. Hier kann nur der Hl. Geist jedem persönlich die rechte Selbsterkenntnis schenken und uns in letzter Deutlichkeit den teuflischen Ursprung dieser Dinge zeigen.
Ich darf getrost bitten:
„Großer Gott, schenke mir durch deinen Hl. Geist die Erkenntnis über die Sündenschuld in meinem Leben und schenke mir dann die Sündenvergebung und Befreiung durch Jesus Christus." Amen.

Diese Bitte wird mir der lebendige Gott erhören, weil Er mich liebt und mir wirklich helfen will.

Christen sind keine Grenzgänger

Lieber Leser, du wirst vielleicht sagen: „Ich kann ihre Meinung über die Kraft, die hinter Pendel und Wünschelrute steht, nicht teilen. Im äußersten Fall bin ich bereit, diesen Bereich als ein Grenzgebiet einzuordnen."
Lieber Leser, Christen sind keine Grenzgänger. Wer von uns kann schon mit letzter Genauigkeit angeben, wo die Grenzen verlaufen. Vorsicht! Grenzgänger leben gefährlich!

Chauffeur gesucht

Von einer reichen Dame wird berichtet, daß sie einen Chauffeur suchte. Sie gab eine große Zeitungsanzeige auf. Es meldeten sich drei Herren mit langjähriger Fahrpraxis. Die Dame bat den ersten Bewerber, einen gut aussehenden jungen Herrn, in ihr Büro und fragte ihn: „Wie weit wagen sie ein Auto auf der Straße an einen tiefen Abgrund heranzufahren?" Der junge Herr warf sich stolz in die Brust: „Gnädige Frau, ich bin ein guter Fahrer. In meiner Fahrpraxis über einige hunderttausend Kilometer bin ich unfallfrei gefahren. Ich fahre ohne weiteres bis auf einen Meter an den Abgrund heran!" Nach dieser Antwort bat die Dame den jungen Herrn, im Nebenzimmer zu warten.

Mutige Fahrer

Der zweite Bewerber wurde in das Büro gerufen. Auch er war ein hervorragender Fahrer und konnte mit Stolz auf seine unfallfreie Fahrpraxis hinweisen. Auf die Frage der Dame, wie weit er mit dem Wagen an einen Abgrund heranfahre, antwortete er, wie aus der Pistole geschossen: „Gnädige Frau, sie dürfen sich mir anvertrauen. Ich habe schon tolle Situationen gemeistert. Ich kann ihnen versichern, daß ich sie sicher bis auf fünfzig Zentimeter an den Abgrund heranfahren werde, ohne daß etwas passiert." Auch er wurde gebeten, im Nebenzimmer zu warten.

Sicherheit zuerst

Draußen saß noch ein Herr. Er wirkte etwas schüchtern. Er hatte ein braunes Gesicht und graue Haare. Er mußte wohl viel unterwegs gewesen sein. Die Frage war wiederum dieselbe: „Wie weit wagen sie ein Auto auf der Straße an einen tiefen Abgrund heranzufahren?" Mit ernstem Gesicht antwortete er: „Gnädige Frau, ich kenne nur einen Grundsatz: Sicherheit zuerst! Ich werde so weit wie möglich dem Abgrund fernbleiben." – Der neue Chauffeur war gefunden.

Grenzgebiete sind gefährlich

Vielleicht bist du der Meinung, daß bestimmte Bereiche der Musterkollektion harmlos sind. Vielleicht reihst du das Wünschelrutengehen, oder was immer es sein mag, unter dem Begriff „Grenzgebiet" ein. Was tut es!

Grenzgebiete sind gefährlich. Oft ist es schwer, bei Nacht und Nebel den genauen Verlauf der Grenze zu erkennen. Wer sich plötzlich auf feindlichem Gebiet befindet, für den ist es schon zu spät. Christen sind keine Grenzgänger, erst recht nicht bei einem solch gefährlichen und heimtückischen Gebiet. Wir wollen lieber auf dem sicheren Grund bleiben, wo uns allezeit der Schutz Jesu sicher ist. Wer sich aus Neugierde vorwagt, begibt sich in Gefahr.

Graphologie, Hellsehen

Graphologie

Die Graphologie ist der Versuch, den Charakter aus der Handschrift zu deuten. Häufig sind Graphologen hellseherisch veranlagt. Manche wissen um ihre hellseherischen Fähigkeiten, anderen ist dies nicht bewußt. Hellseherei zählt zum okkulten Bereich.

Hellsehen

Sobald die Charakterdeutung aus der Handschrift durch das Hellsehen beeinflußt wird, ist dies abzulehnen, denn damit begeben wir uns auf feindliches Gebiet.

Spiritismus

Spiritismus

Der Spiritismus hat einen Siegeszug angetreten. Unter dem Spiritismus ist das Befragen der Toten, Totenerscheinungen, Trancereden, Geistererscheinungen usw. zu verstehen. Die Bibel, Gottes Wort, verbietet ausdrücklich *„einen Totengeist zu befragen“* oder *„Auskunft bei den Toten zu suchen“*.

Eine Meistertäuschung

Wenn uns die Bibel außerdem noch sagt, daß die Toten nichts wissen, dann handelt es sich hier zweifellos um eine Meistertäuschung des Teufels.

Tischrücken

Gläserrücken

In vielen Kreisen wird das „Tischrücken“ oder „Gläserrücken“ als Gesellschaftsspiel betrieben. Wer vor schwierigen Lebensentscheidungen steht und mit Hilfe des Tischrückens oder des Gläserrückens die Antwort sucht – beides erscheint uns harmlos und spannend – wird in Wirklichkeit vom Teufel beraten. Lassen wir uns nicht täuschen, Gott gibt auf diese Art und Weise keine Auskunft. Kein anderer als Satan bietet uns so seine Hilfe an. Für diese Dienstleistung werden wir zahlen müssen. Ich warne eindringlich davor, auch nur als Zuschauer dabei zu sein. Wir begeben uns auf „Feindgebiet“. Diese Art von „Feindberührung“ kann teuer zu stehen kommen.

Eltern helfen gern

Sollten diese Dinge wirklich Sünde sein? Wenn wir als Eltern mit unseren Kindern sprechen, dann werden wir sicherlich unseren Kindern sagen: „Wenn ihr etwas auf dem Herzen habt, wenn ihr etwas wissen wollt, wenn euch etwas fehlt, dann kommt zu uns. Kommt zu Vater und Mutter, sagt es uns. Wir wollen euch immer helfen. Wir sind immmer für euch da.“

Traurige Eltern

Eines Tages hören wir dann, daß unsere Kinder zum Nachbarn gehen, um mit ihm alles zu besprechen. Unsere Kinder holen sich Auskunft und Rat beim Nachbarn. Wie werden wir als Vater und Mutter fühlen? Wird uns das gleichgültig sein? Werden wir sagen: „Ich habe die liebsten Kinder auf der Welt. Sie können gerne unseren Nachbarn Vertrauen schenken.“ Nein, ganz im Gegenteil – wir werden traurig sein. Wir werden den Vertrauensverlust unserer Kinder, wenn sie Hilfe und Beistand bei fremden Menschen suchen, nicht verstehen können. Dieses fehlende Vertrauen unserer Kinder wird uns viel Kummer bereiten und wird uns zutiefst treffen. Wir betrüben Gott, wenn wir die Hilfe in den Bereichen der teuflischen „Musterkollektion" suchen. Wir schenken Gott kein Vertrauen, stattdessen wenden wir uns an Satan, um dort unsere Hilfe zu suchen.

Keine Zeit verlieren

Lieber Leser, ich ermutige dich, bekenne Jesus alle Gottesbeleidigungen, deren du dich schuldig gemacht hast, als Sünde und bitte Jesus um Seine Vergebung. Jesus ist gerne bereit, dir zu vergeben. Er wartet darauf, daß du zu Ihm kommst. Du kannst jederzeit - jetzt - zu Jesus kommen. Wenn du es jetzt nicht machst – dann ist es ein Zeitverlust. Jesus will und kann dir jetzt helfen. Kehre dem Teufel den Rücken und wende dich vertrauensvoll an Jesus Christus. Die Hilfe und Vergebung Jesu gilt auch dir. Nimm sie jetzt in Anspruch. Wenn du wissen willst, wie man das macht, lies bitte das 4. Kapitel: **„Der Weg der Befreiung."**

Magie, Zauberei, Teuflische Zauberbücher

Magie, Zauberei

Kommen wir zu dem Gebiet der Magie, den Zaubereisünden. Hier geht es nicht um die Zauberei, die es mit Fingerfertigkeit zu tun hat; es geht um weit mehr.

Schwarze und weiße Kunst

Da gibt es z. B. die „Schwarze" und die „Weiße Kunst", oder die Magie. Ein Herr sagte mir allen Ernstes: „Die schwarze Kunst kommt vom Teufel, damit will ich nichts zu tun haben. Aber bei der weißen Kunst wird ein Vaterunser gebetet, das ist von Gott." Dieser Herr ist auf einen Trick hereingefallen. Tatsächlich steht sowohl hinter der „Schwarzen" wie auch der „Weißen Kunst" der Teufel. Bei der „Schwarzen Kunst" wird direkt zu dem Teufel gebetet, bei der „Weißen Kunst" wird ebenfalls der Teufel angerufen, aber unter frommen, christlichen Vorzeichen. Der Teufel gebraucht immer soviel Wahrheit, damit die Lüge dann umso leichter geglaubt wird. Wer auf der einen Seite Vorsicht walten läßt und dies ablehnt, weil es offenkundig teuflisch ist, fällt auf der anderen Seite nichtsahnend herein.

Schutzzauber

Es gibt Bauern, die bei einer Maul- und Klauenseuche keinen großen Wert auf die Schutzimpfung legen. Sie vertrauen auf die „Weiße Kunst" und wenden einen Schutz- und Abwehrzauber an, auf den sie wegen der guten Wirkung schwören.

Ein Wunderdoktor

Der Teufel als Wunderdoktor? Gibt es so etwas? Viele waren schon in der Sprechstunde des Teufels und wußten es nicht. Magisches Besprechen wird vielerorts geübt. Der Name wechselt: „Sympathie", „Brauchen", „Dafür tun", „Gesundbeten". Jedesmal wird hierbei der Teufel um seine Hilfe angerufen.

Magisches Besprechen

Es ist so einfach mit einem körperlichen Leiden zum magischen Besprechen zu gehen. Warum soll man sich einer Operation unterziehen, wenn durch okkulte Zaubersprüche, die immer geheim bleiben, das Leiden schmerzlos behoben wird? Migräne kann man auf diese Art und Weise verlieren. Die Rachitis lassen viele Eltern bei ihren kleinen Kindern „wegbeten“. Bei Krankheit drei Äpfel auf das Fensterbrett legen und warten, bis sie vertrocknen, fordert ein anderes Rezept. So wie die Äpfel vertrocknen, wird auch die Krankheit vertrocknen. Es ist beeindruckend, wie vielseitig das magische Besprechen ist.

Gott läßt sich nichts befehlen

Der Teufel verstellt sich zum Engel des Lichts. Er gibt sich als Wohltäter der Menschheit aus. In vielgestaltiger Form bietet er seine Hilfe an. Bei dem Teufel können wir Gesundheit auf Befehl erhalten. Gott läßt sich von sterblichen Menschen keine Befehle erteilen. Oder glauben wir, daß wir Gott einen Befehl erteilen können, indem wir sagen: „Lieber Gott, Du mußt mich gesund machen!“ Hat Jesus Christus seinem Vater Befehle erteilt? Jesus betete vor seiner Kreuzigung:

„Vater, wenn du willst, erspare mir diesen Leidenskelch. Aber dein Wille soll geschehen, nicht meiner!“ Lukas 22,42

Wir können Gott keine Befehle erteilen, selbst Christus hat es nicht getan. Der Teufel wartet allerdings auf unsere Befehle. Er bietet seine Heilungswunder förmlich an, aber dann fordert er seinen Preis. Seine Hilfe ist nicht umsonst.

Verkehrter Anschluß

Heilmagnetiseure rühmen sich ihrer Fähigkeiten. Sie benutzen angeblich „besondere Kräfte“, um anderen helfen zu können. Wer von uns weiß schon genau, woher er seine Kräfte bezieht. Ist er mit der Kraft von „unten“ verbunden, dann ist seine Hilfe satanischen Ursprungs. Erhält er seine Kraft von „oben“, weiß niemand, für wie viele Menschen seine Kraft reicht und es wäre ein großes Verhängnis, wenn zusätzliche Kraft von „unten“ ausgerechnet bei mir wirksam würde.

Mondzauber

Da gibt es den Mondzauber. Viele Bauern achten streng darauf, daß bestimmte Arbeiten in Feld und Garten nur bei bestimmten Mondstellungen vorgenommen werden, weil sonst die Ernte gefährdet ist. Bei Vollmond werden zur Mitternachtsstunde Beschwörungen vorgenommen. All dies zählt zu den Zaubereisünden.

Warzenentfernung

Für das Warzenentfernen gibt es die unglaublichsten Rezepte. Man soll z. B. so viele Knoten in eine Schnur machen, wie man Warzen hat. Diese Schnur muß man im Garten an einer feuchten Stelle vergraben. Wenn die Schnur vermodert ist, werden auch die Warzen verschwunden sein. Noch wirksamer wird alles, wenn man eine bestimmte Mondstellung beachtet und die Handlung an einem bestimmten Wochentag vorgenommen wird. Es wird empfohlen, bei dem Vergraben drei „Vaterunser“ zu sprechen. Viele berichten mit Erstaunen: „Der Blödsinn – hilft!“ Scheinbar ist es ganz einfach, Warzen loszuwerden. Hinter diesem „Blödsinn“ steht jedoch Satan. Er ist gerne bereit zu helfen, um dann einen Preis zu fordern. Mit diesem scheinbaren „Blödsinn“ erweist man dem Teufel einen bestimmten Gehorsam, für den man dann zahlen muß.

Der Blödsinn hilft

Blutstillung

Mit dem „Blutstillen" und dem „Brandlöschen" bietet der Teufel ebenfalls seine Hilfe an und gibt sich als Wohltäter der Menschheit aus. Unter geheimnisvollen Zaubersprüchen werden z. T. unter Anrufung der drei höchsten Namen und dem Hersagen eines Vaterunsers, starke Blutungen gestillt. Wer sich schwer verbrannt hat, geht zum „Brandlöschen". Nach einem Vaterunser wird leise ein teuflischer Zauberspruch hergesagt, die Brandwunde wird angeblasen und – der Schmerz läßt nach und die Brandwunde heilt innerhalb kürzester Zeit ohne große Narbenbildung ab. Die Tatsache, daß hier den Menschen wirklich geholfen wird, läßt selten den Verdacht aufkommen, daß in Wirklichkeit nicht Gott der Helfer ist, sondern daß diese Hilfe von Satan kommt. Menschen, denen so geholfen wurde, müssen dafür dem Teufel einen Preis bezahlen; sie werden belastet.

Jesus befreit dich!

Jesus Christus alleine kann diesen Teufelspreis aufheben. Er ist der Sieger und er kann es auch in deinem Leben sein. Das Thema Aberglaube und Okkultismus ist in seinen Auswirkungen ein überaus trauriges Kapitel. Erfreulich ist die Tatsache, daß viele Menschen eine wunderbare Befreiung von ihren okkulten Belastungen durch Jesus Christus erlebt haben. Ich kann aus eigenem Erleben und aus der Erfahrung vieler Menschen bezeugen, daß die Siegeskraft Jesu auch heute noch Befreiung schenkt. Dies ist der Anlaß, warum ich dieses Thema: „Der Aberglaube, die Belastung und die Befreiung" in dieser Niederschrift behandle. Lieber Leser, mein Wunsch ist es, daß auch du die Befreiung durch Jesus Christus erlebst. Jesus Christus will dir helfen, wenn du dir von ihm helfen lassen willst.

Teuflische Zauberbücher

Es gibt tatsächlich teuflische Zauberbücher. Der bekannteste Titel lautet: „Das sechste und siebente Buch Mosis." Unwillkürlich denken wir dabei an die Fortsetzung der 5 Bücher Moses in der Bibel. Dies ist jedoch keine Fortsetzung der biblischen Bücher; es handelt sich hier um gotteslästerliche, teuflische Zauberbücher, voller Beschwörungszauber. Mit fromm klingenden Titeln bietet uns der Teufel, hinter einer harmlosen Maske versteckt, seine Hilfeleistungen an.

Einige weitere Titel der bekanntesten Zauberbücher lauten:
„Romanus Büchlein"
„Der schwarze Rabe"
(Natürliche und sympathische Heilmittel für Menschen und Vieh)
„Heiliger Segen"
zu Wasser und zu Lande
„Der wahrhaftige, feurige Drache"
oder Herrschaft über die himmlischen und höllischen Geis ter und über die Mächte der Erde und der Luft
„Der wahre geistliche Schild"
(Darinnen sehr kräftige Segen und Gebete, teils von Gott of fenbart, teils von … gemacht!)
„Das siebenmal versiegelte Buch"
der größten Geheimnisse … nebst wundersamen Geheim- mitteln zur Erreichung der verschiedenartigen Zwecke

„Engelshülfe“

zu Schutz und Schirm in großen Nöten

„Geheime Kunstschule“

magischer Wunderkräfte, das Buch der wahren Praktik in der uralten göttlichen Magie, wie sie durch die heilige Cabbala und durch Elohym mitgeteilt worden ist.

Trotz der angepriesenen Hilfe erweisen sich diese Bücher als eine Quelle des Fluches, großen Unfriedens, schwerer seelischer Not und vieler anderer Belastungen.

Eine wichtige Empfehlung

Die beste Empfehlung für die Verwendung von solchen Zauberbüchern, finden wir in der Bibel:

„Zahlreiche Christen gaben zu, daß sie früher Zauberkünste getrieben hatten. Viele von ihnen brachten ihre Zauberbücher und verbrannten sie öffentlich. Man schätzte, daß die verbrannten Bücher 50.000 Silberstücke wert waren.“ Apostelgeschichte 19,18.19

Nach heutigem Kurs umgerechnet, verbrannten die Christen damals Zauberbücher im Wert von ca. 40 000 Euro. Das war ein Vermögen! Sie wollten mit diesen Dingen absolut nichts mehr zu tun haben.

Verbrennen oder unbrauchbar machen

Lieber Leser, folge diesem Beispiel. Räume deine Schränke aus, nimm die Zauberbücher, die okkulte Literatur, alle okkulten Gebrauchsgegenstände und verbrenne oder vernichte sie, je eher desto besser. Diese Druckschriften sind Quellen des Unfriedens, des Streites und des Fluches. Wirf die Bücher nicht einfach weg, sie könnten in verkehrte Hände kommen. Verbrenne die Bücher oder mache sie unbrauchbar. Folge dem Beispiel jener Christen, die mit ihrer Überzeugung ernst gemacht haben und einen sichtbaren Schlußstrich unter ihre verderbenbringenden Gewohnheiten gezogen haben.

Amulette, Talismane, Teufelsanrufung

Amulette

Viele schwören auf die Schutzkraft eines Amuletts. Leblose Gegenstände, die eine besondere Weihe erhalten haben, sollen angeblich den Träger vor Unglück und Mißgeschick schützen.

Ein eiserner Vorhang

Tatsache ist, nur ein lebendiger, allmächtiger Gott alleine ist in der Lage, uns zu beschützen. Der Schutz Gottes ist an keine leblosen Gegenstände gebunden. Aus seelsorgerlichen Gesprächen weiß ich, daß das Amulett wie ein eiserner Vorhang wirkt, der den Träger von Gott trennt. Amulettträger zeigen für göttliche Dinge kein großes Interesse. Für sie ist es schwer, ja oft unmöglich, für Gott eine bewußte Entscheidung zu treffen. Lieber Leser, bitte Jesus, dir die Kraft zu geben, dich von deinem Amulett zu trennen und dich alleine dem Schutz und der Fürsorge eines allmächtigen und liebevollen Gottes anzuvertrauen.

Talismane

Talismane oder Glücksbringer stehen hoch im Kurs. Vierblättrige Kleeblätter, alte Hufeisen, ein Glücksschwein und viele andere Glückszeichen sollen uns angeblich das ersehnte Glück bringen. Viele Autofahrer legen großen

Wert darauf, daß sie ständig ihren Talisman, irgendein Stofftierchen, einen Kinderschuh, einen Miniatur-Schornsteinfeger oder etwas ähnliches, bei ihren Fahrten im Auto haben. Echten Schutz und bleibenden Herzensfrieden können uns diese leblosen Dinge nie schenken. Gott alleine ist der Geber aller guten Gaben. Setze dein Vertrauen auf Gott, er wird dich nicht enttäuschen.

Hier müssen auch die „Himmelsbriefe", „Brandbriefe", „geweihte Hölzer", usw. erwähnt werden.

Himmelsbriefe

Himmelsbriefe sind besonders in Kriegszeiten sehr gefragt. Gewöhnlich werden sie an irgendeiner Körperstelle getragen und verheißen dem Träger Schutz an Leib und Leben. Andere Himmelsbriefe werden laut gelesen und versprechen Hilfe in schwierigen Lebenssituationen. Es ist schockierend zu wissen, daß hinter diesem Schutzversprechen nicht Gott steht. Der Mensch stellt sich bewußt oder unbewußt unter den Schutz des Teufels.

Brandbriefe

Es gibt Bauern und Hausbesitzer, die keine Notwendigkeit für eine Feuerversicherung sehen, weil sie ihrem „Brandbrief" größeres Vertrauen schenken. Die sogenannten „geweihten Hölzer" sollen vor Brand ebenfalls zuverlässig schützen. Diese Zaubermittel werden gewöhnlich unter dem Dachgebälk aufbewahrt. Wer sich von diesen Zaubergegenständen Hilfe und Schutz verspricht, nimmt in Wirklichkeit ein Hilfsangebot des Teufels in Anspruch.

Teufelsanrufung

Zur Musterkollektion gehört auch das Aussprechen von „Unberufen", um Unfall, Unglück oder Krankheit zu verhindern, wenn gerade davon gesprochen wird.
Wer einen Wunsch ausspricht und mit dem Finger dreimal auf Holz klopft und dabei noch „toi, toi, toi" sagt, ruft mit dieser Abkürzung in Wirklichkeit den Teufel an. Diese Dinge sind keinesfalls harmlose Gepflogenheiten.

Hypnose, Yoga, Drogen

Hypnose

Lieber Leser, laß dich niemals hypnotisieren, auch wenn es nur zum Spaß geschieht. Es ist äußerst gefährlich und entspricht nicht dem Willen Gottes, daß eine andere Person über meinen Willen verfügt, selbst wenn dies auch nur für wenige Augenblicke der Fall ist. Gott hat jedem Menschen einen persönlichen Willen gegeben. Wir besitzen einen freien Willen. Indem Gott uns einen freien Willen gab, ging er ein Risiko ein. Wir können uns für Gott oder gegen Gott entscheiden. Wir können uns von Gott helfen lassen oder Hilfe bei Satan suchen. Gott in seiner Allmacht könnte uns in unserer Willensentscheidung beeinflussen und uns zu einer bestimmten Handlung zwingen. Dies tut Gott nicht. Er bittet uns freundlich. Er lädt uns ein – aber er zwingt uns nicht. Anders der Teufel: Er versucht mit allen Mitteln, Einfluß auf unseren Willen zu gewinnen; darum ist Hypnose so gefährlich.

Vorsicht!

Ein tüchtiger Arzt berichtete mir, daß er die Hypnose in seiner Praxis anwende. Er meinte: „Bei einer schwierigen Geburt z. B. kann die Hypnose eine große Erleichterung verschaffen." Die Hypnose hatte er während seines

Universitätsstudiums in Freiburg erlernt. Er bekannte: „Früher habe ich von der Hypnose viel gehalten, aber heute bin ich im Umgang mit der Hypnose sehr vorsichtig geworden."

Grenzgebiet

Dieser gläubige Arzt sagte mir: „Ich selbst würde mich nur unter zwei Voraussetzungen hypnotisieren lassen." Neugierig fragte ich nach den Bedingungen. Seine Antwort lautete: „Zunächst müßte derjenige, der mich hypnotisiert, ein Christ sein und dann lege ich großen Wert darauf, daß es ein bekehrter Christ ist." Seine Begründung für diese doppelte Sicherung lautete: „Hypnose ist ein Grenzgebiet. Ich möchte nicht leichtfertig unter den Einfluß einer anderen Macht kommen."

Weiterhin machte er darauf aufmerksam: „Hypnose führt in eine Abhängigkeit. Sie werden es wohl nie vergessen können, daß der Hypnotiseur für eine bestimmte Zeit Gewalt über sie hatte. Sie geraten in ein Abhängigkeitsverhältnis." Der Arzt gab offen zu, daß jede hypnotische Behandlung eine Nachbehandlung erforderlich macht, damit das Abhängigkeitsverhältnis wieder gelöst wird. Schließlich meinte er: „Diese Nachbehandlung kann sich u. U. über zwei Jahre erstrecken, aber es ist nicht sicher, ob das Abhängigkeitsverhältnis wirklich gelöst werden kann." Lieber Leser, wenn nach der Aussage dieses Arztes Hypnose zumindest Grenzgebiet ist, dann ist es ein gefährliches Grenzgebiet. Wer von uns weiß schon genau, wo die Grenzen verlaufen? Christen sind keine Grenzgänger. Es kann nicht entschieden genug davor gewarnt werden.

Yoga

Yoga findet immer mehr Anhänger. Die westliche Welt wird von einer „Yoga-Welle" überschwemmt. In bezug auf Yoga müssen wichtige Fragen gestellt werden. Diese Fragen erfordern eindeutige Antworten.

Keine harmlosen Turnübungen

„Ist Yoga eine bestimmte Form von Körperkultur? Eine Therapie? Eine Philosophie? Eine Wissenschaft? Etwas Metaphysisches? Eine Religion? Eine besondere Art geistiger Hygiene? Eine Methode der Selbsterforschung? So bestürzend es scheinen mag: Yoga ist all das gleichzeitig, ja es ist mehr als das. Wir werden belehrt, daß Yoga zur Versenkung in das höchste Wesen führt und zugleich zur Entdeckung der Geheimnisse der Schöpfung. Wie weit entfernt sind wir damit von der Auffassung, wer Yoga betreibe, der mache lediglich Turnübungen." (2)

Daniel Dossmann, ein ehemaliger Yogalehrer, gibt wichtige Hintergrundinformationen. Nach seinen Erfahrungswerten ist Yoga sehr gefährlich, es sind keinesfalls nur harmlose Entspannungstechniken:
„Seit Buddha ist eine große Vielfalt von Yoga-Techniken entwickelt worden, doch wir interessieren uns ausschließlich für das Grundprinzip, das sie alle bestimmt.

Eine schlummernde Kraft

Dieses Prinzip ist psycho-physiologisch: Geist und Körper müssen für eine gemeinsame Aufgabe miteinander verbunden werden. Der Yogi muß anfangs voraussetzen, daß in ihm eine Kraft schlummert, die er aufwecken muß. Die Körperhaltungen, unterstützt durch eine entsprechende geistige Konzentration, üben eine Wirkung aus auf das innere Funktionsgefüge des

Leibes und der Seele. Gemäß der Hindu-Tradition schlummert am Grunde der Wirbelsäule eine Kraft, die man Kundalini nennt …

Das Ausüben des Yoga hat zum Ziel, diese Kraft aufzuwecken und sie entlang der Wirbelsäule hinaufzuführen. Immer gemäß der genannten Tradition, gibt es auf diesem Weg sieben Kraftzentren, die man Chakras nennt … Jedesmal, wenn ein Zentrum erweckt ist, verleiht es dem Yogi eine neue Kraft, die ihm erlaubt noch einen Schritt weiter zu gehen, bis zu einer Art innerer Erleuchtung …

Die innere Erleuchtung

Von Anfang an wird der Yogi durch die Haltungen, die er übt, in einen Prozeß hineingenommen, der seiner Kontrolle entgleitet. Die Haltungen, begleitet durch eine besondere Atmung und gedankliche Konzentration auf bestimmte Körperstellen führen ihn zu etwas, das über ihn hinausgeht und worüber er nicht Herr ist …

Ein unkontrollierbarer Prozeß

Während dieser Zeit entwickelt sich unaufhaltsam die Kundalini-Kraft, macht aus dem Yogi einen Sklaven des angeblichen Wohlbefindens, das sie ihm vermittelt. Es ist bedauerlich, feststellen zu müssen, daß sehr viele Yoga betreiben ohne sich klar zu machen, was sich dahinter verbirgt.

Yoga ist weder Sport, noch etwas, das innere Ruhe vermittelt, noch ein Weg, der zu Gott führt. Es ist eine Praktik der (angestrebten) Selbsterlösung, die das natürliche Wesen des Menschen verherrlicht und versucht, aus ihm einen Übermenschen zu machen. Sie steht in förmlichen Widerspruch zum Weg Gottes. Gott hat den Menschen niemals dazu geschaffen, daß er passiv sei, gebunden an irgend etwas, das ohne sein Wissen auf ihn einwirkt.

Selbsterlösung für den Übermenschen

Gemäß der traditionellen Hindu-Lehre sind die Kraftzentren oder Chakras mit Geistern verbunden, die sich außerhalb des Körpers befinden, in einem Bereich, der Astralregion genannt wird. In eben dieser Region leben die gefallenen Geister und ihr Anführer: Satan. Diese sind es, die dem Yogi die Kraft verleihen, sich zu erheben, und sie leiten das Aufsteigen der Kundalini und das Erwachen der Chakras. Wenn ein Zentrum erleuchtet ist, werden diese Geister angesprochen und können dann weiter handeln: Sie verleihen dem Yogi Kräfte wie zum Beispiel die Telepathie, die Telepsychie (das Vermögen, durch Denken einen Einfluß auf andere Menschen auszuüben), Wahrsagerei, die Fähigkeit, mit den Geistern Verstorbener Kontakt aufzunehmen, das Sichtbarmachen bestimmter Erscheinungen usw.
Beim Lesen dieser Zeilen werden Sie vielleicht ausrufen: „Aber das geht völlig über das Yoga hinaus, das ich kenne!" Nämlich sich zu entspannen, sich leer zu machen usw.

Gefallene Geister verleihen Kraft

Doch genau das ist es; den Geist leer zu machen öffnet den gefallenen Geistern die Türe. Sie haben keinen Leib, und ihr Verlangen ist es, einen zu besitzen … In seiner Suche nach Lösungen stürzt sich der moderne Mensch auf alles, was ihm der Orient vorschlägt; das Geheimnisvolle zieht ihn an.

Die Geistesleere öffnet die Tür

Der Teufel fordert Anbetung

Der Teufel will angebetet werden und wendet eine Unzahl von Kunstgriffen und Nachäffereien an, um die Menschen anzuziehen, die des Materialismus und der inneren Angst müde geworden sind. Wie er es bei Jesus gemacht hat, so zeigt Satan dem Menschen alle Königreiche der Welt und ihre Herrlichkeit und sagt zu ihm:
‚Dies alles will ich dir geben, wenn du dich vor mir niederwirfst und mich anbetest.'

Weg mit dir Satan!

Aber Jesus antwortete: „Weg mit dir, Satan! In den heiligen Schriften heißt es: ‚Vor dem Herrn, deinem Gott wirf dich nieder, ihn sollst du anbeten und niemand sonst.'" Matthäus 4,9.10 (3)

Die diabolische Herrschaft der Geister

„Wie wir bereits gesagt haben, ist die Praktik des leeren Geistes außerordentlich gefährlich. Sobald nämlich der Yogi diesen Punkt erreicht, ist sein Wille vollkommen ausgeschaltet. So dringen Geister in den Geist des Menschen ein und unterwerfen ihn ihrer diabolichen Herrschaft. In diesem Fall wird der Yogi in eine fortschreitende psychische Entgleisung hineingerissen, die ihn bis in den Wahnsinn treiben kann.

Der Gruß an die Sonne

Der Mensch ein Sklave der Naturkräfte

Ein anderer Punkt, der das Yoga, die Kampfeskünste und das Zen betrifft, ist ‚der Gruß an die Sonne' und ‚der Gruß an den Dojo'. Ein Yoga-Kurs beginnt im allgemeinen mit dem Gruß an die Sonne, der aus einer Reihe von Haltungen besteht, die von einer bestimmten Atmung und von geistiger Konzentration auf verschiedene Punkte des Körpers begleitet werden. Um ihn auszuführen, muß man im allgemeinen der aufgehenden Sonne zugewandt sein. Der Yogi versucht, sich für die Tätigkeit der Sonne und der Sterne zu sensibilisieren, ebenso für alles, was den Bereich des Magnetismus berührt. Er muß sogar die Stellung seines Bettes nach bestimmten kosmischen Strömen ausrichten, und es gibt auch bestimmte Schlafstellungen ... All das führt einen dazu, Sklave der Naturkräfte zu werden; derweil ist es doch, wie man weiß, der Mensch, der über die Schöpfung herrschen sollte." (4)

Gottes Warnung

Gottes Warnung lautet:
„So hütet euch nun wohl ... Hebe auch nicht deine Augen auf gen Himmel, daß du die Sonne sehest und den Mond und die Sterne, das ganze Heer des Himmels, und fallest ab und betest sie an und dienest ihnen." 5. Mose 4,15.19

Kräfte für okkulte Handlungen

Welche Dimensionen öffnen sich durch Yoga-Übungen? Maurice Ray zitiert in seinem Buch „Yoga – Ja oder Nein?" die „Worte des Meisters –, jeder, der Hatha-Yoga einigermaßen ernsthaft betreibt, gewinnt neue Fähigkeiten. Zu ihnen gehören Telepathie, Ahnungsvermögen, das zweite Gesicht und alle Kräfte eines übersinnlichen Zustandes, wie sie für okkulte Handlungen unerläßlich sind'" ... (5)

Die Erlebnisse eines Brahmanenpriesters

Rabindranath R. Maharaj entstammt einer langen Linie von Brahmanenpriestern. Er wurde schon als Kind in Yoga und Meditation trainiert. Täglich suchte er mit geheimnisvollen Gebeten, Riten und in Anbetung die Verbindung zu vielen seiner Götter; dabei geriet er in transzendentale Zustände, kam mit „Geistern" in Kontakt, sah die entzückendsten Farben, hörte mysteriöse Musik und wurde in andere Welten versetzt. Die Bevölkerung betete ihn als Gott an.

Steigende Enttäuschungen und innere Kämpfe führten zur Auseinandersetzung mit seinen mystischen Kenntnissen. Schließlich findet er den Sinn des Lebens. Sein Buch „Der Tod eines Guru“ schildert seine Erlebnisse:

Beängstigende psychische Erlebnisse

„Nichts war wichtiger, als unsere tägliche transzendentale Meditation, das Herz des Yoga, welche Krishna als den sichersten Weg zur ewigen Glückseligkeit empfahl. Es konnte aber auch gefährlich sein. Beängstigende psychische Erlebnisse erwarteten den Unachtsamen, ähnlich einem Horrortrip bei Drogenmißbrauch. Man wußte von Yogis (d. h., jemand der schon eine bestimmte Fertigkeit im Yoga erreicht hat), wie sie die Veden (die frühesten Schriften des Hinduismus) beschrieben, die von Dämonen besessen worden waren. Die Macht der Kundalini (eine Göttin), die angeblich wie eine Schlange zusammengerollt am unteren Ende des Rückgrats schlummert, konnte in tiefer Versenkung ekstatische Erlebnisse erzeugen, bei unbeherrschter Handhabung aber auch geistigen und körperlichen Schaden hervorrufen. Die Grenze zwischen Ekstase und Horror war sehr schmal …

Begegnungen mit schrecklichen dämonischen Wesen

In der täglichen Meditation begann ich psychedelische Farben wahrzunehmen, hörte überirdische Musik und besuchte sogar geheimnsivolle Planeten, wo die Götter mit mir sprachen und mich ermutigten, nach den höheren Bewußtseinsstufen zu streben. Zuweilen begegnete ich in der Trance jenen schrecklichen dämonischen Wesen, die in Hindu-, Buddhisten- und Schintotempeln abgebildet sind. Es war eine schreckenerregende Erfahrung … Manchmal erlebte ich ein Gefühl der mystischen Vereinigung mit dem Universum. Ich war das Universum, Herr über allem, allmächtig allgegenwärtig …“ (6)

Wirksamkeit okkulter Kräfte

„Der Friede, den ich während der Meditation erlebte, verließ mich zwar schnell, aber die okkulten Kräfte, die durch meine Yogaübungen gefördert wurden, blieben mir und begannen schon in der Öffentlichkeit wirksam zu werden. Da ich wußte, daß ich ohne solche Kundgebungen des Übernatürlichen nie eine große Anhängerschaft gewinnen würde, freute ich mich über meine wachsende geistliche Macht …

Keiner der Götter war sanft und liebevoll

Während ich in tiefe Meditation versenkt war, wurden oft die Götter sichtbar und sprachen mit mir. Zuweilen schien ich durch Astralprojektion auf andere Planeten und in Welten anderer Dimensionen versetzt. Erst Jahre danach erfuhr ich, daß solche Erfahrungen in Labors durch LSD und durch Hypnose unter der Anleitung von Parapsychologen nachgemacht wurden. In der Trance war ich meistens allein mit Shiva, dem Zerstörer. Schreckerfüllt saß ich zu seinen Füßen, während die riesige Kobra, die sich um meinen Nacken wand, mich mit den Augen fixierte, zischte und drohend die Zunge herausschnellen ließ. Ich fragte mich manchmal, warum keiner der Götter, denen ich begegnete, freundlich, sanft und liebevoll war. Wenigstens waren sie wirklich, daran zweifelte ich keinen Augenblick …“ (7)

Sehnsucht nach dem wahren Gott

„Ich begann an den Schöpfer als den wahren Gott zu denken, im Gegensatz zu den vielen Hindugöttern, denen ich in der Trance begegnete. Zunehmend wurde mir der Unterschied bewußt. Die Hindugötter flößten mir Furcht und

Schrecken ein, dagegen war ich innerlich gewiß, daß der wahre Gott liebevoll und gütig sei. Von keinem der Hindugötter hatte ich den Eindruck, daß ich ihm vertrauen könnte. Da war keiner, der mich liebte. Mein Hunger nach dem Schöpfer wuchs, aber ich kannte keine Mantras an ihn. Zudem hatte ich das quälende Gefühl, mein Jagen nach der Selbstverwirklichung bringe mich ihm überhaupt nicht näher, sondern vergrößere die Kluft. Es machte mir auch sehr zu schaffen, daß der Friede, den ich in der Meditation erreichte, im Alltagsleben nie lange anhielt …" (8)

Angst vor den Heimsuchungen der Geister

Maharaj der Guru bekennt:
„Jetzt hatte ich Angst vor den Astralreisen und den Heimsuchungen der Geister, über die ich einst innerlich gejubelt hatte. Aber ich kannte keinen anderen Weg zu Gott als durch Yoga. Meine Religion, meine Unterweisung, meine Erfahrungen in der Meditation – sie alle hatten mich gelehrt, daß ich die Wahrheit nur durch Suchen in mir selbst finden könnte. Also versuchte ich es noch einmal. Aber anstatt Gott zu finden, entdeckte ich mehr Bosheit, so daß ich die völlige Verderbtheit meines Herzens nur noch klarer erkannte. Mein Elend wuchs, bis das Gefühl meiner Schuld und Schande zu einer schier unerträglichen Last geworden war." (9)

Nur Jesus kann helfen

Schließlich erkennt der Guru, *„wenn du je wirklich in Gefahr sein solltest und nichts anders hilft, dann gibt es noch einen Gott, zu dem du beten kannst. Sein Name ist Jesus."* (10)

Die verführerischen Geistwesen sind teuflische Dämonen

Nachdem Maharaj Christ geworden war, stellte er fest:
„Wir verstanden bald, daß nicht Nanas Geist uns verfolgt hatte, sondern Geistwesen, die in der Bibel Dämonen genannt werden. Das sind Engel, die sich Satan in seiner Auflehnung gegen Gott angeschlossen haben und jetzt darauf aus sind, Menschen zu verwirren und sie zu verführen, sich ihrer Auflehnung anzuschließen. Sie sind auch die eigentliche Macht, die hinter jeder Gottheit und Philosophie steht, die dem wahren Gott seine Stellung als Schöpfer und Herr streitig machen. Das waren die Wesen, denen ich in der Trance des Yoga und in der tiefen Meditation begegnet war, die sich allerdings als Shiva oder eine andere Hindugottheit ausgaben." (11)

Der Schlüssel zum okkulten Gebiet

Yogaübungen sind nicht so harmlos, wie es scheinen mag. Wer Yoga betreibt, hat den Schlüssel zu dem okkulten Gebiet in der Hand. Wer sich hinter dem okkulten Gebiet verbirgt, haben wir bereits zur Genüge kennengelernt.

Drogen

Gibt es Parallelen zwischen Yoga-Meditationen und der Einnahme von Drogen?

Eine aufregende Entdeckung

Als Christ versuchte Maharaj auch den Drogensüchtigen zu helfen. Er *„machte dabei eine aufregende Entdeckung. Etliche erlebten mit der Droge genau dasselbe, wie ich durch Yoga und Meditation. Verwundert hörte ich zu, wie sie mir die ‚wunderbare und friedvolle Welt' schilderten, die sich ihnen durch LSD öffnete. Diese Welt der psychedelischen Farben und Klänge war mir nur allzu bekannt.*

,Ich brauchte keine Drogen, um Visionen von anderen Welten und Wesen zu haben, psychedelische Farben zu sehen und eine Einheit mit dem Universum zu verspüren', erzählte ich ihnen. ,All das öffnete sich mir durch transzendentale Meditation. Aber das Ganze war ein Bluff, ein Betrug von bösen Geistern, die meinen Verstand beschlagnahmten, sobald ich die Kontrolle über ihn fahren ließ. Ihr werdet betrogen. Der einzige Weg, Erfüllung und Frieden zu finden, ist der Glaube an Jesus Christus.' …

Die Gefahren der transzendentalen Meditation

Ich dachte über diese Tatsache nach, daß so viele Süchtige die gleichen Erlebnisse hatten mit Drogen wie Yogis durch östliche Meditation. Drogen erzeugen demzufolge einen ähnlichen Bewußtseinszustand, wie die Meditation. So können Dämonen auf die Nervernzentren wirken. Das löst diese übernatürlichen Erfahrungen aus, die aber nichts als Vorspiegelung sind. Die gleichen bösen Geister, die mich immer tiefer in die Meditation geführt hatten, um von mir restlos Besitz zu ergreifen, stehen auch hinter der Drogenbewegung, und zwar mit dem gleichen teuflischen Ziel. Es wurde mir immer klarer, daß der Drogenkult, die Meditation, die freie Liebe und die Auflehnung der Jugend in der Hippiebewegung zur selben satanischen Strategie gehören.

Drogen betrügen

Eine satanische Strategie

Diese Bewegung fand ihren Ausdruck unter anderem in der Musik von Gruppen wie den Beatles oder Rolling Stones. Ich erinnere mich gut an ein Konzert der Rolling Stones, das nach dem Tod von Bryan Jones gegeben wurde. 250.000 Fans warem im Hyde Park in London zusammengeströmt, um eines Popidols zu gedenken, das an einer Überdosis gestorben war. Durch die Musik waren sie nicht weniger aufgedreht als durch Hasch und LSD.

Der Musik-Rausch

Viele junge Menschen flüchteten nicht nur in den Drogenrausch, sondern übten auch Transzendentale Meditation und die verschiedenen Arten von Yoga. Ihre ganze Denkweise wurde durch östlichen Mystizismus umnebelt … Meine Besorgnis wuchs, als mir klar wurde, daß Satan daran war, den Westen völlig mit östlichem Mystizismus zu unterwandern." (12)

Unterwanderung durch östlichen Mystizismus

Warum haben Okkultismus, Spiritismus und Satanismus eine so starke Anziehungskraft

Hier kommt die berechtigte Frage, warum übt das Gebiet des Aberglaubens und des Okkultismus eine solche Anziehungskraft auf die Menschen aus? Warum geht man zum Kartenlegen? Warum beschäftigt man sich mit der Traumdeutung? Warum sucht man Hilfe bei der Astrologie? Warum befragt man das Pendel und die Wünschelrute?

Jeder Mensch hat ein inneres Verlangen nach Glück und sehnt sich nach einer zuverlässigen Lebensberatung. Willst du nicht auch glücklich sein? Auch ich sehne mich nach Glück und Geborgenheit. Ich will mir aber die Lebensgeborgenheit von dem schenken lassen, der sie mir wirklich geben kann: Jesus Christus. Das Glück aus anderer Hand bedeutet in Wirklichkeit Unglück.

Verlangen nach Glück

Zeitvertreib und Wißbegier

Viele Menschen begeben sich bei der Glückssuche aus Neugierde, zum Zeitvertreib oder ehrlicher Wißbegierde auf das okkulte Gebiet und sind sich dabei der drohenden Gefahr und der sich daraus ergebenden schwerwiegenden Folgen nicht bewußt.

Furcht vor Unglück

Die Furcht vor Unglück und Krankheit ist ein weiterer Grund, warum sich das okkulte Gebiet so großer Beliebtheit erfreut. Viele suchen die ersehnte Hilfe bei scheinbar erfolgreichen Schutz- und Abwehrmitteln. Gesundheit um jeden Preis lautet das Lebensmotto.

Nachahmungstrieb

Der Nachahmungstrieb spielt eine große Rolle. Es gibt scheinbar ganz harmlose Sprüche, die nichtsahnend hergesagt werden, wenn sich z. B. Kinder weh getan haben. Einer dieser Sprüche lautet: „Heile, heile, Segen ...“, allerdings sucht man damit nicht die Hilfe bei Gott.

Neugierde

Die Neugierde über die Zukunft bewegt viele, sich auf gefährliches Gebiet zu wagen. Kartenlegen, Wahrsagen oder astrologische Lebensberatung machen es uns leicht, Auskunft über die Zukunft zu erhalten. Wir werden jedoch über diesem persönlichen Zukunftswissen letzten Endes nie recht glücklich werden.

Lebensmeisterung

Das Verlangen, das Schicksal in eigener Kraft zu meistern, spielt ebenfalls eine große Rolle. Der Gegenspieler Gottes trägt diesem Wunsch Rechnung und bietet uns mit raffinierten Neugierdehaken etwas aus seiner umfangreichen Musterkollektion an. Für seine scheinbare Hilfe fordert er dann von uns einen hohen Preis.

Ein „Niemandsland“ gibt es nicht!

Wir bewegen uns, so wird behauptet, in einem Niemandsland. Von diesem Verständnis her, sei es gerechtfertigt, daß wir uns jeder zur Verfügung stehender Information bedienen. Diese Wissensvermittlungen und Hilfestellungen ermöglichen es uns dann, richtige Entscheidungen zu treffen und die notwendige Lebenshilfe zu erhalten.

Entweder Satans Machtbereich oder Kraftfeld Gottes

Die Bibel weist uns in aller Deutlichkeit darauf hin, daß der Mensch in keinem Fall in einem „Niemandsland“ lebt. Wir bewegen uns entweder im Machtbereich Satans, oder wir entscheiden uns dafür, im Kraftfeld Gottes zu leben. Die klare Aussage von Gottes Wort lautet dazu:

„Du sollst ihnen die Augen öffnen, damit sie aus der Finsternis ins Licht kommen, aus der Gewalt Satans zu Gott. Denn wenn sie mir vertrauen, wird ihnen die Schuld vergeben, und sie erhalten ihren Platz unter denen, die Gott erwählt hat.“ Apostelgeschichte 26,18

Wenn es wirklich einen neutralen Bereich gäbe, wäre es zu empfehlen, daß wir uns z. B. mit Hellsehen, Pendel, Wünschelrute, Meditation, Yoga, Drogen und allen okkulten Praktiken beschäftigen. Wir hätten dadurch die Möglichkeit, eine Bewußtseinserweiterung zu erleben und könnten so in schwierigen Lebenssituationen gezielte Hilfe erhalten.

Gott macht uns jedoch unmißverständlich darauf aufmerksam, daß es in Wirklichkeit keinen neutralen Bereich gibt. An keiner Stelle spricht die Bibel davon, daß es zwischen dem Reich der „dunklen Mächte“ und der „Herrschaft seines geliebten Sohnes“ ein „Niemandsland“ gibt. *Es gibt keinen neutralen Bereich*

„Er hat uns aus der Gewalt der dunklen Mächte gerettet und uns unter die Herrschaft seines geliebten Sohnes gestellt. Durch ihn hat er uns befreit. Seinetwegen vergibt er uns unsere Schuld.“ Kolosser 1,13.14

Wer sich bewußt oder unbewußt in die „Gewalt der dunklen Mächte“ begibt und hier Hilfe und Beistand sucht, der wird unweigerlich zur Kasse gebeten und muß für die geleistete Hilfestellung in jedem Fall einen hohen Preis bezahlen. Die Auswirkungen sind immer negativer Art. Der Gegenspieler Gottes ist in seinen Preisforderungen radikal und unnachsichtig. *Gottes Gegenspieler fordert seine Preise*

Die „Teufelspreise“ können den Menschen auf verschiedenen Ebenen belasten. Sie zeigen sich in Charakterveränderungen, seelischen Nöten, Triebentartungen, Glaubensproblemen, Gebundenheit, organische Schäden, Besessenheit usw.. Das nachfolgende Kapitel „Der Zauber des Aberglaubens“ beschreibt die Auswirkungen und Folgen der Greuelsünden. Es ist ein Unrecht und eine Beleidigung Gottes, wenn wir die Hilfsangebote seines Gegenspielers in Anspruch nehmen: *Teufelspreise*

„Mein Volk hat doppeltes Unrecht verübt: Mich, die Quelle frischen Wassers, hat es verlassen; stattdessen gräbt es Löcher für Regenwasser, die auch noch rissig sind und das Wasser nicht halten.“ Jeremia 2,13
„Jedes Unrecht ist Sünde …“ 1. Johannes 5,17 *Unrecht ist Sünde*

Der entscheidende Seitenwechsel

Wir haben zwei Möglichkeiten: Entweder wir leben im Gewaltbereich Satans oder wir leben im Kraftfeld Gottes. Jeder hat die Möglichkeit für sich selbst eine „Gewinn- und Verlustrechnung“ aufzustellen. Es bedarf keiner langen Untersuchung und wir stellen fest: Die Entscheidung für Gott ist ein absoluter Gewinn. Wir können eine Willensentscheidung treffen und jeder hat die Möglichkeit einen radikalen Seitenwechsel zu vollziehen.

Es ist eine Tatsache: Satan ist ein grausamer Tyrann und ein mächtiger Herrscher. Es gibt aber eine weitere Tatsache, und das ist wirklich eine „Gute Nachricht“: Jesus Christus ist noch mächtiger als Satan. Er hat seinen Gegenspieler bereits besiegt. Die Entscheidung brachte der Tod Jesu am Kreuz und seine Auferstehung. Jesus Christus lebt. Er kann helfen und befreien. Das Kreuz ist das Siegeszeichen Jesu. Lieber Leser, am Kreuz wurde die Liebe Gottes zu uns, auch zu dir, sichtbar. Der stellvertretende Tod Jesu ist das sichtbare Siegel der Liebe Gottes auch zu dir. ***Jesus ist Sieger***

Nur Jesus Christus ist in der Lage, uns aus der Gewaltherrschaft Satans zu befreien und seine „Belastungspreise“ in unserem Leben aufzuheben. Es spielt keine Rolle, welche Preise der Teufel in unserem Leben fordert. Ob *Kostenlose Befreiung* wir von Schwermut oder von Angstzuständen geplagt werden, unter Glaubensnöten oder irgendwelchen anderen Belastungen leiden – wir können durch Jesus Christus frei werden. Diese Befreiung kostet nichts. Sie ist ein Liebesgeschenk Gottes. Es gibt für jeden Menschen die Möglichkeit ein Leben ohne Belastung, ein frohes Leben zu beginnen. Viele sind diesen Weg der Befreiung schon gegangen.

Nimm das Angebot an

Lieber Leser, ich ermutige dich, nimm Gottes Hilfsangebot an und laß dir durch Jesus Christus die Befreiung schenken. Kannst du es dir wirklich leisten, solch ein Angebot auszuschlagen? Stell dich noch heute auf die Seite Jesu, dann stehst du auf der Seite des Siegers. Du kannst ohne jede Vorleistung zu Ihm kommen. Ich bitte Gott, daß er dir die innere Bereitschaft und die Kraft zu diesem Schritt schenkt. Gottes ermutigende Zusagen lauten:

Gottes Hilfe

„Der Herr läßt euch sagen: Habt keine Angst! Erschreckt nicht vor der Übermacht! Dieser Kampf ist nicht eure, sondern meine Sache! ... Ihr selbst braucht nicht zu kämpfen, bleibt ruhig stehen und schaut zu, wie ich, der Herr für euch den Sieg erringe ...“ 2. Chronik 20,15.17

„Laßt euch von niemandem irreführen, meine Kinder! Wer das Rechte tut, kann wie Christus vor Gott bestehen. Wer nicht aufhört zu sündigen, gehört dem Teufel, denn der Teufel hat von Anfang an gesündigt. Der Sohn Gottes aber ist auf die Erde gekommen, um die Werke des Teufels zu zerstören.“ 1. Johannes 3,7.8

„Wenn wir behaupten, ohne Schuld zu sein, betrügen wir uns selbst, und die Wahrheit lebt nicht in uns. Wenn wir aber unsere Schuld eingestehen, dürfen wir uns darauf verlassen, daß Gott Wort hält: Er wird uns dann unsere Verfehlungen vergeben und alle Schuld von uns nehmen, die wir auf uns geladen haben.“ 1. Johannes 1,8.9

Eine weitreichende Entscheidung

Lieber Leser, es geht um eine weitreichende Entscheidung. Jesus Christus kann dir alle deine Schuld und Belastung wegnehmen. Bist du gläubig oder abergläubisch? Folgst du dem Teufel oder hast du dich für Jesus entschieden? Beide Entscheidungen haben Folgen! Ein modernes Gleichnis soll den Kerngedanken veranschaulichen:

Der Zug des Aberglaubens

Wir alle stehen auf einem Bahnhof an einem Bahnsteig. Auf der einen Seite lädt der „Zug des Aberglaubens“ zu einer aufregenden Fahrt ein. Der Zug hat eine tolle Aufmachung, schreiende Farben, Leuchtschrift. Aus den halb geöffneten Fenster tönt Rockmusik. Die Wagen haben viele Abteile. Für Abwechslung ist gesorgt. Erwartungsvoll steigen wir in den Zug.

Abwechslungsreicher Kundendienst

Der „Himmelsbrief“, der vor Reiseantritt verkauft wird, soll eine sichere Reise garantieren. Wem es in dem Abteil „Horoskope und Tierkreiszeichen“ zu langweilig ist, kann sich im Schönheitssalon die Warzen besprechen lassen und einem Magnetiseur bei einer Migränebehandlung zuschauen oder das Abteil „Kartenlegen und Wahrsagen“ aufsuchen. Voller Spannung erhält man persönliche Zukunftsberatung.

Für aufregende Lektüre ist gesorgt. Das „6. und 7. Buch Mosis", Traumbücher, geheimnisvolle Zauberbücher liegen aus. Bei Tisch- und Gläserrücken wird es niemand langweilig. Wünschelrutengänger tauschen Erfahrungen aus. Wer noch keine Erfahrung mit dem Pendel hat, kann dies lernen. Für Interessenten wird Unterricht im „Brandlöschen" und „Gesundbeten" gegeben. Es ist nicht ausgeschlossen, später durch solche Hilfeleistungen als Wohltäter der Menschheit gefeiert zu werden. Amulette werden als Reiseandenken angeboten. Fahrgäste, die durch die Aufregungen der Reise unter Streß leiden, können durch Yoga-Übungen die ersehnte Entspannung erleben. Wer Sinn für das Außergewöhnliche hat, dem wird die Möglichkeit geboten, durch Hypnose in eine andere Welt versetzt zu werden. Er erlebt dann eine „doppelte Reise". Hinter verschlossenen Türen werden „Schwarze Messen" zelebriert und spiritistische Sitzungen abgehalten. Es wird behauptet, mit den Geistern Verstorbener Verbindung aufnehmen zu können. Es gibt sogar die Möglichkeit einer „Satanskirche" beizutreten.

Spannende Abwechslung

Abgespannt und erschöpft, einem Nervenzusammenbruch nahe, wird das Ziel erreicht. Die letzte Überraschung ist die Begegnung mit dem „Vater der Lüge", dem Teufel, am Zielort „Jammertal". Keiner hat sich den „Meisterverführer" so gemein und hinterhältig vorgestellt. Alle sind entsetzt.

Die große Überraschung

Satan lächelt schadenfroh. Es ist grauenhaft. Eine Panik bricht aus. Einer nach dem anderen kommt um. Der Tod beendet eine Reise, die in Wirklichkeit eine Fahrt in das Verderben war.

Eine Fahrt ins Verderben

Auf der anderen Seite des Bahnsteigs hält der „Glaubenstriebwagen". Er sieht unscheinbar aus, aber man hat den Eindruck von Zuverlässigkeit und Sicherheit. Freundliche Menschen winken aus den Fenstern. Starke Engel helfen beim Einsteigen und sorgen in wohltuender und gewissenhafter Weise für das Wohlergehen. Bei zügiger Fahrt findet man Ausgeglichenheit und lebenslange Zufriedenheit.

Der Glaubenstriebwagen

Die Bibel, das Wort Gottes, ist der ständige Reiseführer. Die ganze Wegstrecke ist genau beschrieben. Die einzelnen Lebensstationen sind schnell zu erkennen. Für jede Lebenssituation gibt es Trost und Worte der Ermutigung. Geschichtliche Hintergrundinformationen und einmalige prophetische Aussagen vermitteln ein völlig neues Verständnis der heutigen Weltsituation. Das tägliche Studium der „Heiligen Schrift" wird zu einem Bedürfnis. Der „Liebesbrief Gottes" wird zu einer ständigen Kraftquelle.

Der Reiseführer

Reisebetreuer ist der Hl. Geist, der immer und überall zur Stelle ist. Freigiebig schenkt er jedem Reiseteilnehmer Zuversicht und Zufriedenheit, Glaubensgewißheit und Überwindungskraft. Ein besonderes Geschenk von ihm ist die Kraft zum Gehorsam; man hat einfach das Verlangen, das zu tun, was Gott Freude macht.

Der Reisebetreuer

Wer sich unterwegs mit Sünde beschmutzt wird durch das Blut Jesu wieder ganz rein gewaschen. Niemand hat Freude an Streit und Zank; alle sind zu-

Liebevoller Kundendienst

frieden und dankbar. Die Lebensreise macht unbeschreibliche Freude. In kummervollen Zeiten erhält man Trost und göttliche Tragkraft.

Endlich am Ziel

Am Zielort „Freudenberg" wartet Jesus Christus, der Sohn Gottes. Welche Freude ist es, ihm persönlich begegnen zu können. Die Liebe Gottes, die schon die ganze Reise Wegbegleiter war, wird jetzt in der Person Jesu für alle sichtbar. Jetzt beginnt der schönste Teil. Die Gläubigen dürfen für alle Ewigkeit in der Gegenwart Gottes leben. Es gibt kein Leid, keinen Kummer, keine Sorgen, kein Mißgeschick, keine Krankheit, kein Gebrechen – keinen Tod. Der Inbegriff eines vollkommenen Lebens ist Wirklichkeit geworden. Diese Fahrt hat sich gelohnt. Ein herrliches Reiseziel ist erreicht.

Gottes Zusagen

„Es heißt ja: ‚Was keiner jemals gesehen oder gehört hat, was keiner jemals für möglich gehalten hat, das hält Gott für die bereit, die ihn lieben.'"
1. Korinther 2,9.
„Der Dieb kommt nur zum Stehlen, Töten und Zerstören. Ich aber bin gekommen, damit meine Schafe das Leben haben, Leben im Überfluß."
Johannes 10,10

Du mußt dich entscheiden!

Lieber Leser, wir sind alle „eingestiegen".
Sitzt du im richtigen Zug?
Hast du den „Glauben" und damit Gott gewählt oder hast du dich für den „Aberglauben" und damit für den Gegenspieler Gottes entschieden?
Wenn du verkehrt eingestiegen bist, willst du nicht heute noch umsteigen?
Gott schenke dir die Kraft dazu.

Quellenangabe

1 Hans Schwendimann, Horoskopie – Astrologie. Ein Aberglaube, Evangelische Buchhandlung St. Gallen, 1949, S. 18 ff.
2 Maurice Ray, Yoga – Ja oder Nein?, Verlag Bibellesebund, Winterthur/Marienheide, 2. Aufl. 1976, S. 11.
3 Daniel Dossmann, Yoga – Weg zur Freiheit, Verlag Das Haus der Bibel, Genf, Zürich, Basel, 1989, S. 37-40
4 Ebenda, S. 76.77
5 Maurice Ray, Ebenda, S. 68
6 Rabindranath R. Maharaj, Der Tod eines Guru, Hänssler-Verlag, Neuhausen-Stuttgart, 11. Aufl. 1993, S. 69.70
7 Ebenda, S. 93.94
8 Ebenda, S. 126
9 Ebenda, S. 143
10 Ebenda, S. 122
11 Ebenda, S. 179
12 Ebenda, S. 209 ff.

Der Zauber des Aberglaubens und die Belastung

Ein Brand wird gelöscht

In glühender Hitze arbeitet ein Dachdecker auf einem Aluminiumdach. Er ist nur mit einer Hose bekleidet. Die Reflexion des Aluminiums ist stark. Nach einiger Zeit macht sich ein Sonnenbrand bemerkbar. Aber es ist schon zu spät. Brandblasen bilden sich. Die Schmerzen werden fast unerträglich. Er erinnert sich, daß sein Onkel den „Brand löschen" kann.
Der Onkel erweist sich als Helfer in großer Not. Er betet ein Vaterunser und bläst dann über den mit Brandblasen übersäten Oberkörper, dabei murmelt er leise einen unverständlichen Zauberspruch. Die Linderung der großen Schmerzen tritt fast augenblicklich ein. Innerhalb kurzer Zeit heilt der schreckliche Sonnenbrand ab. Der „Brand ist gelöscht". Bald ist alles vergessen.

Der Hexenmeister

Jahre vergehen. Eines Tages muß sich der Onkel wegen „Quacksalberei" und „Hexerei" vor einem ordentlichen Gericht verantworten. Der Hexenprozeß in der Kreisstadt erregt allenthalben die Gemüter. Erstaunliche Behandlungsmethoden kommen an das Tageslicht. Man glaubt sich in das „finstere Mittelalter" zurückversetzt. Der angeklagte „Hexenmeister" fühlt sich unschuldig. Sein einziger Wunsch ist es, den Menschen in ihrer mannigfachen Not zu helfen. Er will niemandem Konkurrenz machen.

Uralte Geheimrezepte

Der Dachdecker, dem der Brand gelöscht worden war, hatte schon als Kind die Hilfe des Onkels erlebt. Eine Rachitis (Engl. Krankheit) behandelte der Onkel mit der „Sympathie" oder dem „Gesundbeten". Ohne irgendeine ärztliche Behandlung und ohne jede Medizin wurde er gesund. Kein Wunder, daß der Onkel immer wieder mit seinen „uralten Geheimrezepten" helfen mußte.

Beten unmöglich

Eines Tages bekam der Dachdecker eine Hl. Schrift in die Hand. Er hatte großes Verlangen, Gottes Wort besser kennen zu lernen. Er nahm an regelmäßigen Bibelstunden teil. Doch es war eigenartig. In Glaubensdingen konnte er keine rechten Fortschritte machen. Er wollte gerne beten und konnte nicht. Der Dachdecker war ratlos. „Immer, wenn ich mich zum Gebet niederknie", so berichtete er, „spreche ich ein oder zwei Sätze und – dann kann ich mich an nichts mehr erinnern. Ich weiß nicht mehr, was ich beten wollte. Ich fange nochmals von vorne an, aber wieder setzt mein Gedächtnis aus. Nach einigen erfolglosen Versuchen zu beten, bin ich so müde, daß ich einschlafen könnte. Ich kann einfach nicht beten."

Gedächtnisschwund

Auch mit dem Bibellesen hatte er Schwierigkeiten. Der Dachdecker las gerne in der Hl. Schrift. Er las oft und viel. Aber auch hier zeigte sich der Gedächtnisschwund. Er klagte: „Die Bibel ist mir das liebste Buch. Ich kann nicht genug lesen. Aber es ist eigenartig, jedesmal wenn ich die Bibel zuschlage, kann ich mich an gar nichts mehr erinnern, was ich gelesen habe. Sie könnten mich totschlagen, aber ich weiß nichts mehr. Mit dem Zuschlagen des Buchdeckels setzt mein Erinnerungsvermögen aus." Ein weiteres Bekenntnis, das auf anderer Ebene liegt, offenbarte eine andere Not. Er bekannte: „Ich bin krankhaft eifersüchtig und leide sehr darunter."

Der Wunderdoktor

Auf seinen Onkel, den „Wunderdoktor", ließ er nichts kommen. Er konnte es nicht verstehen, warum sich so ein „Wohltäter der Menschheit" vor Gericht verantworten muß. Der Dachdecker meinte: „Er hat mir und vielen anderen wunderbar geholfen."

Bestehen zwischen der Hilfeleistung des Wunderdoktors, der mit der weißen und schwarzen Magie und anderen okkulten Praktiken herumkurierte und den sonderbaren Zuständen des Dachdeckers irgendwelche Zusammenhänge? Begegnet uns hier womöglich die Wirklichkeit des Aberglaubenzaubers?

Kann der Teufel Gesundheit schenken?

Zunächst müssen wir uns mit einer äußerst wichtigen Frage beschäftigen. Ist die Gesundheit ausschließlich ein Geschenk Gottes, oder kann auch der Gegenspieler und Feind Gottes, Kranke gesund machen?

Es ist eine Tatsache: Gott kann auch heute noch heilen und Gesundheit schenken. Wir dürfen jedoch nicht vergessen: Für jede echte Gabe Gottes gibt es leider auch eine Nachahmung. Jesus warnt uns:

Warnung vor Täuschung

„Denn mancher falsche Christus und mancher falsche Prophet wird auftreten. Sie werden sich durch große Wundertaten ausweisen, so daß sogar die von Gott Erwählten getäuscht werden könnten – wenn das überhaupt möglich wäre. Denkt daran, daß ich es vorausgesagt habe."
Matthäus 24,24.25

Weiterhin macht uns der Apostel Paulus aufmerksam:
„Das braucht euch nicht wundern. Sogar der Satan verstellt sich und gibt sich für einen Engel aus! Es ist also nichts Besonderes, wenn auch seine Helfer sich verstellen und als Diener Gottes auftreten. Aber am Ende werden sie nach ihren Taten bestraft." 2. Korinther 11,14.15

Wunder sind keine Garantie

Wenn der Gegenspieler Gottes in der Lage ist, „Wundertaten" zu vollbringen, dann können Zeichen, Wunder und Heilungen alleine noch keine Garantie dafür sein, daß hier nur Gottes Kraft wirksam ist.

10 Bewertungen für eine göttliche Heilung

Kennzeichen echter Heilung: *Heilung von Gott*

Welche Möglichkeit gibt es, eine echte Krankenheilung zu erkennen? Folgende Fragen von George Vandeman, einem bekannten Fernsehevangelisten, geben eine Hilfestellung:

1. Erbittet der Gesundbeter die Heilung von Gott oder richtet er sein Gebet an eine andere Macht?

2. Betet der Gesundbeter nach dem Vorbild Jesu:

Nach Gottes Willen

„Nicht mein, sondern dein Wille geschehe?“

Erteilt der Gesundbeter Gott einen Befehl, den Kranken gesund zu machen?

3. Steht Jesus Christus als der „göttliche Arzt“ im Vordergrund? Wird Gott nur als eine Art „Werbeagent“ benutzt, um das eigene Ansehen zu fördern? Geht es in erster Linie um die eigene Ehre oder steht die Ehre Gottes im Vordergrund?

Jesus ist der Arzt

4. Verkündigt der Gesundbeter eine Botschaft oder vertritt er eine Meinung, die mit der Gesamtaussage der Bibel in Einklang steht? Wenn keine Übereinstimmung mit der Bibel vorliegt, gilt das Urteil von Gottes Wort. Der Apostel Paulus formuliert es wie folgt:

Übereinstimmung mit der Bibel

„Es gibt in Wirklichkeit gar keine andere (Gute Nachricht); es gibt nur gewisse Leute, die euch verwirren. Sie wollen die Gute Nachricht von Christus verdrehen. Aber nicht einmal ich selbst oder ein Engel vom Himmel darf euch eine Gute Nachricht bringen, die der widerspricht, die ich euch gebracht habe. Wer es tut, der soll verflucht sein, auf ewig von Gott getrennt! Ich habe es euch schon früher eingeschärft und wiederhole es jetzt: Wer euch eine andere Gute Nachricht bringt als die, die ihr angenommen habt, der soll verflucht sein, auf ewig von Gott getrennt!“ Galater 1,7-9

5. Stimmt der Lebenswandel und das Bekenntnis des Gesundbeters mit den Aussagen der Bibel überein? Wenn dies nicht der Fall ist, gilt das Urteil Jesu:

Übereinstimmung von Bekenntnis und Lebenswandel

„Hütet euch vor den falschen Propheten! Sie sehen zwar aus wie Schafe, die zur Herde gehören, in Wirklichkeit sind sie Wölfe, die auf Raub aus sind. Ihr erkennt sie an dem, was sie tun. Von Dornengestrüpp kann man keine Weintrauben pflücken und von Disteln keine Feigen. Ein gesunder Baum trägt gute Früchte und ein kranker Baum schlechte. Umgekehrt kann ein gesunder Baum keine schlechten Früchte tragen und ein kranker Baum keine guten. Jeder Baum, der keine guten Früchte trägt, wird umgehauen und verbrannt werden. An ihren Früchten also könnt ihr die falschen Propheten erkennen.“
„Nicht jeder, der ständig ‚Herr‘ zu mir sagt, wird in Gottes neue Welt kommen, sondern der, der auch tut, was mein Vater im Himmel will. Am Tag des Gerichts werden viele zu mir sagen: ‚Herr, Herr! In deinem Namen haben wir Weisungen Gottes verkündet, in deinem Namen haben wir böse Geister ausgetrieben und viele Wunder getan.‘ Und trotzdem werde ich das Urteil sprechen: ‚Ich habe euch nie gekannt. Ihr habt versäumt, nach Gottes Willen zu leben; fort mit euch!‘“
Matthäus 7,15-23

Ursache: Mißachtung der Naturgesetze

6. Macht der Gesundbeter darauf aufmerksam, daß die Krankheit möglicherweise durch die Mißachtung von Naturgesetzen verursacht wurde. Unterrichtet er die Hilfesuchenden, wie sie in Zukunft die Naturgesetze beachten können?

Es ist heute z. B. weithin bekannt, daß Tabakrauch Krebs verursachen kann. Wenn durch langjähriges Rauchen Lungenkrebs entstanden ist, kann selbstverständlich Gott um Heilung gebeten werden. Es liegt jedoch nicht in Gottes Absicht, Gesundheit zu schenken, damit nach erfolgter Heilung der Betreffende weiterhin seiner Raucherleidenschaft lebt und seine ungesunde und gefährliche Lebensweise fortsetzt. Eine Änderung der Lebensgewohnheiten muß mit der Heilung einhergehen.

Heilkraft von Sonne und Wasser

7. Wird Aufklärung über die Heilkraft des Sonnenlichtes und des Wassers gegeben? Die innerliche und äußerliche Anwendung von Wasser ist für den Körper eine Quelle der Gesundheit.

Heilkraft von Luft, Bewegung und Ruhe

8. Werden Hinweise gegeben, wie wichtig frische, reine Luft, ausreichende körperliche Bewegung, erholsame Ruhe und ausreichend Schlaf für unsere Gesundheit ist?

Ausgewogene Vollwerternährung

9. Erfolgen Anleitungen zu einer gesunden und ausgewogenen Vollwerternährung mit Früchten, Gemüse, Getreide und Nüssen, so wie der Schöpfer dies für die Menschen vorgesehen hat?

Unser Körper ein Tempel Gottes

10. Weist der Gesundbeter darauf hin, daß unser Körper ein Tempel Gottes ist? (1)

„Wißt ihr denn nicht, daß euer Körper der Tempel des Heiligen Geistes ist? Gott hat euch seinen Geist gegeben, der jetzt in euch wohnt. Darum gehört ihr nicht mehr euch selbst. Gott hat euch als sein Eigentum erworben. Macht ihm also Ehre durch die Art, wie ihr mit eurem Körper umgeht!" 1. Korinther 6,19.20
„Ihr wendet ein: ‚Mir ist alles erlaubt!' Mag sein, aber nicht alles ist gut für euch. Alles ist mir erlaubt; aber das darf nicht dazu führen, daß ich meine Freiheit an irgend etwas verliere." 1. Korinther 6,12

Mißachtung der Naturgesetze hat Folgen

Gottes Wille für uns heißt: Leben und Gesundheit. Gott ist nicht der Urheber von Krankheit, Leid, Schmerzen und Tod. Gott ist allerdings der Urheber von Naturgesetzen, deren Übertretung Probleme, Schwierigkeiten und Schmerzen zur Folge haben. Unser Körper reagiert prompt auf das Gesetz von Ursache und Wirkung.

„Macht euch nichts vor! Gott läßt keinen Spott mit sich treiben. Jeder wird ernten, was er gesät hat." Galater 6,7

Gott läßt uns gewähren: Wir tragen die Folgen

Wir erleben z. B. die Auswirkungen des Alkohols auf Schritt und Tritt. Alkohol im Straßenverkehr fordert täglich neue Opfer. Krankenhäuser, Entziehungsheime und Gefängnisse liefern ständig Beweismaterial für die

Wirkung des Alkohols. Trotzdem nimmt Gott keinem Menschen die Alkoholflasche aus der Hand. Wissenschaftliche Untersuchungen besagen, daß Rauchen Krebs verursachen kann. Gott hat keine Vorsorge getroffen, daß das Feuerzeug ausgeblasen wird. Übergewicht birgt viele gesundheitliche Risiken, aber Gott hindert uns nicht daran, mehr zu essen als wir benötigen. Eines Tages jedoch werden sich die Folgen unserer ungesunden Lebensweise bemerkbar machen und wir müssen die Beschwerden und Erkrankungen ärztlich behandeln lassen.

Gott zwingt nicht

Gott hat uns einen freien Willen geschenkt. Gott zwingt uns nie. Gott macht uns aufmerksam, gibt uns Information und nennt uns Tatsachen, weil er es in jeder Hinsicht gut mit uns meint. Die Entscheidung liegt dann bei uns. Die Entscheidung müssen wir treffen. Die Folgen unserer Entscheidung müssen wir selbst tragen. Die Auswirkungen können dabei positiv oder negativ sein.

Gottes Hilfe bei Lebensgewohnheiten

Fehlentscheidungen können nachträglich korrigiert werden. Wir können unser Verhalten und unsere Lebensgewohnheiten ändern. Oft sind wir jedoch aus unserer eigenen Kraft zu schwach, verkehrte Gewohnheiten aufzugeben. In dieser Situation bietet uns Gott seine Hilfe an. Jesus nennt die Bedingung und gibt uns sein persönliches Versprechen:

*„Jesus sagte zu denen, die Vertrauen zu ihm gefaßt hatten: ‚**Wenn ihr euch an mein Wort haltet, seid ihr wirklich meine Jünger. Dann werdet ihr die Wahrheit erkennen, und die Wahrheit wird euch frei machen.**‘
‚Wir stammen von Abraham ab‘, antworteten sie ihm, ‚und wir haben nie jemand als Sklaven gedient. Was meinst du, wenn du sagst: ‚Ihr werdet frei werden?‘ Jesus sagte zu ihnen: ‚Täuscht euch nicht! Jeder, der sündigt, ist ein Sklave der Sünde. Ein Sklave gehört nicht immer zur Familie. Nur der Sohn gehört für immer dazu. **Wenn der Sohn Gottes euch frei macht, dann seid ihr wirklich frei.**‘“* Johannes 8,31-36

Gottes Bedingung: Gehorsam

Gott will und kann uns helfen. Die Bedingung lautet: **„Wenn ihr euch an mein Wort haltet, seid ihr wirklich meine Jünger.“** Gott fordert Gehorsam. Das Versprechen Gottes, für jeden Menschen, der Ihm gehorsam ist, lautet: **„Wenn der Sohn Gottes euch frei macht, dann seid ihr wirklich frei.“** Ein allmächtiger Gott, der uns liebt, will uns Befreiung schenken.

Gott schenkt Befreiungssiege

Lieber Leser, du darfst dich in deiner Not vertrauensvoll an Jesus wenden. Ganz gleich, ob es eine negative Gewohnheit oder eine schädliche Gebundenheit ist, Jesus kann dich befreien. Er alleine ist dazu in der Lage. Jesus kann dir Befreiungssiege schenken, die du dir wünschst und die du in deinem Leben brauchst. Die Ausführungen erlauben es nicht, in Einzelheiten auf dieses wichtige Thema „Befreiung durch Jesus Christus“ einzugehen.

Lebensanleitung ist wichtig

Gottes Hilfe bei der Wiederherstellung unserer Gesundheit umfaßt mehr, als nur körperliche Heilung. Die Anleitung zu einer gesunden Lebensweise ist genauso wichtig. Jesus praktizierte damals die körperliche Heilung und gab gleichzeitig auch Lebensanleitung.

Wie lautet Gottes Angebot? Auf welche Art und Weise ist Gott bereit, uns bei Krankheit und körperlichen Beschwerden zu helfen? Wir lesen dazu in der Bibel:

Gottes Heilungsangebot

„Hat einer von euch Schweres zu ertragen? Dann soll er beten. Ist jemand glücklich? Dann soll er Loblieder singen. Ist einer von euch krank? Dann soll er die Ältesten der Gemeinde rufen, damit sie für ihn beten und ihn im Namen des Herrn mit Öl salben. Ihr vertrauensvolles Gebet wird den Kranken retten. Der Herr wird ihn gesund machen und wird ihm vergeben, wenn er Schuld auf sich geladen hat. Überhaupt soll jeder, der krank ist, den Brüdern seine Verfehlungen bekennen, und sie sollen für ihn beten; dann wird er gesund werden. Das Gebet eines Menschen, der so lebt, wie Gott es verlangt, kann viel bewirken.“ Jakobus 5,13-16

Der Wunsch nach diesem Gebet geht vom Kranken aus. Hier verspricht Gott dem Kranken Hilfe. Diese Bibelaussage enthält eine der kostbaren Zusagen Gottes, die immer noch Gültigkeit hat. Der allmächtige Gott, der Schöpfer Himmels und der Erde, hat Macht Gesundheit zu schenken, wenn es in seinem Willen liegt.

Eine andere ermutigende Einladung Gottes lautet:

Gottes Heilungsversprechen

„Kommt wir gehen wieder zu dem Herrn! Wenn er uns verletzt hat, wird er uns auch wieder heilen. Wenn er uns verwundet hat, wird er die Wunden auch verbinden.“ Hosea 6,1

Eine umfassende Vorbereitung

Der Bitte um Gesundheit geht eine gründliche Herzensvorbereitung voraus. Der Kranke wird Gott laut ein umfassendes Sündenbekenntnis ablegen und, so weit dies möglich ist, wird er alles begangene Unrecht bei seinen Mitmenschen in Ordnung bringen und sich mit ihnen aussöhnen. Wenn wir keine Bereitschaft zeigen, uns mit den Mitmenschen und mit Gott zu versöhnen und uns weigern, unsere uns bewußten Sünden und verkehrten Lebensgewohnheiten aufzugeben, wie können wir dann Heilung von Gott erwarten? Es muß unser aufrichtiges Anliegen sein, mit Gott und den Menschen versöhnt zu sein.
Sowohl der Kranke selbst, wie auch diejenigen, die sich an der Fürbitte für den Kranken beteiligen, müssen mit Gottes Hilfe die Hindernisse, die einer Gebetserhörung im Wege stehen, beseitigen.

Sünde trennt

„Meint ihr, der Arm des Herrn sei zu kurz, um euch zu helfen, oder der Herr sei taub und könne euren Hilferuf nicht hören? Nein, sondern wie eine Mauer steht eure Schuld zwischen euch und eurem Gott; wegen eurer Vergehen hat er sich von euch abgewandt und hört euch nicht!“ Jesaja 59,1.2

Gott darf man keine Befehle erteilen

Gott kann jederzeit unsere Bitte erhören und uns Gesundheit schenken, aber wir kennen diesbezüglich den Willen Gottes für unser Leben nicht. Wir wissen nicht, ob es in seiner Absicht liegt, uns Gesundheit zu schenken. Aus diesem Grund dürfen wir Gott keine Befehle erteilen. Wenn es um die Gesundheit geht, ist es immer angebracht, Gott zu sagen: **„Herr, nicht mein Wille, sondern dein Wille geschehe!“**

Wie erhört Gott die Bitte um Gesundheit?

Es gibt mehrere Möglichkeiten, wie Gott unsere Bitte um Gesundheit erhören kann. In jedem Fall dürfen wir wissen, daß Gott für unsere Situation in jeder Hinsicht die beste Hilfe vorgesehen hat.

Gebetserhörung: ***Heilung sofort***

Der Schöpfergott hat die Macht, wenn es sein Wille ist, jede Krankheit augenblicklich wegzunehmen. Er kann die ersehnte und erbetene Gesundheit schenken. In seiner Allmacht ist er in der Lage, jederzeit ein sofortiges Heilungswunder zu vollziehen. Es gibt viele Beispiele für eine sofortige Gebetserhörung.

Glaubensheilungen in unserer Zeit

Ein Pastor berichtet

Ein gläubiger Pastor erzählte mir sein Erlebnis. Gott schenkte ihm eine vollkommene Heilung. Gerne berichte ich hier seine Erfahrung. Es ist eine Gebetserhörung, die Gott in jeder Weise ehrt.

Magenkrebs im Endstadium

Im Alter von 59 Jahren teilten ihm die Professoren nach gründlichen Untersuchungen mit, daß er Magenkrebs im Endstadium habe. Die Ärzte gaben ihm nur noch einige Monate Lebenszeit. Der Pastor machte vor Gott eine gründliche Lebensinventur. Alles, woran ihn der Geist Gottes erinnerte, brachte er in Ordnung. Er wandte sich dann in einem ernsten und gläubigen Gebet an Gott:

Dank für Gottes Hilfe

„Großer und allmächtiger Gott, ich habe mein Leben in Ordnung gebracht. Ich komme jetzt mit einem großen Anliegen zu Dir. Zunächst will ich Dir für Deine Führung und Deinen Beistand in meinem Leben von ganzem Herzen danken. Ich habe Dir ein Leben lang gedient und habe den Menschen die Botschaft von Jesus Christus verkündigt. Es ehrt Dich, daß viele Menschen eine Entscheidung für Jesus getroffen haben. Ich freue mich darüber und danke Dir für alle Siege und die tägliche Hilfe, die Du mir und meiner Familie gegeben hast.

Großer Gott, Du weißt, daß ich mich in großer körperlicher und seelischer Not befinde. Die Ärzte räumen mir nur noch eine kurze Lebenszeit ein. Ich habe Magenkrebs im Endstadium. Ich weiß nicht, wozu Du das zugelassen hast. Ich danke Dir dafür, daß ich auch in dieser Situation noch beten und mich vertrauensvoll an Dich wenden kann. Ich habe in meinem Leben alles in Ordnung gebracht und habe mich, wo es notwendig war, mit den Menschen versöhnt. Ich danke Dir, daß ich im Frieden mit Dir und den Menschen leben darf.

Zum Sterben bereit

Wenn Du es vorgesehen hast, mich zur Ruhe zu legen, bin ich zum Sterben bereit. Ich weiß, daß ich ohne jedes Bewußtsein im Grab ruhen werde. Am Tag Deines Kommens wirst Du mich, Herr Jesus, aus dem Todesschlaf aufwecken. Ich darf dann von den Toten auferstehen und werde aus Deiner Hand sichtbar ewiges Leben erhalten. Herr Jesus Christus, Du bist der Herr über Leben und Tod und ich darf mein Leben getrost in Deine Hände legen. Du wirst mich nicht vergessen. Für diese Gewißheit danke ich Dir.

Zum Dienst bereit

Herr Jesus, ich habe immer noch die Überzeugung, daß Du auch heute noch Kranke gesund machen kannst. Wenn Du mich gesund machen willst, verspreche ich Dir, daß ich Dir auch für den Rest meines Lebens so dienen will, wie dies bis jetzt der Fall war.

Bitte um Gesundheit

Herr Jesus, Du bist allmächtig! Ich bitte Dich jetzt: ‚Mache mich gesund!' Ich glaube, daß Du mir die Gesundheit schenken kannst, weil Du allmächtig bist.

Gottes Wille soll geschehen

Herr Jesus, Du hast versprochen: ‚Mir ist gegeben, alle Gewalt im Himmel und auf Erden.' Ich bin von dieser Tatsache überzeugt. Herr Jesus, ich überlasse es Dir, wie Du meine Bitte erhören willst. ‚Nicht mein, sondern Dein Wille geschehe!' Mache mich bereit, Deine Antwort anzunehmen. Amen."

Die Heilung ist ein Wunder

Der Pastor berichtete mir, daß er nach dem Gebet das Empfinden hatte, daß ihn eine Hand berührt habe und er gesund sei. Mehrere gründliche Untersuchungen ergaben keine Befunde mehr. Der Professor meinte: Ich kann beim besten Willen keinen Magenkrebs mehr feststellen. Sie sind gesund! Medizinisch läßt sich das nicht erklären. An ihnen ist ein Wunder geschehen. Sie nennen es eine Gebetserhörung. Seien sie froh und dankbar!"

Mit 80 Jahren noch im Dienst für Gott

Im Alter von 80 Jahren hielt der Pastor in meinem Wohnort Abendversammlungen. Ich hatte die Freude mitzuerleben, wie durch die Verkündigung der Botschaft von Jesus Christus, Menschen erreicht wurden. Viele von ihnen trafen eine bewußte Entscheidung für Gott und haben Jesus Christus als ihren persönlichen Erlöser angenommen. Dieser gläubige Pastor ist ein sichtbarer Beweis dafür, daß Gott auch heute noch augenblickliche Gesundheit schenken kann, wenn es Gottes Wille ist. Ich danke Gott für diese und viele andere Gebetserhörungen. Im Alter von 88 Jahren hat Gott diesen Pastor zur Ruhe gelegt.

Gebetserhörung: ***Allmähliche Besserung***

Weiterhin kann Gott die Bitte um Gesundheit so erhören, daß sich der Krankheitszustand allmählich bessert und die Genesung ein langsam fortschreitender Vorgang ist. Der Gesundungsprozeß kann sich dabei über Wochen und Monate erstrecken. Gott kann unter Umständen eine Krankheit nur zum Stillstand bringen. Wir kennen Gottes Beweggründe nicht und dürfen ihm hier keine Vorschriften machen.

Gebetserhörung: ***Gott sagt "NEIN!"***

Gott behält sich jedoch in seinem Ratschluß auch vor, die Bitte um Gesundheit mit einem „NEIN" zu beantworten. Gott hört die Bitte, aber er erhört sie nicht. Dieses „NEIN" als Gottes Antwort ist wohl am schwersten zu begreifen. Auch in dieser Situation gilt die Tatsache, der allmächtige Gott macht keine Fehler.

Wir kennen nicht alle Antworten

Die Nichterhörung unserer Bitte dürfen wir dennoch als ein Beweis der Liebe Gottes annehmen. Gott alleine kennt die Gründe für sein „NEIN". Unser menschliches Verständnis ist zu begrenzt, um Gottes Vorhaben und Gedanken in voller Klarheit erkennen zu können.

„Eure Rettung ist nahe,' sagt der Herr, ‚denn meine Gedanken sind nicht zu messen an euren Gedanken, und meine Möglichkeiten nicht an euren Möglichkeiten. So hoch der Himmel über der Erde ist, so weit reichen meine Gedanken hinaus über alles, was ihr euch ausdenkt, und so weit übertreffen meine Möglichkeiten alles, was ihr für möglich haltet.'" Jesaja 55,8.9

Eine innere Rebellion

Auch wenn Gott unsere Bitte nicht erhört, war das Gebet nicht vergebens. Wir neigen alle dazu, uns gegen Krankheit und Leid aufzulehnen. Allzuschnell rebellieren wir gegen das Mißgeschick, das uns begegnet.

Keine Antwort auf die Frage: Warum?

Wir stellen Fragen: „Warum trifft es gerade mich? Warum werde ich nicht verschont? Hätten nicht andere mein Leiden mehr verdient als ich? Warum kann Gott so etwas in meinem Leben zulassen?" Diese und ähnliche Fragen geben davon Zeugnis, daß wir uns mit der unliebsamen Situation nicht abgefunden haben. Stein für Stein türmen wir auf diese innere Ablehnungsmauer. Damit ist jedoch unser Problem nicht gelöst.

Krankheit als Zulassung Gottes

Krankheit als Zulassung Gottes

Aus einer langjährigen seelsorgerlichen Erfahrung kann ich bezeugen, daß Gottes „NEIN" auf unsere Bitte dennoch eine positive Auswirkung hat. Wenn Gott die Bitte um Gesundheit nicht erhört, wird uns bewußt, daß die Krankheit unter der „Zulassung" Gottes steht, selbst wenn wir die Begründung hierfür nicht kennen. Wir können jetzt die innere Ablehnung der Krankheit und die Rebellion gegen Gott aufgeben und müssen erkennen, daß Gott die Krankheit zugelassen hat.

Lieber Leser, wenn Gott dein Gebet nicht mit einer augenblicklichen Heilung beantwortet hat und auch keine allmähliche Besserung eingetreten ist, darfst du wissen, daß Gott die Krankheit in deinem Leben „zugelassen" hat. Gott schenkt dir Seine Hilfe. Gott wird dir täglich so viel Tragkraft geben, wie du für deine Situation brauchst.

Auf die Klage der Israeliten gibt Gott eine ermutigende Antwort:

Gott schenkt täglich Tragkraft

„Der Herr kümmert sich nicht um uns; unser Gott läßt es zu, daß uns Unrecht geschieht.' Habt ihr denn nicht gehört? Habt ihr nicht begriffen? Der Herr, unser Gott, hat die ganze Erde geschaffen, und er regiert sie für alle Zeiten. Er wird nicht müde, seine Kraft läßt nicht nach; seine Weisheit ist tief und unerschöpflich. Er gibt den Müden Kraft, und die Schwachen macht er stark. Selbst junge Leute werden kraftlos, die Stärksten erlahmen. Aber alle, die auf den Herrn vertrauen, bekommen immer wieder neue Kraft, es wachsen ihnen Flügel wie dem Adler. Sie gehen und werden nicht müde, sie laufen und brechen nicht zusammen." Jesaja 40,27-31

Es begegnet uns nie mehr, als wir tragen können

Weiterhin dürfen wir die Gewißheit haben: Gott kennt unsere seelische und körperliche Tragkraft. In seiner Liebe zu uns läßt er nichts zu, was unsere Tragkraft übersteigt. Die Zusage Gottes lautet:

„Die Proben, auf die euer Glaube bisher gestellt worden ist, sind über das gewöhnliche Maß noch nicht hinausgegangen. Aber Gott hält sein Versprechen und läßt nicht zu, daß die Prüfung über eure Kraft geht. Wenn er euch auf die Probe stellen läßt, sorgt er auch dafür, daß ihr bestehen könnt.“ 1. Korinther 10,13

Eine Mutter zwingt Gott

Es ist ein gefährliches Unterfangen, von Gott Heilung und Gesundheit erzwingen zu wollen. Ich denke an jene Mutter, deren Sohn sehr schwer krank war. Ihr Mann war gestorben. Sie stand mit ihrem Sohn allein und nun kam diese Krankheit. Als die Ärzte jede Hoffnung aufgegeben hatten, war sie am verzweifeln. Sie haderte mit Gott: „Lieber Gott, du hast mir meinen Mann genommen. Ich habe nur noch diesen Sohn. Du mußt ihn gesund machen. Du kannst mir nicht noch meinen einzigen Sohn nehmen. Wenn du meinen Sohn sterben läßt, dann kann ich nicht mehr glauben, daß du ein Gott der Liebe bist. Du mußt mir meinen Sohn erhalten.“ Es waren wirklich ernste Gebete, die die Mutter zu Gott emporsandte.
Das Wunder geschah. Entgegen der Voraussage der Ärzte wurde der Sohn wieder gesund. Die Mutter war sehr glücklich. Gott hatte die Gebete der Mutter erhört.

„Lebenslänglich“

Um eine lange Geschichte kurz zu machen: Der Sohn kam später in schlechte Gesellschaft. Er wurde ein Verbrecher und ein Mörder. Das Urteil lautete auf lebenslänglich Zuchthaus.

Bittere Selbstvorwürfe

Jetzt machte sich die Mutter bittere Vorwürfe. Mit Tränen in den Augen bekannte sie: „Ich bin letztlich daran schuld, daß mein Sohn im Zuchthaus sitzt. Ich habe eine große Schuld auf mich geladen. Als er noch unverdorben war, wollte ihn Gott zur Ruhe legen. Ich habe Gott praktisch gezwungen, ihn am Leben zu lassen. Gott hat es damals mit meinem Jungen gut gemeint. Jetzt muß ich dieses Elend miterleben.“

Gesundheit um jeden Preis? – Das ist gefährlich!

Gesundheit um jeden Preis

Wenn uns Gott in seiner Allwissenheit den Wunsch, gesund zu werden, nicht erfüllt, stehen wir leicht in der Versuchung das Angebot des Gegenspielers Gottes in Anspruch zu nehmen. Mit dem Wunsch „Gesundheit um jeden Preis“, suchen wir leichtfertig, bewußt oder unbewußt, Hilfe und Zuflucht bei der Musterkollektion des Teufels.

Gott macht nicht mit

Wenn es um die Gesundheit geht, dürfen wir Gott unsere Bitte vortragen. In der für uns besten Weise wird Gott dieses Gebet erhören. Es ist jedoch eine Vermessenheit, wenn wir als sterbliche Menschen dem allmächtigen Gott Befehle erteilen wollen.

Der Teufel wartet

Gottes Gegenspieler hingegen wartet förmlich darauf, daß ihm Befehle erteilt werden. Wer z. B. den „Brand löscht“, die „Sympathie“ oder das „Brauchen“ praktiziert, oder eine andere okkulte Handlung vollzieht, erteilt dem Teufel Befehle. Auch wenn zuerst ein Vaterunser gesprochen wird, oder die drei höchsten Namen angerufen werden, so liegt das eigentliche

Geheimnis des Erfolges in dem Zauberspruch, der in der Regel unverständlich und leise gesprochen wird. Damit wird dem Teufel befohlen, seine Hilfeleistung zu geben, und der Teufel hilft und schenkt augenblicklich die ersehnte Heilung.

Angeblich echte Heilung

Welche Bewandtnis hat es mit der so erwirkten „Gesundheit“? Mir wurde folgendes Erlebnis berichtet: Ein Herr hatte Magenkrebs. Alle ärztliche Kunst versagte. Er trug seine Bitte Gott vor, aber Gott erhörte sein Gebet nicht. Er hatte jedoch den Wunsch, um „jeden Preis“ gesund zu werden. Schließlich suchte er Hilfe bei einem Mann, der das „magische Besprechen“ übte. Der Erfolg war verblüffend. Der Kranke verspürte keinerlei Schmerzen mehr. Es ging ihm gut und er fühlte sich wohl. Diese Besserung überzeugte schließlich auch die Angehörigen: es mußte eine echte Heilung stattgefunden haben.

Nur Schmerzlinderung

Einige Jahre später verstarb der Herr ganz plötzlich. Man wollte die Todesursache wissen. Es wurde eine Obduktion angeordnet. Die Ärzte stellten fest: Die Todesursache war Magenkrebs. Das Erstaunen war groß. Die angebliche echte Heilung durch magisches Besprechen war offenbar nur eine Schmerzunempfindlichkeit. Die Krankheit selbst war nicht geheilt worden.

Welche Folgen haben Aberglaube und okkulte Betätigung?

Das Thema der Belastungen, die sich aus der Inanspruchnahme der satanischen Hilfeleistungen ergeben, hat weitreichende Folgen. Es geht um einen schockierenden Sachverhalt. Der Teufel will verhindern, daß sein wahres Wesen offenbar wird. Hier kann uns nur Gott die notwendige Hilfe geben.

Ein Gebetsvorschlag

Lieber Leser, ehe wir uns mit den Belastungen durch okkulte Betätigung beschäftigen, lade ich dich ein, mit dem nachstehenden Gebet Gott um seine Hilfe und Seinen göttlichen Beistand zu bitten. Es ist ein Gebetsvorschlag und ich bitte dich, das Gebet laut zu beten:

Bitte bete laut!

„Allmächtiger Gott, im Namen Jesu komme ich mit meinen Bitten und mit meinem Dank zu Dir.
Zeige mir, wo ich mich in meinem Leben mit okkulten Praktiken beschäftigt habe. Schenke mir eine klare Erkenntnis, welche Folgen und Auswirkungen die teuflischen Hilfeleistungen in meinem Leben haben. Zeige mir, welche Preise der Teufel von mir fordert. In Deinem Wort hast du versprochen: ‚Aber wenn der Geist der Wahrheit kommt, wird er euch in die ganze Wahrheit einführen.‘ Ich glaube dieses Versprechen. Ich danke Dir, daß ich erkannt habe, wo ich mich schuldig gemacht habe und welche Folgen dies in meinem Leben hat.
Ich will mich jetzt unter den Schutz Gottes stellen und berufe mich auf Jesus Christus, den Sohn Gottes. Dein Versprechen lautet: ‚Wer sich dann zum Herrn bekennt und seinen Namen anruft, der wird gerettet.‘ Ich vertraue darauf, daß mich Jesus Christus wirklich aus der Gewalt Satans retten kann. Ich danke Dir, für den sichtbaren Sieg, den Du mir jetzt geschenkt hast. Amen.“

JESUS IST SIEGER !

Zuerst wollen wir eine wichtige Tatsache festhalten: **JESUS IST SIEGER!** Die Aussage von Gottes Wort lautet:

„Wer nicht aufhört zu sündigen, gehört dem Teufel, denn der Teufel hat von Anfang an gesündigt. Der Sohn Gottes aber ist auf die Erde gekommen, um die Werke des Teufels zu zerstören!“ 1. Johannes 3,8

Es läßt sich nicht umgehen, aber wir müssen uns zunächst mit dem unerfreulichen Thema der Belastungen beschäftigen. Hierbei werden wir den Charakter Satans und seine wahren Absichten kennenlernen.

Das Hauptanliegen:

JESUS IST SIEGER!

Das Anliegen dieser Niederschrift besteht nicht darin, nur die negativen Auswirkungen okkulter Betätigung darzulegen; das Hauptanliegen heißt: **Gott schenkt echte Befreiung!** Diese „Frohe Botschaft“ soll bekannt gemacht werden: Tausende von Lesern, auch ich selbst, sind den hier beschriebenen „Weg der Befreiung“ gegangen. Unser Erlebnis lautet: „JESUS IST SIEGER!“ Lieber Leser, auch du kannst diesen befreienden Sieg erleben.

Der Teufel fordert unerbittlich

Jeder, der bewußt oder unbewußt irgendwann einmal die Hilfe des Teufels in Anspruch nimmt, bezahlt einen Preis. Es spielt keine Rolle, ob dies nur aus Neugierde geschieht, ob es ein „letzter Versuch“ ist, Hilfe zu erhalten, oder ob wir uns beteiligen, weil es an der Tagesordnung ist. Der Teufel kümmert sich um unsere Beweggründe nicht. Scheinbar hilft er uns, aber dann fordert er unerbittlich seinen Preis.

Rückzahlung wird gefordert

Wir können z. B. bei einer Bank einen Kredit beantragen. Einige Formulare sind auszufüllen, Auskünfte werden eingeholt, dann erhalten wir den gewünschten Betrag. Mit dem Geld können wir uns unsere Wünsche erfüllen: ein Auto, eine Wohnungseinrichtung, eine Urlaubsreise oder notwendige Anschaffungen für den persönlichen Bedarf. Es steht ganz in unserem Ermessen, wofür wir das Geld ausgeben, – allerdings müssen wir den Kredit, einschließlich der vereinbarten Zinsen, an die Bank zurückzahlen. Dasselbe Prinzip gilt auch für den „Teufelskredit“.

Die Hilfeleistungspreise

Der Teufel fordert für seine Hilfeleistung immer einen Preis, aber nicht alle müssen denselben Preis bezahlen. Der „Hilfeleistungspreis“ kann sich auf unterschiedliche Art und Weise bemerkbar machen: Charakterveränderungen, seelische Belastungen, Triebentartung, Suchtanfälligkeit, organische Schäden, Spukerscheinungen, Besessenheit, Glaubensnöte.

Jeder zahlt einen anderen Preis

Die Preisforderung kann sehr unterschiedlich sein. Es gibt eine Vielfalt von Belastungen, die sich bei jedem auf eine andere Art zeigen. Oft gibt es eine Kombination verschiedener Bereiche, die in Mitleidenschaft gezogen sind. Keine Situation gleicht der anderen. Lieber Leser, es gibt bei diesem unerfreulichen Thema dennoch eine „Gute Nachricht“: Jesus Christus kann dir die Befreiung von allen deinen Belastungen schenken.

Charakterveränderungen

Dick-köpfigkeit

Als Folge von praktiziertem Aberglauben oder okkulter Betätigung kann man u. U. ein Wesen bekommen, das als „Dickköpfigkeit" bezeichnet werden kann. Niemand kann einen Rat erteilen. Jedes vernünftige Argument wird abgelehnt. Das Motto lautet: „Mit dem Kopf durch die Wand!" Diese Menschen leiden sehr unter ihrer Veranlagung. Manchmal offenbaren sie einem Freund: „Ich gehe noch an meinem Dickkopf zugrunde!"

Ein Herz wie ein Stein

Eine gläubige Dame, die in jungen Jahren das Tischrücken und Kartenlegen praktizierte, litt unter einem außerordentlich harten Charakter. Es gab kaum ein Ereignis, das sie erweichen konnte. Sie meinte selbst: „Ich habe ein Herz aus Stein, ich leide unter meiner Hartherzigkeit!"

Finsteres Wesen

Ein Herr, der sich intensiv mit Tierkreiszeichen beschäftigte und aufmerksam Horoskope studiert hatte, wurde ein finsterer und ungeselliger Mensch. Er findet nur schwer zu anderen Menschen Kontakt und lebt sehr zurückgezogen.

Streitsucht

Eine Dame praktizierte das Kartenlegen und beschäftigte sich mit dem Wahrsagen. Sie lebte mit ihren Angehörigen und Bekannten ständig in Streit. Streiten war praktisch zu ihrem Lebensinhalt geworden.

Unversöhnlichkeit

Eine andere Folge okkulter Belastung kann Unversöhnlichkeit sein. Selbst bei allem guten Willen ist es diesen Menschen nicht möglich, sich auszusöhnen, um Vergebung zu bitten oder anderen Vergebung zu gewähren. Eine Dame bekannte mir: „Ich will mich gar nicht aussöhnen!"

Verschwendung, Geiz

Geiz oder maßlose Verschwendungssucht können ebenfalls Belastungen sein, die das Leben erschweren und die man selbst als Last empfindet.

Ärger

Wer sich über jede Kleinigkeit maßlos ärgert, bezahlt möglicherweise auf diesem Gebiet seinen Preis. Es gibt Menschen, die buchstäblich von einem Ärger in den anderen fallen. Auch wenn jemand meint, ich bin nun einmal so veranlagt, so ist das mit Sicherheit kein normales Verhalten.
Eine Dame wurde in ihrer Kindheit magisch besprochen. Sie ist eine überzeugte, gute Christin, aber sie konnte sich wegen jeder Kleinigkeit maßlos ärgern. Sie litt sehr unter ihrer Veranlagung. Erst als sie den Weg der Befreiung gegangen war, erlebte sie, wie sie durch Jesus Christus von dieser Belastung völlig frei wurde.

Jähzorn

Zur Charakterveränderung gehört auch der Jähzorn. Mit Sicherheit ist der Jähzorn keine Eigenschaft, die Gott uns mit auf den Lebensweg gibt. Vielleicht sagen uns die Betroffenen: „Den Jähzorn habe ich geerbt. Ich bin nun einmal jähzornig." Möglicherweise ist das eine entschuldigende Rechtfertigung. Man hat alles versucht, konnte aber den Jähzorn nicht in den „Griff" bekommen. Jähzorn kann ein Preis sein, den wir zahlen müssen. Wir brauchen jedoch nicht bis zu unserem Lebensende jähzornig zu sein. Gott schenkt auch hier die Befreiung.

Ein junger, tüchtiger Mann war nicht nur der Raucherleidenschaft verfallen, er war auch außerordentlich jähzornig. Er selbst hatte vor seinen Jähzornausbrüchen Angst. Seine Mutter hatte an ihm viele okkulte Gepflogenheiten praktiziert. Der Jähzorn hatte hier seine Ursachen. Sein Bekenntnis lautete: „Wenn ich den Weg der Befreiung früher gekannt hätte, wäre ich nicht so lange mit dem Jähzorn gequält worden. Ich danke Gott, daß ich davon frei geworden bin!"

Charakterveränderung ist immer negativ

Charakterveränderungen als Folge von okkulter Betätigung erfolgen immer in negativer Weise. Der Gegenspieler Gottes bietet uns angeblich eine verlockende Hilfe an, in Wirklichkeit bedient er uns nur schlecht. Wir bezahlen in jedem Fall für teuflische Hilfeleistung einen hohen Preis. Diese Hilfe lohnt sich nicht. Gott belohnt unser Vertrauen, wir erhalten von ihm echte Hilfe und göttliche Befreiung.

Seelische Belastungen

Depressionen

Im seelischen Bereich spielen heute Depressionen eine große Rolle. Es gibt die unterschiedlichsten Depressionen: z. B. Erschöpfungsdepressionen als Hausfrauen-, Berufs- und Schülerkrankheit, Depressionen hervorgerufen durch die „Midlife"-Krise, der Pensionierung und viele andere äußere Ursachen.

Ärztliche Behandlung ist erforderlich

Ein großes Gebiet umfassen die vom Gehirn abhängigen psychischen Störungen und die sogenannten „endogenen Psychosen", („endogen": von innen kommend). Depressionen, die organische Ursachen haben, müssen in jedem Fall vom Arzt behandelt werden. Wenn der Arzt seine Diagnose gestellt hat, kann die Behandlung mit einer entsprechenden Therapie eingeleitet werden.

Schwermut

Es gibt jedoch auch Depressionen, die durch eine Betätigung auf okkultem Gebiet verursacht werden. Hier kann nur Gott die Befreiung schenken.

Selbstmordgedanken

Selbstmordgedanken quälen viele Menschen. Eine Frau hatte sich mit magischen Zaubermitteln die Warzen entfernt. Später ließ sie sich bei einer schweren Brandwunde noch durch eine okkulte Praktik den Brand löschen. Es stellten sich Selbstmordgedanken und ein ständiges Angstgefühl ein. Jedesmal, wenn sie ein Messer sah, spürte sie einen starken Drang sich umzubringen. Der Gedanke war: „Nimm doch das Messer und mache deinem Leben ein Ende!" Auch nachdem sie ihr Leben Jesus übergeben und die biblische Glaubenstaufe vollzogen hatte, änderte sich nichts bei ihren Empfindungen. Erst als sie den Weg der Befreiung gegangen war, wurde sie von allen Belastungen frei. Für sie begann dann buchstäblich ein neues Leben.

Angstzustände

Unerklärliche Angstzustände können ebenfalls eine Belastung sein. Wer von dieser schrecklichen Angst gequält ist, fürchtet sich vor Dunkelheit, vor dem Alleinsein, ist oft in Schweiß gebadet und hat häufig die Empfindung, als ob unsichtbar noch jemand anwesend ist. Bisweilen erleben diese Menschen schreckliche Alpträume.

Zu den seelischen Erkrankungen gehört auch das „Zwangsdenken". Es kann sich in einem Verfolgungswahn oder in einem „Komplex" äußern. Menschen mit einem „Waschkomplex" waschen sich am Tage 60 oder 70 mal die Hände, obwohl diese gar nicht schmutzig sind.

Zwangsdenken, Verfolgungswahn

Eine Dame, die regelmäßig zur Wahrsagerin ging und sich die Karten legen ließ, litt unter dem „Läusekomplex". Sie war nicht davon abzubringen, daß sie Kopfläuse hat und mußte sich mehrmals täglich die Haare waschen, um rein zu sein. Von Läusen gab es keine Spur. Alle Versuche sie davon zu überzeugen, daß es nirgends Läuse gab, schlugen fehl.

Überempfindlichkeit

Gott gibt uns ein gesundes Maß an Empfindsamkeit mit auf den Lebensweg. Es gibt aber Menschen, die an einer übergroßen Empfindlichkeit leiden. Wird ein verkehrtes Wort gesprochen, fühlt man sich getroffen. Man kämpft gegen die Überempfindlichkeit an und braucht möglicherweise einige Tage, bis das seelische Gleichgewicht wieder hergestellt ist. Bei der nächsten „Kleinigkeit" fühlt man sich schon wieder beleidigt und getroffen. Man kommt aus dieser krankhaften Empfindlichkeit nicht heraus – es sei denn, Gott schenkt die Befreiung.

Ungeduld und Unbeherrschtheit

Ein weiterer seelischer Schaden kann sich in der Ungeduld und Unbeherrschtheit zeigen. Eine Mutter klagte: „Ich möchte die beste Mutter sein, aber manchmal kommt es über mich: ich verliere meine Geduld und die Beherrschung, dann muß ich meine Kinder unkontrolliert schlagen und prügeln. Wenn diese schreckliche Ungeduld über mich hereinbricht, weiß ich nicht, was mit mir geschieht. Hinterher tut mir alles so leid!" Zügellose Ungeduld und Unbeherrschtheit sind ein Teufelspreis. Gott kann auch hier die Befreiung schenken.

Die Rechnung ist hoch

Viele haben mir schon bekannt: „Wenn ich gewußt hätte, wie hoch der Preis ist, hätte ich nie die Hilfe des Teufels in Anspruch genommen. Ich muß jetzt mehr leiden als früher." Es stimmt, wir können Hilfe bei dem Gegenspieler Gottes suchen, aber bei der Rechnung, die uns von ihm gestellt wird, müssen wir einen hohen Preis bezahlen. Wir müssen solange zahlen, bis Jesus den Teufelspreis aufhebt und unwirksam macht.

Triebentartung

Der Geschlechtstrieb ist ein Geschenk Gottes

Ein Geschenk Gottes an uns Menschen ist der Geschlechtstrieb. Die Hl. Schrift berichtet darüber:

„Gott schuf Menschen nach seinem Bild, er schuf Mann und Frau. Er segnete die Menschen und sagte zu ihnen: ‚Vermehrt euch! Breitet euch über die Erde aus und nehmt sie in Besitz! ...“ 1. Mose 1,27.28

Entartung bereitet Not

Der Geschlechtstrieb hat göttlichen Ursprung und muß bejaht werden. Wenn der Geschlechtstrieb jedoch entartet, dann wird aus der Gabe Gottes, die dem Menschen zum Segen und zur Freude bestimmt ist, eine verheerende Not. Die sogenannte „sexuelle Befreiung" offenbart immer mehr ihre

Schattenseiten. Der uneingeschränkte „Lustgewinn“ fordert auf verschiedenen Ebenen seinen Preis. Der Drang, ein ausschweifendes Leben führen zu müssen, ständige Selbstbefriedigung, selbst in der Ehe, Perversitäten usw., sind Bereiche, die große Not bereiten und von denen selbst die nächsten Angehörigen kaum Kenntnis haben.

Dauerehebruch

Eine junge Frau, Mutter zweier Kinder, hatte Probleme mit ihrem Geschlechtstrieb. Sie war verheiratet, lebte aber dennoch in ständigem Ehebruch. Es war schockierend von ihr zu hören: „Mein Mann genügt mir nicht! Ich brauche noch andere Männer. Ich bin so veranlagt.“ Ich machte mir Gedanken, was wohl die Ursache zu ihrem abnormalen Verhalten sein könnte. So fragte ich sie unter anderem: „Was halten sie vom Kartenlegen?“. Prompt antwortete sie: „Ach, wollen sie etwas wissen? Ich kann ihnen die Karten legen!“ Im Laufe des Gespräches stellte sich heraus, daß sie noch andere okkulte Dinge praktizierte, außerdem war sie sehr abergläubisch. Nachdem ich den Sachverhalt kennengelernt hatte, war mir klar, warum sich die Frau geschlechtlich nicht beherrschen konnte. Ihr Geschlechtstrieb war entartet. Sie zahlte für die Hilfe, die sie bei Satan in Anspruch genommen hatte, auf der geschlechtlichen Ebene einen hohen Preis.

Problem mit Geschlechtstrieb

Ein Beamter bekannte mir, daß er sich auf geschlechtlichem Gebiet nicht beherrschen konnte. Er schaute sich regelmäßig Pornomagazine an. Im Gespräch stellte sich heraus, daß er sich intensiv mit Astrologie und der Erstellung von Horoskopen beschäftigt hatte. Ich gab ihm mein Buch „Zauber des Aberglaubens“ und bat ihn, mir offen seine Meinung über den Inhalt mitzuteilen.

Gott löst das Problem

Als ich ihm nach einer Woche wieder begegnete, teilte er mir voller Freude mit: „Ich habe jetzt erkannt, daß es nach biblischer Aussage eine Sünde ist, Astrologie zu betreiben. Ich bin inzwischen den Weg der Befreiung gegangen, wie er in dem Buch beschrieben wird. Ich habe Jesus alle meine Sünden laut bekannt, ich habe mein Leben Jesus vollständig übergeben und kündigte den Vertrag mit dem Teufel. Die in dem Buch enthaltenen Gebetsvorschläge waren mir dabei eine große Hilfe. Dann habe ich Jesus gebeten, meinen Geschlechtstrieb zu „versiegeln“, und ich stelle fest, daß ich mich jetzt beherrschen kann, damit habe ich keine Not mehr.

Pornohefte landen im Feuer

Ich habe Jesus auch bekannt, daß meine Gedankenwelt durch die Pornohefte total verseucht ist. Ich habe ihn gebeten, mich von der vergifteten Phantasie zu befreien. Alle Pornohefte und die gesamte astrologische Literatur, wie auch alle Horoskopunterlagen habe ich verbrannt, damit sie nicht anderen in die Hände fallen und dort Unheil anrichten. Ich bin sehr dankbar und glücklich darüber, daß ich endlich durch Jesus Hilfe und Befreiung gefunden habe.“

Schamvolles Schweigen

Triebentartung zeigt sich besonders auf geschlechtlichem Gebiet. Heute wird sehr viel über „Sex“ gesprochen. Aber wer mit dem eigenen Geschlechtstrieb Not hat, der wagt es nur in seltenen Fällen, sich einem anderen zu offenbaren, weil man sich seiner Not schämt. Warum kommen wir in dieser Not nicht zu Gott?

Lieber Leser, wenn du okkult belastet bist und du hast z. B. Probleme mit deinem Geschlechtstrieb, kannst du den **„Weg der Befreiung"** gehen. Gott wird dir den Geschlechtstrieb nicht wegnehmen, er ist ja eine Gabe Gottes, die er dir gegeben hat, aber Gott kann einen unnatürlichen oder überhöhten Geschlechtstrieb normalisieren. Du brauchst nicht in dieser inneren Not weiterleben. Mit Gottes Hilfe kannst du das Leben führen, das er dir zugedacht hat.

Gott schenkt normales Verhalten

Triebentartung kann sich auch in Gewalttätigkeit oder Tötungslust äußern. Immer wieder beschäftigen uns die Berichte von Amokläufern und Gewalttätern. Sie berichten häufig, daß sie eine innere Stimme gehört haben, die ihnen den Befehl zum Töten gab. Manche Täter begründen ihr Verhalten mit dem Umstand, daß sie einem Blutrausch verfallen waren. Hier her gehören auch sogenannte „Ritualmorde". Mit Sicherheit liegen im Leben dieser bedauernswerten Menschen okkulte Belastungen vor, die dann in extremen Fällen solche Auswirkungen haben können.

Gewalttat

Die innere Stimme

Eine andere Triebentartung ist die „Kleptomanie", der krankhafte und nicht zu beherrschende Drang zu stehlen. Ein junger Mann, den ich kennengelernt habe, verspürte ständig den inneren Zwang etwas „mitgehen" zu lassen. Es verging kaum ein Tag, wo er nicht gestohlen hat. Er konnte sich sein Verhalten nicht erklären. Durch mein Befragen stellte sich heraus, daß er sich mit okkulten Praktiken beschäftigt hatte.

Krankhafter Stehltrieb

Suchtanfälligkeit

Eine andere Auswirkung von okkulter Betätigung kann darin bestehen, daß eine Anfälligkeit für Süchte vorhanden ist, die sich in einer starken „Gebundenheit" äußert.

In einem Haus wurde das „Sechste und siebte Buch Mosis", ein teuflisches Zauberbuch aufbewahrt. In diesem Haus herrschte ständig Streit und Unfriede, der Vater und seine drei Söhne verfielen dem Alkohol. Die Ehefrau und Mutter erlebte durch die Trunksucht und deren Auswirkungen unbeschreibliches Leid. Der Vater trank sich buchstäblich zu Tode.

Alkoholismus

Ein Herr hatte sich einmal durch magisches Besprechen bei einer schweren Verletzung das „Blut stillen" lassen. Er war dem Nikotin verfallen. Alle Abgewöhnungsversuche schlugen fehl. Schließlich ging der Herr den Weg der Befreiung. Jesus Christus befreite ihn über Nacht von seiner Raucherleidenschaft.

Nikotinsucht

Wenn von Suchtanfälligkeit die Rede ist, muß Alkohol als Droge Nr. 1 erwähnt werden. Man geht davon aus, daß es in der Bundesrepublik ca 1,5-2 Millionen Alkoholabhängige gibt. Rechnet man die Familienangehörigen dazu, die ja immer in Mitleidenschaft gezogen sind, dann sind weitere 6-8 Millionen Menschen ständig mit dem Problem Alkohol konfrontiert.

Alkohol: Droge Nr. 1

Gefährliche Drogen

Leider steigt der Drogenkonsum ständig an. Die bekanntesten natürlichen Drogen sind Haschisch, Marihuana, Heroin, Kokain; zu den chemischen Drogen zählen LSD, Ecstasy, Speed, Crystal, um nur einige zu nennen.

Es lohnt sich nicht

Was für den Alkohol zutrifft, ist bei der Droge erst recht der Fall. Die „Flasche“ oder der „Stoff“ sind stärker als du. Die Abhängigkeit tritt meist schneller ein, als man gerechnet hat und dies wahrhaben wollte. Eine Verwandte von mir, nahm nur einmal LSD, lediglich um zu probieren. Sie hatte einen schlechten „Trip“ und leidet noch heute unter den Auswirkungen, obwohl die Einnahme schon vor Jahren erfolgte.

Gott hilft

Es ehrt Gott, daß er Alkohol-, und Drogenabhängigkeit und jede andere Art von Abhängigkeit aufheben kann. Viele Drogenabhängige, und dazu gehört an erster Stelle der Alkohol, haben schon die Befreiung durch Gottes machtvolles Eingreifen erlebt.

Laß dir helfen !

Lieber Leser, wenn du hier ein Problem hast, nimm Kontakt auf mit einer Drogenberatungsstelle in deiner Nähe, oder nimm den Kontakt mit den „AA“ (Anonyme Alkoholiker) auf, die Anschrift findest du in jedem Telefonbuch. Wenn du einen gläubigen Seelsorger kennst, vertraue dich ihm an. Er kann dir zeigen, auf welchem Weg Jesus dich von deiner Abhängigkeit frei macht.

Notvolle Süchte

Zur Triebentartung gehören u. U. auch die „Freßsucht“, die „Magersucht“, die Spielleidenschaft, um nur einige Probleme anzuschneiden. Wenn okkulte Belastungen die Ursachen dazu sind, kann Jesus helfen und die Befreiung schenken.

Organische Schäden

Körperliche Beschwerden

Der Preiskatalog enthält manchmal auch organische Schäden. Bisweilen können chronische Haut- und Kopfleiden, nervöse Beschwerden, Herzbeklemmungen ihre wahren Ursachen auf okkultem Gebiet haben. Wenn dies der Fall ist, kann Jesus Christus besser helfen als die beste ärztliche Behandlung.

Migräne

Eine junge Dame klagte über quälende Migräne. Alle ärztlichen Behandlungen hatten keinen Erfolg. Bei einem seelsorgerlichen Gespräch stellte sich heraus, daß sie einmal, es lag schon Jahre zurück, bei einer Kartenlegerin war. Eigenartigerweise litt sie seit dieser Zeit unter Migränebeschwerden. Als die Dame feststellte, welche Ursachen vorlagen, hatte sie nur einen Wunsch, sie wollte die Befreiung durch Jesus. Von einem Tag auf den anderen erlebte sie die Hilfe Gottes.

Spukerscheinungen

Auswirkung von Spiritismus

Dort, wo man spiritistische Sitzungen abgehalten oder mit Geistern Verbindung aufgenommen hat, zeigen sich oft unerklärliche Spukerscheinungen durch lautes Klopfen, Poltern und andere sonderbare Geräusche. Gegenstände werden im Zimmer von unsichtbaren Händen bewegt oder durch die Luft geworfen, Möbel werden weggerückt, Türen öffnen sich usw.

Es ist verständlich, daß dies die Bewohner in Angst und Schrecken versetzt, denn meistens wissen sie gar nicht, was die Vorgänger im Haus, in der Wohnung oder in einem bestimmten Zimmer an spiritistischen Dingen praktiziert haben. Jesus ist in der Lage, auch bei solchen Belästigungen bleibende Ruhe zu schenken und Spukerscheinungen ein Ende zu setzen.

Das Ende von Spukerscheinungen

Ein junges Mädchen, das sich einem Kreis junger Leute angeschlossen hatte, berichtete mir, daß sie mit den anderen täglich die Anweisungen im „6. und 7. Buch Mosis" studierte und praktizierte. Sie beschäftigten sich mit magischer Zauberei und befragten beim Tischrücken die angeblichen Geister der Verstorbenen. Nachdem verstärkt mysteriöse Unglücksfälle in der Gruppe vorgekommen waren, trennte man sich von dem Zauberbuch. Das Mädchen schilderte mir, wie sich später unerklärliche Klopf-, Kratz- und Laufgeräusche in ihrem Zimmer bemerkbar machten. Gegenstände flogen durch die Luft, Schranktüren wurden geöffnet und oft verspürte sie einen kühlen Luftzug, obwohl weder Fenster noch Türen geöffnet waren.
Diese beängstigenden Spukerscheinungen verschwanden erst, als das Mädchen ihr Leben Jesus anvertraute und jede okkulte Betätigung aufgab. Nachdem sie die Befreiung durch Jesus Christus von schwerer Gebundenheit erlebt hatte, ist sie jetzt eine fröhliche Christin und erzählt anderen, welche Hilfe sie bei Jesus gefunden hat.

Besessenheit

Es gibt eine „Umsessenheit". Hier ist der Mensch starken äußeren Angriffen Satans ausgesetzt, während bei der Besessenheit der Dämon von innen her das Leben regiert.

Befreiung durch Jesus

Die Bibel berichtet, wie Jesus damals böse Geister ausgetrieben und die vom Teufel Besessenen befreit hat. Auch heute gibt es die Besessenheit, wenn ein oder mehrere Dämonen von einem Menschen Besitz ergriffen haben. Wir können uns freuen! Jesus Christus ist in unserer Zeit immer noch der Sieger über alle Dämonen und über die Besessenheit. Wenn Jesus seinem Gegenspieler zu weichen gebietet, muß der Satan weichen und der geplagte Mensch wird frei, die „Umsessenheit" und die „Besessenheit" werden aufgehoben. Wenn dann der Geist Gottes von unserem Leben Besitz ergreift, beginnt für uns ein neues, befreites Leben.

Glaubensnöte

Glaubensnot

Eines der traurigsten Kapitel sind die Glaubensnöte. Wenn der Teufel hier seinen Preis fordert, offenbart sich in aller Deutlichkeit das heimtückische Wesen seines Charakters. Wird dem Menschen der Glaube an Jesus Christus genommen, ist er praktisch von der einzigen Hilfe, die ihn befreien kann, abgeschnitten. Die Glaubensnot ist oft die schwerste Not, in die der Teufel die Menschen stürzt. Häufig empfinden diejenigen, die damit belastet sind, diesen Umstand nicht als eine Not. Im Gegenteil: sie sind noch stolz auf ihre Lebenshaltung.

Zweifelsgeist

Der Zweifelsgeist gehört hier her. Wer damit geplagt ist, hat mit dem Glauben große Schwierigkeiten. Alles wird angezweifelt, besonders im Glaubensbereich. Für jede Aussage in der Hl. Schrift gibt es ein „Wenn und Aber“. Kindlicher Glaube wird als rückständig empfunden.

Freude am Zweifel

Es gibt zwei Arten von Zweiflern: Es gibt Menschen, die Freude am Zweifel haben. Ihr Motto lautet: „Zweifel in jedem Fall!“ Wenn du zu dieser Gruppe von Menschen zählst, wird Gott dir die Freude am Zweifel nicht nehmen. Du kannst dich des Zweifels solange erfreuen, wie es dir Spaß macht.

Ehrliche Zweifel

Wenn du jedoch zu den Menschen gehörst, denen der Zweifel Not bereitet, dann darfst du wissen: Jesus Christus kann dich befreien. Du wirst den Tag erleben, an dem du wieder aufrichtig glauben kannst, ohne hinter alles ein Fragezeichen zu setzen.

Fanatismus

Vielleicht leidest du unter der Spottsucht, oder du bist selbstgerecht und weißt es gar nicht. Der geistliche Hochmut, Fanatismus und Friedelosigkeit gehören zu den Preisen, die zu den Glaubensnöten zählen.

Ein seltsamer Stimmungs-umschwung

Lieber Leser, bestimmt hast du schon folgende Situation erlebt: Du hast in einer Unterhaltung das Gespräch auf religiöse Bereiche gelenkt und hast von Gottes Liebe und der Hilfe erzählt, die Jesus dir geschenkt hat. Plötzlich hattest du das Empfinden, daß dein Gesprächspartner abwesend war. Du spürtest, wie er offenbar an andere Dinge dachte und sich nicht mehr auf das konzentrierte, was du ihm berichtet hast. Zwischen dir und deinem Gegenüber war auf einmal ein „eiserner Vorhang“ heruntergefallen. Vielleicht hast du dir in diesen Situationen die Frage gestellt, wie solch ein Stimmungsumschwung erklärt werden kann?

Nette Menschen

Ich erinnere mich hier an ein persönliches Erlebnis:
Bei einem Besuch in Chikago lernte ich bei meinen Verwandten ein liebes Ehepaar kennen. Es waren Jugoslawiendeutsche, die vor vielen Jahren nach Kanada ausgewandert waren. Die große Farm hatten sie verkauft. Sie lebten im Ruhestand. Sie hatten aus ihrem Leben berichtet und ich hörte gerne zu. Es waren freundliche, hilfsbereite Menschen, die ich sehr schätzte.

Ein eiserner Vorhang fällt

Bei unserem Gespräch war es spät geworden. Es war Zeit, zu Bett zu gehen. Ich sagte: „Ehe wir uns zur Ruhe legen, möchte ich gerne noch einen Text aus der Hl. Schrift lesen und beten.“ Plötzlich hatte ich das Empfinden, daß ein „eiserner Vorhang“ herunterfiel. Das Gespräch verstummte. Der Herr blickte in die eine Zimmerecke, seine Frau in eine andere. Es herrschte eisiges Schweigen. Irgendwie hatte ich das Empfinden, daß sich das Ehepaar plötzlich nicht mehr wohl fühlte. Ich betete, und wir gingen zu Bett. Dieser Vorfall beschäftigte mich. Mich interessierte die Ursache zu diesem eigenartigen Verhalten.

Ein Rätsel löst sich

An nächsten Morgen erkundigte ich mich am Frühstückstisch, ob in Kanada der Aberglaube weit verbreitet sei. Dies wurde verneint. Ich wollte wissen: „Wird in Kanada auch die Wünschelrute benutzt?“ Der alte Farmer bejahte dies. „Das haben wir immer gemacht, wenn wir für unsere Felder nach Wasser gesucht haben. In der Prärie kann man ohne genügend Wasser keine Farm betreiben. Die Wünschelrute hat uns die Wassersuche sehr erleichtert."

Im Laufe das Gespräches wußte die Frau zu berichten: „Stellen sie sich vor, ich hatte früher viele Warzen. Da hat mir jemand erzählt, wie man sie weg bekommen kann. Das war ein eigenartiges Rezept – aber es hat geholfen. Sehen Sie, ich habe keine Warzen mehr." Sie zeigte mir ihre Hände, die wirklich frei von Warzen waren.
„Bei Zahnschmerzen: Wir hätten hundert Kilometer zum nächsten Zahnarzt fahren müssen. Während der Ernte konnten wir uns das nicht leisten. Aber ein Nachbar konnte das magische Besprechen. Dieser Mann hat uns wirklich viel geholfen." Jetzt wurde offenbar, auf welche Weise und wie oft diese lieben Menschen die Hilfe bei Satan holten, ohne es zu ahnen.
Mir war klar, warum dieses Ehepaar in Glaubensdingen nicht ansprechbar war. Sie zahlten hier ihren Preis. Dieses Erlebnis hatte ich vor vielen Jahren. Ich habe dieses Ehepaar oft in meine Gebete eingeschlossen, damit auch sie den Weg der Befreiung gehen und Jesus ihnen das Herz für göttliche Dinge öffnen kann.

Schlafgeist

„Schlafgeist", beim Hören des Wortes Gottes, zählt auch zu den Glaubensnöten. Ein Herr, der in seiner Jugendzeit oft die Hilfe von Wahrsagern beanspruchte und sich mit magischer Zauberei beschäftigt hatte, wurde ein überzeugter Christ. Es war jedoch sonderbar, bei einer Predigt oder bei einem biblischen Thema wurde er so müde, daß er einschlief. Auch wenn er total ausgeschlafen war, bei der Verkündigung von Gottes Wort überfiel ihn eine große Müdigkeit.

Widerstand gegen Gott

Eine häufige Glaubensnot zeigt sich in einem inneren Widerstand gegen Gott, die Bibel und dem christlichen Glauben. Die Betroffenen kennen in der Regel weder die Ursachen noch die Zusammenhänge.

Die innere Not eines Krankenpflegers

Ein junger Krankenpfleger hatte sich über einen längeren Zeitraum mit den Aussagen der Bibel beschäftigt. Nachdem wir uns kennen gelernt hatten, beschäftigten wir uns in einigen Bibelgesprächen mit den großen Angeboten Gottes. Bei der Entscheidung, Jesus Christus als den persönlichen Erlöser anzunehmen und ihm die Herrschaft über sein Leben zu übergeben, hatte der Krankenpfleger ein Problem:

Er meinte: „Ich bin davon überzeugt, daß die Hl. Schrift das Buch der göttlichen Wahrheit ist. Ich glaube, daß Jesus Christus, der Sohn Gottes damals gestorben, begraben und von den Toten auferstanden ist. Ich weiß, Jesus lebt! Ich weiß, Jesus macht mir das beste Angebot. Jesus liebt mich, davon bin ich überzeugt. Ich sollte ihm mein Leben übergeben. Ich brauche nur zu sagen: ‚Hier bin ich. Ich will Dir gehören. Komm in mein Leben!' – Aber das bringe ich nicht fertig. Verstandesmäßig kann ich das Angebot Gottes seit einiger Zeit voll bejahen, aber irgend etwas hindert mich daran, diesen Schritt zu gehen. Ich verspüre einen großen inneren Widerstand. Ich kann mich einfach nicht entscheiden, obwohl ich weiß, daß dies für mich die beste Lebensentscheidung ist. Ich bin sehr unglücklich, irgendetwas hält mich innerlich zurück."

Die Ursache: okkulte Praktiken

Meine Vermutung, hier könnte eine okkulte Belastung vorliegen, wurde im anschließenden Gespräch durch seinen Bericht bestätigt. Er erzählte mir, daß sein Vater als Landwirt einen Brunnen bohren ließ. Um Fehlbohrungen zu vermeiden, holte er sich einen Wünschelrutengänger, der eine starke Wasserader finden sollte. Bei dieser Gelegenheit lernte der Krankenpfleger den Umgang mit der Wünschelrute. Später hatte er auch einmal die Hilfe eines Wahrsagers in Anspruch genommen.

Leichtfertige Verharmlosung

Über meinen Hinweis, daß hier die Ursachen für seinen inneren Widerstand liegen, war er sehr erstaunt. Ich bat ihn, mein Buch „Zauber des Aberglaubens" durchzulesen. Als ich ihn wieder traf, kommentierte er den Inhalt: „Ich habe die Ausführungen gelesen, aber ich kann ihre Meinung nicht teilen, daß die Betätigung auf okkultem Gebiet Folgen hat und Preise für die Hilfeleistung gefordert werden. Ich sehe die Dinge anders, und ich betrachte den Gebrauch der Wünschelrute und die Inanspruchnahme eines Wahrsagers als eine harmlose Sache. Ich denke mir einfach nichts dabei!"

Satans folgenschwere Verhinderung

Lieber Leser, auch wenn wir uns nichts dabei denken – der Teufel denkt sich in jedem Fall etwas, wenn wir seine Hilfe in Anspruch nehmen. Er bringt den Menschen unweigerlich in seine Abhängigkeit. Der Gegenspieler Gottes weiß, daß Jesus von aller Gebundenheit befreien und seiner Macht ein Ende setzen kann. Satan will dies verhindern und sorgt dafür, daß der Mensch entweder gegen göttliche Dinge Widerstand leistet oder keinerlei Interesse zeigt. In solchen Situationen offenbart sich eine Glaubensnot, die von den Betroffenen überhaupt nicht als solche erkannt wird.

Die Notwendigkeit der Fübitte

Der Krankenpfleger teilte mir mit, daß er an weiteren Glaubensgesprächen kein Interesse mehr habe, da er ständig diesen inneren Widerstand verspüre. So oft ich an den Krankenpfleger denke, schließe ich ihn in mein Gebet ein. So lange ein Mensch lebt, kann Gott in seiner Liebe sein Herz erreichen und die Macht Satans zurückdrängen, so daß es doch noch zu einer Entscheidung für Jesus kommen kann. Ich bin dankbar, daß es diese Möglichkeit der Fürbitte gibt. Gottes Ratschluß wird den richtigen Zeitpunkt für die Erhörung finden.

Menschen, die über den Spiritismus mit Verstorbenen Kontakt aufgenommen haben, geraten in den unmittelbaren Machtbereich Satans. Sie haben häufig große Schwierigkeiten eine Entscheidung für Jesus zu treffen.

Gottes Warnung vor Spiritismus

Die Warnungen Gottes sind deutlich und wir sollten sie in jedem Fall ernst nehmen:

„Wendet euch nicht an Wahrsager und an Leute, die die Geister der Toten fragen. Wer das tut, macht sich unrein." 3. Mose 19,31

„Auch wenn jemand sich an Wahrsager wendet und an Leute, die die Geister der Toten befragen, ist das Götzendienst. Ich selbst wende mich gegen den, der so etwas tut, und stoße ihn aus seinem Volk aus.“ 3. Mose 20,6

„Wenn aus einem Mann oder aus einer Frau ein Totengeist oder ein Wahrsagegeist spricht, sollen sie durch Steinigung getötet werden. Sie haben ein todeswürdiges Verbrechen begangen.“ 3. Mose 20,27

Totenbefragung von Gott verboten

„Keiner von euch darf seinen Sohn oder seine Tochter als Opfer auf dem Altar verbrennen. Ihr dürft niemand unter euch dulden, der wahrsagen oder aus Vorzeichen die Zukunft deutet, der zaubert, Geister beschwört oder Tote befragt. Wer so etwas tut, ist dem Herrn zuwider. Genau wegen dieser Dinge, vertreibt der Herr die Bevölkerung des Landes vor euch.“ 5. Mose 18,10-12

„Die Leute werden euch auffordern: ‚Befragt doch die Geister der Verstorbenen, die Wahrsagegeister, die euch flüsternd und murmelnd Auskunft geben! Ein Volk kann sich doch Rat holen bei seinen Ahnengeistern, die Lebenden können sich doch von den Toten helfen lassen!‘ Haltet euch an die Weisungen des Herrn und an meine Warnungen! Das ist die einzig gültige Antwort. Gegen Gottes Ankündigungen richten Beschwörungen nichts aus!“ Jesaja 8,19.20

Können Kinder durch ihre Vorfahren belastet sein?

Unbekannte Tatsachen

Den Ernst des Themas erkennen wir auch daran, daß der Teufel den Preis für seine Hilfeleistungen selbst bei Kindern, Enkeln und Urenkeln fordern kann.

Folgen für Kinder, Enkel und Urenkel

„Ach Herr, laß doch deine Macht an uns sichtbar werden! Du hast uns zugesagt. ‚Ich bin der Herr, ich habe Geduld, meine Güte ist grenzenlos. Ich vergebe Schuld, Verfehlung und Auflehnung; aber ich lasse nicht alles ungestraft hingehen. Wenn sich jemand gegen mich wendet, dann bestrafe ich auch seine Kinder, sogar noch seine Enkel und Urenkel.‘“ 4. Mose 14,17.18

Gottes Hinweis bedeutet: Wenn meine Eltern, Großeltern oder die Urgroßeltern einmal die Hilfe des Teufels in Anspruch genommen haben, kann der Gegenspieler Gottes von mir noch einen Preis fordern.

Dieser Sachverhalt wird schon in den Zehn Geboten erwähnt. Das zweite Gebot, das im katholischen und evangelischen Katechismus ausgelassen ist, lautet nach der biblischen Originalfassung:

Das 2. Gebot

„Fertige dir kein Gottesbild an. Mach dir auch kein Abbild von irgend etwas im Himmel, auf der Erde oder im Meer. Wirf dich nicht vor fremden Göttern nieder und diene ihnen nicht. Denn ich, der Herr, dein Gott, verlange von dir ungeteilte Liebe.
Wenn sich jemand von mir abwendet, dann bestrafe ich dafür auch seine Kinder, sogar noch seine Enkel und Urenkel. Wenn mich aber jemand liebt

und meine Gebote befolgt, dann werde ich ihm und seinen Nachkommen Liebe und Treue erweisen über Tausende von Generationen hin.“
2. Mose 20,4-6

Belastung durch Vorfahren

Folgen von Aberglauben, okkulter Betätigung und Spiritismus sind in der Tat erschreckend. Satan kann möglicherweise in meinem Leben einen Preis fordern auch wenn ich selbst nie seine Hilfe in Anspruch genommen habe. Es genügt der Sachverhalt, daß meine Vorfahren Teufelshilfe erhielten.

Unsere große Verantwortung

Wir tragen nicht nur eine große Verantwortung für uns selbst, sondern auch für unsere Nachkommen. Niemand sollte leichtfertig Aberglauben, Okkultismus und Spiritismus verharmlosen. Die „Greuelsünden“ haben schwere Auswirkungen und weitreichende Folgen. Gott warnt uns in seiner Liebe eindringlich. Er will uns vor Schaden bewahren.

Belastungen verursachen Entmutigungen

Ein gläubiger Herr, der nie in seinem Leben auf des Teufels Gebiet gekommen war, litt unter ständigen Angstzuständen und starken Selbstmordgedanken, außerdem quälte ihn Menschenfurcht, wenn er von Jesus Zeugnis geben wollte. Obwohl er seinen christlichen Glauben auslebte und in der bewußten Nachfolge Jesu stand, mußte er täglich mit diesen Belastungen kämpfen und war oft entmutigt. Er fand für seine Zustände nirgends eine plausible Erklärung.

Die Ursachen lagen in der Vergangenheit

Eines Tages erhielt er von einem Sachverhalt Kenntnis, der ihm bis dahin unbekannt gewesen war, und der die Erklärung dafür war, warum er ständig Angst, Selbstmordgedanken und Menschenfurcht hatte.

Eine Großmutter hatte als Spiritistin das Tischrücken praktiziert und sich mit Wahrsagerei und Kartenlegen beschäftigt. Die andere Großmutter verstand die „Sympathie“ und behandelte mit ihren okkulten Praktiken erfolgreich Kinder, die an Rachitis erkrankt waren. Der Großvater war Wünschelrutengänger und konnte den „Brand“ löschen. Dieser Sachverhalt war eindeutig. Die Vorfahren hatten die Hilfe des Teufels in Anspruch genommen. Der Teufel machte von seinem Recht Gebrauch und forderte im Leben des gläubigen Herrn noch einen Preis. Der Herr kannte den Weg der Befreiung.

Befreiung wird Wirklichkeit

Er legte Jesus ein lautes, umfassendes Sündenbekenntnis ab, vollzog eine völlige Lebensübergabe an Jesus, kündigte den Vertrag, den die Vorfahren mit dem Teufel geschlossen hatten, erteilte dann selbst noch dem Teufel die Absage – und erlebte die vollständige Befreiung. Jesus nahm alle Belastungen weg, die durch die Vorfahren auf ihn gekommen waren. Für ihn begann buchstäblich ein „Neues Leben“.

Die Rolle der 14 Vorfahren

Lieber Leser, möglicherweise fordert der Teufel in deinem Leben einen Preis, weil deine Vorfahren einmal Teufelshilfe in Anspruch genommen haben. Die Vorfahren bis zu den Urgroßeltern zurück, ergeben 14 Personen. Wer hat schon die Möglichkeit herauszufinden, welche Greuelsünden von ihnen begangen wurden? Dies ist nicht nötig. Entscheidend ist die Tatsache, daß du durch Jesus Befreiung erleben kannst.

Wir haben uns ausführlich mit dem Zauber des Aberglaubens und den sich daraus ergebenden Belastungen beschäftigt. Natürlich gibt es noch viele Belastungsarten, die hier nicht erwähnt wurden. Es kann nicht das Anliegen dieser Niederschrift sein, die letzten Einzelheiten aufzuzählen. Wichtiger ist der Weg der Befreiung, der in den beiden nächsten Kapiteln beschrieben wird.

Die Befreiung ist wichtig

Lieber Leser, zu Beginn dieser Ausführungen hast du gebetet. Damit hast du dem Hl. Geist Gelegenheit gegeben, dich und deine Lebenssituation zu erkennen. Wenn du in einer notvollen Lage bist, kannst du zu Jesus kommen und den Weg der Befreiung gehen.

Du kannst den Weg der Befreiung gehen

Jesus liebt Dich!
Jesus kann Dir helfen!
Jesus will Dir helfen!
Jesus will Dir noch heute helfen!

„Wir vertrauen ganz fest darauf, daß Gott uns hört, wenn wir ihn um etwas bitten, das seinem Willen entspricht. Wir wissen, daß er uns hört. Darum wissen wir auch, daß er uns gibt, worum wir ihn bitten.“ 1. Johannes 5,14.15

Gottes Zusage

Quellenangabe

1 George Vandeman, Planet in Rebellion, Southern Publ. Ass. Nashville, Tenn., USA, 1960, S. 208–210

Benutzte Literatur

Kurt E. Koch — Der Aberglaube, Evangelisationsverlag Berghausen.
Kurt E. Koch — Die Magie aus der Sicht der Seelsorge, 3. Aufl., Berghausen.
Kurt E. Koch — Okkultes ABC, Bibel- und Schriftenmission Dr. E. Koch, Aglasterhausen, 3. Aufl. 1988.
Kurt E. Koch — Der Spiritismus aus der Sicht der Seelsorge, Berghausen.
Kurt E. Koch — Seelsorge und Okkultismus, 7. Aufl., Berghausen.
Ernst Modersohn — Im Banne des Teufels, Francke, Marburg, 1975.

Literatur-Empfehlung

Manfred Heide, Irrwege des Heils, Schulte u. Gerth, Asslar, 7. Aufl., 1992.
Hans-J. Ruppert, Okkultismus, Geisterwelt oder neuer Weltgeist?, Coprint, Wiesbaden und Wuppertal, 1990.
Richard Kriese, Okkultismus im Angriff, Hänssler-Verlag, Neuhausen-Stuttgart, 4. Aufl., 1988.

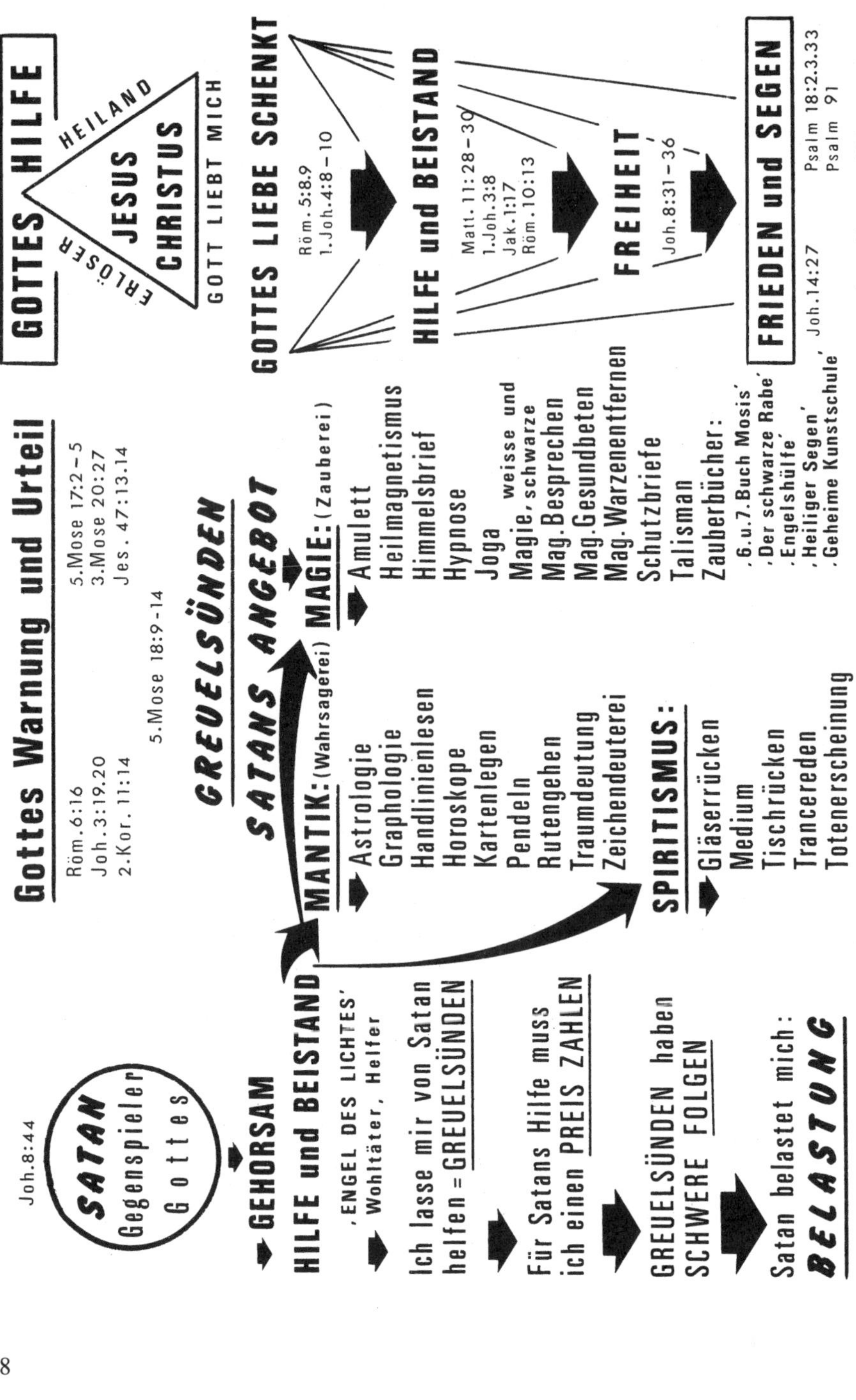
Joh.8:44
SATAN
Gegenspieler
Gottes
GEHORSAM
HILFE und BEISTAND
‚ENGEL DES LICHTES‘
Wohltäter, Helfer
Ich lasse mir von Satan helfen = GREUELSÜNDEN
Für Satans Hilfe muss ich einen PREIS ZAHLEN
GREUELSÜNDEN haben SCHWERE FOLGEN
Satan belastet mich:
BELASTUNG
Gottes Warnung und Urteil
Röm.6:16
Joh.3:19.20
2.Kor.11:14
5.Mose 17:2-5
3.Mose 20:27
Jes.47:13.14
5.Mose 18:9-14
GREUELSÜNDEN
SATANS ANGEBOT
MANTIK: (Wahrsagerei)
Astrologie
Graphologie
Handlinienlesen
Horoskope
Kartenlegen
Pendeln
Rutengehen
Traumdeutung
Zeichendeuterei
MAGIE: (Zauberei)
Amulett
Heilmagnetismus
Himmelsbrief
Hypnose
Joga
Magie, weisse und schwarze
Mag. Besprechen
Mag. Gesundbeten
Mag. Warzenentfernen
Schutzbriefe
Talisman
Zauberbücher:
‚6.u.7.Buch Mosis‘
‚Der schwarze Rabe‘
‚Engelshülfe‘
‚Heiliger Segen‘
‚Geheime Kunstschule‘
SPIRITISMUS:
Gläserrücken
Medium
Tischrücken
Tracereden
Totenerscheinung
GOTTES HILFE
HEILAND
ERLÖSER
JESUS CHRISTUS
GOTT LIEBT MICH
GOTTES LIEBE SCHENKT
Röm.5:8.9
1.Joh.4:8-10
HILFE und BEISTAND
Matt.11:28-30
1.Joh.3:8
Jak.1:17
Röm.10:13
FREIHEIT
Joh.8:31-36
FRIEDEN und SEGEN
Joh.14:27
Psalm 18:2.3.33
Psalm 91
Kurt Hasel 1983

Befreiung durch Jesus

Lieber Leser, es gibt eine „Gute Nachricht" für dich! Die Aussage der Hl. Schrift lautet:

Eine „Gute Nachricht" für dich

„Als wir noch in der Gewalt der Sünde waren, ist Christus für uns, die Feinde Gottes, gestorben. Wer ist schon bereit, auch nur für einen schuldlosen Menschen zu sterben? Allenfalls könnte sich einer entschließen, für einen besonders guten Menschen den Tod auf sich zu nehmen. Christus aber starb für uns, als wir noch Feinde Gottes waren." Römer 5,6-8

„Wenn der Sohn Gottes euch frei macht, dann seid ihr wirklich frei." Johannes 8,36

Jesus liebt dich! Jesus Christus will dich von deinen Belastungen befreien, ganz gleich unter welchen „Teufelspreisen" du leidest.

Befreiung durch Jesus Christus hat nur dort einen Sinn, wo es Gefangenschaft, Belastung und Sünde gibt.

Befreiung nur für Gefangene

„Wenn wir behaupten, ohne Schuld zu sein, betrügen wir uns selbst und die Wahrheit lebt nicht in uns. Wenn wir aber unsere Schuld eingestehen, dürfen wir uns darauf verlassen, daß Gott Wort hält: Er wird uns dann unsere Verfehlungen vergeben und alle Schuld von uns nehmen, die wir auf uns geladen haben." 1. Johannes 1,8-9

Welche Rolle spielt die Sündenselbsterkenntnis

Die erste Bedingung für Gottes Hilfe und Befreiung ist die Sündenselbsterkenntnis. Ein Gefangener sehnt sich nach Freiheit und Befreiung. Wer sich nicht als Gefangener fühlt oder lieber in Gefangenschaft sein Dasein fristen will, für den ist eine Befreiungsaktion bedeutungslos.

Ohne Sündenselbsterkenntnis können wir mit Gottes Hilfsangebot nichts anfangen. Wozu sollte Gott uns helfen? Wenn wir unsere Sünde nicht erkannt haben, fühlen wir uns im Recht. Wenn wir kein Unrecht begangen haben, können wir mit Gottes Vergebung nichts anfangen. Angenommen, ich habe mich strafbar gemacht und wurde zur Zahlung eines Bußgeldes verurteilt. Wenn mir eines Tages durch einen Gnadenakt die Zahlung des Bußgeldes erlassen wird, ist das für mich buchstäblich eine gute Nachricht. Ich freue mich und bin für dieses Entgegenkommen dankbar. Wenn ich nie zu einer Bußgeldzahlung verurteilt wurde, werde ich mit dem Gnadenakt nichts anfangen können. Er ist ohne Bedeutung für mich.

Begnadigung nur für Schuldige

Jesus Christus ist für mich Sünder gestorben. Mit dieser Tatsache kann ich nur etwas anfangen, wenn ich mich als Sünder erkenne. Wenn ich meine

Not erkenne, suche ich Hilfe und bin bereit, Hilfe anzunehmen. Der Hl. Geist schenkt mir Verständnis für mein Unrecht und hilft mir die Sünde in meinem Leben mit den Augen Gottes zu sehen.

„Aber wenn der Geist der Wahrheit kommt, wird er euch in die ganze Wahrheit einführen." Johannes 16,13

Sünde beleidigt Gott

Sünde ist ein Majestätsverbrechen. Sünde ist eine Beleidigung Gottes. Auflehnung gegen Gott, Rebellion gegen Gottes Herrschaft, das ist die eigentliche Ursünde. Sünde ist keine Kleinigkeit. Sünde, meine Sünde, hat Jesus das Leben gekostet.

Okkulte Praktiken und Gottes Maßstab
Ist das Gesundbeten eine Beleidigung Gottes?

Das Gesundbeten

Lieber Leser, angenommen du suchst Hilfe bei einem „Gesundbeter". Er betet laut das Vaterunser, dann ruft er leise noch andere Mächte und Gewalten an. Wie kannst du wissen, wessen Hilfe er in Anspruch nimmt? Wer leise betet und bestimmte Handlungen vornimmt, hat etwas zu verbergen. Wenn ein „Anderer" angerufen wird, ist das nicht eine Beleidigung Gottes?

Gottes Urteil

„So spricht der HERR, der alles macht, schafft und ausrichtet – HERR ist sein Name –: Rufe mich an, so will ich dir antworten und will dir kundtun große und unfaßbare Dinge, von denen du nichts weißt … Siehe, ich will sie heilen und gesund machen und will ihnen dauernden Frieden gewähren."
Jeremia 33,2.3.6 (Luther)
Gott will und kann heilen. Die Hilfe von einem anderen suchen – ist Sünde!

Amulett und Talisman im Urteil Gottes

Amulett und Talisman

Wer ein Amulett oder einen Talisman trägt oder aufbewahrt, verspricht sich von diesen leblosen Gegenständen Hilfe und Schutz. In Wirklichkeit hat der lebendige Gott unser Vertrauen verdient. Ist das nicht eine Beleidigung Gottes? Das erste Gebot lautet:

„Du sollst keine anderen Götter haben neben mir!"

Das zweite Gebot verbietet uns irgendwelche Bilder anzubeten oder zu verehren. Können wir uns leichtfertig über die Aussagen und Gebote Gottes hinwegsetzen?

Wahrsagen Kartenlegen Zeichendeuten

Wahrsagen, Kartenlegen, magische Zauberei, Zeichendeuterei usw. nur ein harmloser Zeitvertreib?

Das Urteil Gottes lautet:
„Sie verbrannten ihre eigenen Kinder als Opfer für die Götzen und trieben Wahrsagerei und Zauberei, kurzum: sie taten alles, was dem Herrn mißfiel und was ihn beleidigen mußte." 2. Könige 17,17

„Er brachte seinen Sohn als Brandopfer dar, gab sich mit Zauberer und Wahrsagern ab und hielt sich Totenbeschwörer und Zeichendeuter. Mit all dem beleidigte er den Herrn und zog seinen Zorn auf sich." 2. Könige 21,6

Wir sind leicht geneigt, zuerst bei Menschen und ihren geheimnisvollen Praktiken Hilfe zu suchen. Warum wenden wir uns nicht an Gott?

„Der Herr sagt: ‚Fluch über jeden, der sich von mir abwendet und stattdessen auf die Hilfe vergänglicher Menschen vertraut!'" Jeremia 17,5

Wie ist der Umgang mit Pendel und Wünschelrute zu beurteilen?

Pendel und Wünschelrute

Gottes Aussage läßt uns nicht im Unklaren:

„Mein Volk befragt sein Stück Holz und sein Stab muß ihm die Zukunft kundtun; denn der Geist der Abgötterei hat sie betört, daß sie ihren Gott verlassen haben und Götzendienst treiben." Hosea 4,12 (Menge)

Der Spiritismus im Urteil Gottes:

Die Behauptung des Spiritismus

Der Spiritismus findet immer mehr Beachtung. In manchen Kreisen gehört es fast schon zum „guten Ton" an spiritistischen Sitzungen teilzunehmen. Welches Anliegen hat der Spiritismus? Das Wort Spiritismus enthält das lateinische Wort „spiritus" = Geist. Der Spiritismus ist die Lehre von der Verbindung mit Geistern. Der Spiritismus versucht nachzuweisen, daß der Mensch eine „unsterbliche Seele" besitzt, die nach dem Tode des Menschen weiterlebt.

Die Aussagen der Bibel besagen genau das Gegenteil:

Die Aussage der Bibel: Tote wissen nichts

„Die Lebenden wissen wenigstens, daß sie einmal sterben müssen. Die Toten wissen überhaupt nichts mehr. Ihre Verdienste werden nicht belohnt; denn niemand denkt mehr an sie. Ganz gleich, ob sie einst Liebe, Haß oder Eifersucht erregt haben, alles ist aus und vorbei! Sie haben auf ewig keinen Anteil mehr an dem, was unter der Sonne geschieht."
„Nutze alle Möglichkeiten, die sich dir bieten; denn du bist unterwegs zu dem Ort, von dem keiner wiederkehrt. Wenn du tot bist, ist es zu Ende mit allem Tun und Planen, mit aller Einsicht und Weisheit."
Kohelet (Prediger) 9,5.6.10

Wie beurteilt Gott Totenbefragungen?

Totenbefragung im Urteil der Bibel

„Auch wenn jemand sich an Wahrsager wendet und an Leute, die die Geister der Toten befragen, ist das Götzendienst. Ich selbst wende mich gegen den, der so etwas tut, und stoße ihn aus seinem Volk aus."

„Wenn aus einem Mann oder aus einer Frau ein Totengeist oder ein Wahrsagegeist spricht, sollen sie durch Steinigung getötet werden. Sie haben ein todeswürdiges Verbrechen begangen." 3. Mose 20,6.27

Wollen wir es wagen, die Dinge, die Gott als Sünde und Gottesbeleidigung bezeichnet, als harmlos und ungefährlich hinzustellen?

Welche Kennzeichen hat die aufrichtige Reue

Sünde aus der Sicht Gottes

Der Hl. Geist schenkt mir nicht nur Sündenselbsterkenntnis, er bewirkt auch eine aufrichtige Reue über das begangene Unrecht. Wenn ich Sünde mit den Augen Gottes sehe, wird mir bewußt, daß ich durch mein verkehrtes Verhalten am Tod Jesu mitschuldig geworden bin.

Abscheu vor verkehrtem Handeln

Aufrichtige Reue, die mir nur Gott schenken kann, bedauert nicht in erster Linie die Folgen einer verkehrten Tat, sie bewirkt vielmehr, daß ich die Sünde mit den Augen Gottes sehe.
Mit diesem Blickwinkel ist Sünde keine „Kleinigkeit". Wenn ich erkannt habe, daß ich mit meiner Sünde Gott beleidigt habe und Ihm Kummer zufügte, dann werde ich einen großen Abscheu vor jeder sündigen Verhaltensweise bekommen. Ich werde keinerlei Freude mehr haben, etwas zu tun, was das Leben des Sohn Gottes gekostet hat.

Ich werde mich, getrieben vom Hl. Geist, von verkehrtem Handeln abwenden und mit Gottes Hilfe lieber das tun, was Gott Freude bereitet.

„Denn die Betrübnis, wie Gott sie will, wirkt eine Reue zum Heil, die niemand zu bereuen hat; die Betrübnis der Welt aber bewirkt den Tod." 2. Korinther 7,10 (Menge)

Warum ist das namentliche Sündenbekenntnis so wichtig?

Ein hoher Preis für die Sünde

Lieber Leser, aufrichtige Reue führt immer zu einem Bekenntnis. Jesus Christus wartet auf dein Sündenbekenntnis. Jesus hat für die Sünden dieser Welt einen hohen Preis bezahlt, auch deine Sünde hat Ihm das Leben gekostet. Die Vergebung, die Gott anbietet, ist eine Wirklichkeit. Du darfst Ihm die Sünden deines Lebens bekennen.

„Ihr wißt, um welchen Preis ihr freigekauft worden seid, damit ihr nun nicht mehr ein so sinn- und nutzloses Leben führen müßt, wie ihr es von euren Vorfahren übernommen habt. Nicht mit Silber und Gold seid ihr freigekauft worden – sie verlieren ihren Wert –, sondern mit dem kostbaren Blut Christi. Ihn hatte Gott schon zum Retter bestimmt, bevor er die Welt schuf. Jetzt aber, am Ende der Zeit, ist er euretwegen in die Welt gekommen." 1. Petrus 1,18-20

Jesus wartet auf dein Sündenbekenntnis

Es gibt zwei Möglichkeiten: Entweder du lebst mit deinem Sündenkonto weiter, oder du bekennst deine Sünden Jesus und erhältst volle Vergebung. Die Sündenvergebung durch Jesus Christus erhältst du nicht automatisch, du mußt Jesus deine Sünden selbst bekennen. Ich ermutige dich: Bekenne Jesus deine Sünden, auch die okkulten Sünden. Was hält dich zurück Jesus eine „Beichte" abzulegen? Wann willst du das Bekenntnis ablegen? Warte nicht einen Tag länger, du kannst es heute noch praktizieren. Jesus wartet auf dein

Sündenbekenntnis! Nenne deine Sünde mit Namen und bekenne sie einzeln und laut.

Eine Generalbeichte

Als Katholik ist dir der Begriff der „Beichte" bekannt. Bei der Beichte werden dem Beichtvater die Sünden einzeln und laut bekannt. Jesus Christus ist der beste „Beichtvater"! Lege Ihm eine laute „Generalbeichte" ab.

Sünden aufschreiben und bekennen

Eine hilfreiche Empfehlung: Nimm ein Blatt Papier und schreibe dir die Sünden deines Lebens auf; alle Sünden, die dir einfallen und die du Jesus noch nie laut bekannt hast. Du kannst natürlich nur die Sünden mit einem Stichwort aufschreiben, die dir einfallen. Wegen deiner unbewußten Sünden, oder der Sünden, die in Vergessenheit geraten sind und an die du dich nicht mehr erinnerst, brauchst du nicht unruhig zu werden. Sollte der Hl. Geist dich jedoch z. B. zwei Tage nach der „Generalbeichte" an eine weitere Sünde erinnern, dann bekenne auch diese Sünde unverzüglich Jesus mit Namen. Trage die Sünde keinen Tag länger mit dir herum. Hast du Jesus alle deine Sünden bekannt, vernichte das Blatt Papier mit deinen Notizen, es geht niemand etwas an.

Das Sündengeheimnis

Jede Sünde, jedes Unrecht hat die Eigenschaft, in der Verborgenheit bleiben zu wollen. Jede Sünde bildet in unserem Leben ein „Sündengeheimnis". Wer redet schon gerne über sein Fehlverhalten? Welcher unehrliche Buchhalter, der 10 000,– Euro veruntreut hat, ist daran interessiert, daß die Unterschlagung an das Tageslicht kommt? Welcher Beamter oder Minister, der Bestechungsgelder angenommen hat, teilt dies freiwillig der Öffentlichkeit mit? Wer spricht schon gerne über seine ehebrecherischen Beziehungen? Wer zu Lügen und Unwahrheiten Zuflucht genommen hat, wird alles dransetzen, daß das Lügengebäude nicht zum Einsturz kommt.

Ein lautes Bekenntnis bricht das Sündengeheimnis

Nur durch ein lautes Sündenbekenntnis wird das „Sündengeheimnis" gebrochen. Wenn wir Jesus Christus unsere Sünden einzeln und laut bekennen, kommt die Sünde an das Tageslicht. Wir bringen die Sünde dorthin, wo sie hingehört: Zu Jesus Christus, der für die Sünde und für die Sünder gestorben ist. In unserem Herzen hat die Sünde nichts zu suchen. Sünde gehört unter die Vergebungskraft Jesu.
Eine nicht bekannte Sünde wird am Tag des göttlichen Gerichtes gegen mich sprechen. Jesus Christus wird sagen müssen: „Ich wollte dir so gerne alle deine Sünden vergeben. Ich habe gewartet, daß du mir deine Sünden bekennst, aber das ist nicht geschehen." Jesus Christus kann mir kein „ewiges Leben" schenken, weil ich sein Vergebungsangebot nicht in Anspruch genommen habe. Es ist besser, wir trennen uns von der Sünde, sonst trennt uns die Sünde von Jesus, unserem Retter.

Keine bewußte Sünde darf verschwiegen werden. Bei diesem Sündenbekenntnis muß Jesus eine vollständige Generalbeichte abgelegt werden. Wird eine bewußte Sünde nicht bekannt, bleibt ein Sündengeheimnis zurück. Solange es ein „Sündengeheimnis" gibt, hat der Teufel Macht über den Menschen und kann seinen Preis fordern, ich bin sein Schuldner.

Welcher Unterschied besteht zwischen Sünde und Sündenschuld?

Sünde liegt in der Vergangenheit

Sünde liegt in der Vergangenheit. Irgendwann haben wir uns verkehrt verhalten, ein Unrecht begangen – wir haben Gott beleidigt und haben uns einer Sünde schuldig gemacht.
Wie lange dauert eine Sünde? Ein Diebstahl, ein Ehebruch, das Kartenlegen, eine spiritistische Sitzung, das magische Besprechen usw., dauern nur wenige Minuten, evtl. eine Stunde; auf jeden Fall ist die Zeitspanne einer sündigen Handlung verhältnismäßig kurz.

Schuld ist gegenwärtig

Wie lange dauert die Schuld? Schuld ist gegenwärtig – wir leiden unter den Folgen und Auswirkungen unserer Schuld – oft ein ganzes Leben lang.
Jede Schuld hat einen Gläubiger. Wir schulden dem Gläubiger einen Betrag, eine Leistung oder eine Erstattung. Was uns erdrückt ist nicht so sehr die Sünde, die verkehrte Handlung, die innerhalb kürzester Zeit geschehen ist – wir leiden intensiv an den Folgen unserer Sünde, wir leiden an der Schuld, an der Belastung.

Jesus hebt Schuld auf

Die „Gute Nachricht" lautet: Jesus Christus vergibt nicht nur die Sünde – ihn hat meine Sünde „erdrückt", es hat ihn das Leben gekostet – Jesus alleine ist in der Lage, auch die Schuld in meinem Leben aufzuheben.

Aus dieser Erfahrung heraus bekannte König David:

Das Bekenntnis eines Königs

„Freuen dürfen sich alle, denen Gott ihr Unrecht vergeben und ihre Verfehlungen zugedeckt hat! Freuen darf sich jeder, dem die Schuld vom Herrn nicht angerechnet wird und dessen Leben frei von Falschheit ist! Herr, erst wollte ich meine Schuld verschweigen; doch davon wurde ich so krank, daß ich von früh bis spät nur stöhnen konnte. Ich spürte deine Hand bei Tag und Nacht; sie drückte mich zu Boden, ließ meine Lebenskraft entschwinden, wie in der schlimmsten Sommerdürre. Darum entschloß ich mich, dir meine Verfehlungen zu bekennen. Was ich getan hatte, gestand ich dir; ich verschwieg dir meine Schuld nicht länger. Und du – hast mir alles vergeben!"
Psalm 32,1-5

Satan treibt seine Preise ein

Für die Hilfe, die Gottes Gegenspieler anbietet, fordert er seinen Preis. Wer diese vermeintliche Hilfe einmal in Anspruch genommen hat - auch wenn es die Vorfahren praktiziert haben – der wird zum Schuldner Satans. Er treibt seine Preise ein. Wir leiden unter diesen Preisforderungen, sie sind immer negativer Art.

Entschuldigung ist keine Lösung

Schuld hat immer unangenehme Begleiterscheinungen. Wir suchen eine Lösung und „entschuldigen" uns. Wir suchen einen Ausweg und verdrängen die Schuld, wir sind Meister in der Selbstrechtfertigung.

Sünde ans Licht

Es gibt nur einen Weg der Befreiung: Sünde und Schuld müssen ans Tageslicht, beides muß in einem namentlichen Bekenntnis Jesus bekannt werden. Jesus Christus allein vergibt die Sünden und befreit von der Schuldbelastung – wir müssen dann keinen Preis mehr an Satan bezahlen.

Ein kleines Befreiungshindernis

Eine tief gläubige Dame litt unter starken Selbstmordgedanken und Depressionen. Sie hatte sich einmal die Karten legen lassen und ließ sich auch aus ihren Handlinien die Zukunft voraussagen. Sie war sehr erfreut, als sie hörte, daß Jesus Christus die Belastungen, als Folge der okkulten Betätigung, vollständig aufheben kann. Sie legte Jesus ein umfassendes lautes Sündenbekenntnis ab. Sie übergab Jesus ihr Leben und erteilte dem Teufel die Absage. Trotzdem erlebte sie nicht die ersehnte Befreiung. Was war die Ursache? Bei einem intensiven seelsorgerlichen Gespräch stellte sich heraus, daß sie Jesus eine Sünde absichtlich verschwiegen hatte. Die Dame war einigen Personen gegenüber, die ihr Unrecht getan hatten, unversöhnlich und zunächst zeigte sie auch keine Bereitschaft, sich mit diesen Menschen auszusöhnen. Die Ordnung der Angelegenheit war für sie sehr unangenehm.

Ein vollständiger Sieg

Durch das Gespräch wurde der Dame bewußt, daß sie für die Unversöhnlichkeit einen hohen Preis bezahlen mußte. Zum einen trennte sie die Unversöhnlichkeit von Jesus, und zum anderen konnte der Teufel weiterhin seinen Preis fordern, denn es war diese eine Sünde nicht bekannt worden. Nachdem sie Gott um Vergebungskraft gebeten hatte, war sie in der Lage von Herzen zu vergeben und sich auszusöhnen. Sie brachte die Angelegenheit vollständig in Ordnung. Nachdem sie auch diese Sünde Jesus bekannt hatte, erlebte sie die Befreiung durch Jesus.

Sünde muß in jedem Fall bekannt werden

Sündenbekenntnis und Sündenvergebung befreit! Sünde belastet! Haben wir ein neues Unrecht begangen und uns erneut einer Sünde schuldig gemacht, laufen wir Gefahr, daß der Teufel wieder seinen Preis fordert. Der Teufel liegt ständig auf der Lauer, um einen Angriffspunkt zu finden, mit dem Ziel, uns das Leben schwer zu machen. Wenn wir jederzeit die Gelegenheit wahrnehmen, Jesus unsere Sünden laut mit Namen zu bekennen, wird dem Teufel die Macht in unserem Leben genommen.

Wie erhält man Vergebungsgewißheit

Gottes Vergebung ist vollständig

Lieber Leser, wenn du Jesus deine Sünden bekannt hast, darfst du wissen, die Sünde ist dir restlos vergeben, ganz gleich, um welches Vergehen es sich handelt. Die Vergebung Gottes deckt jedes begangene Unrecht ab.

Die Zusagen Gottes gelten auch dir:

Jede Sünde wird vergeben

„Wenn wir behaupten, ohne Schuld zu sein, betrügen wir uns selbst, und die Wahrheit lebt nicht in uns. Wenn wir aber unsere Schuld eingestehen, dürfen wir uns darauf verlassen, daß Gott Wort hält: Er wird uns dann unsere Verfehlungen vergeben und alle Schuld von uns nehmen, die wir auf uns geladen haben." 1. Johannes 1,8.9

Augenblickliche Sündenvergebung

Sündenvergebung ist das Werk eines Augenblicks. Du bekennst Jesus deine Sünden - sofort erhältst du die Vergebung als ein Geschenk Gottes.

„Der Herr sagt: ‚Kommt her, laßt uns prüfen, wer von uns recht hat, ihr oder ich! Eure Verbrechen sind rot wie Blut, und doch können sie weiß

werden, wie Schnee. Sie sind rot wie Purpur, und doch könnten sie weiß werden, wie reine Wolle - wenn ihr mir nur gehorchen wolltet!'" Jesaja 1,18

„Ich habe eure ganze Schuld vergeben; sie ist verschwunden, wie der Nebel vor der Sonne. Wendet euch mir zu, denn ich werde euch befreien." Jesaja 44,22

Jesus Christus hat sein Blut vergossen, damit ist jede Sündenschuld vollständig abgedeckt. Es gibt keine Sünde, wie schwer sie auch sein mag, die Jesus nicht vergeben kann.

Vergebung ist eine Tatsache

Lieber Leser, wenn du Jesus deine Sünden bekannt hast, ist dir alles vergeben. Du brauchst jetzt noch die Vergebungsgewißheit. Viele sind sich nicht sicher, ob Jesus wirklich die Sünden vergeben hat. Gewöhnlich lautet die Aussage: „Ich fühle überhaupt nichts. Ich habe keinerlei Vergebungsgefühl!" Die Vergebung durch Jesus Christus ist eine Tatsache, und diese Tatsache ist von Gefühlen unabhängig. Du kannst dir von Jesus die Vergebungsgewißheit schenken lassen. Wenn du Jesus jetzt darum bittest, gibt er sie dir gerne. Du darfst Gott aufgrund seiner Aussagen bei seinem Wort nehmen und beten.

Bitte um Vergebungsgewißheit:

Laß dir Vergebungsgewißheit schenken

Ein Gebetsvorschlag:
„Herr Jesus Christus, ich habe Dir meine Sünden mit Namen bekannt. Ich weiß, daß Du Dein Blut für meine Sünden vergossen hast. Deine Vergebung ist eine Wirklichkeit. Du versprichst in Deinem Wort: ‚Das Blut Jesu, seines Sohnes, macht uns rein von aller Sünde.' Ich glaube, daß Dein Versprechen Wahrheit ist. Ich bitte Dich jetzt, schenke mir Deine Vergebung und die Vergebungsgewißheit. Du bist in der Lage, mir die Vergebung und die Vergebungsgewißheit zu geben, weil Du es versprochen hast. Im Glauben danke ich Dir jetzt dafür, daß Du mir die Vergebung und die Vergebungsgewißheit geschenkt hast. Amen."

Satan wird für meine Sünde bestraft

Der Hl. Geist alleine schenkt uns Sündenselbsterkenntnis und zeigt uns dann die Vergebung durch Jesus Christus. Satan weiß ganz genau, daß er für jede Sünde, die wir Jesus bekennen, am Ende der Zeiten die Strafe tragen muß. Es ist nur allzuverständlich, daß uns der Teufel nie von sich aus an Sünde erinnert. Er muß dann damit rechnen, daß wir unsere Sünden Jesus bekennen; damit wird die Sünde auf das Sündenkonto des Teufels gutgeschrieben, und dadurch wird das Strafmaß des Teufels vermehrt.

Satans Erinnerungstaktik

Nachdem der Hl. Geist uns Sündenselbsterkenntnis geschenkt hat und wir unsere Sünden Jesus bekannt haben, versucht der Teufel einen raffinierten Trick. Es dauert mit Sicherheit nicht lange, bis uns der Teufel wieder an unsere früheren Sünden erinnert, um uns mutlos zu machen. Meisterhaft versteht er es, uns frühere Sünden vorzuhalten, und schließlich sind wir der Meinung, daß doch alles „aussichtslos" ist. Immer wieder hat er mit seiner „Erinnerungstaktik" Erfolg.

Lieber Leser, wenn der Teufel dich an Sünden erinnert, die Jesus dir vergeben hat, dann weise den Gegenspieler Gottes zurück. Du kannst ihm folgendes sagen:

„Ich habe Jesus Christus alle meine Sünden bekannt, an die mich der Hl. Geist erinnert hat. Jesus hat mir alle Sünden vergeben. Ich habe darüber die Vergebungsgewißheit. Satan! Du kommst zu spät. Du hast keinerlei Recht, mich an vergebene Sünden zu erinnern. Ich gebiete dir im Namen Jesu: Verschwinde und laß mich in Ruhe!“

Satan: Du kommst zu spät

Warum will der Teufel das Sündenbekenntnis verhindern?

Der Gegenspieler Gottes verliert seine Gewalt über uns, sobald wir Jesus unsere Sünden laut bekennen und dadurch das „Sündengeheimnis“ in unserem Leben gebrochen wird. Weil er dann seinen Preis nicht mehr von uns fordern kann, versucht er unter allen Umständen das laute, namentliche Sündenbekenntnis zu verhindern. Er will es nicht soweit kommen lassen, daß er seine Gewalt über uns verliert. Hier setzt er alle Mittel ein, um das abzuwenden.

Satan will das Bekenntnis verhindern

Zunächst will uns der Teufel davon abhalten, das Sündenbekenntnis sofort abzulegen. Es gibt ja so viele Gründe, diese unangenehme Sache hinauszuschieben. Wer bekennt schon gerne seine Verfehlungen? „Heute nicht! Morgen ist es besser. Übermorgen habe ich mehr Zeit. Am nächsten Wochenende paßt es mir besser.“ Wir sind zaghaft, unentschlossen, haben keine Lust, verschieben von einem Tag auf den anderen. Das Bekenntnis erscheint uns nach langem Hinausschieben nicht mehr so wichtig; schließlich werden wir abgelenkt, so vieles kommt dazwischen und wir vergessen unser Vorhaben. Damit hat der Teufel einen großen Sieg errungen.

Die lange Bank

Lieber Leser, bekenne deine Sünden schnell, am besten noch heute. Warum willst du länger auf deine Befreiung durch Jesus warten? Du darfst Gott anrufen. Ein Gebetsvorschlag:

„Großer Gott, ich brauche Kraft und Zeit, um Dir mein vollständiges Sündenbekenntnis abzulegen. In Deinem Wort steht das Versprechen: ‚Mir ist gegeben alle Gewalt im Himmel und auf Erden‘. Ich glaube, daß Du mir so viel Kraft und Zeit geben kannst, daß ich Dir meine Sünden vollständig bekennen kann. Erfülle mir diese Bitte jetzt. Ich danke Dir, daß Du mein Gebet erhört hast. Amen.“

Gott schenkt dir Kraft und Zeit

Der Teufel wird uns weiter klarmachen wollen, daß eine „Generalbeichte“ überhaupt nicht notwendig ist. Er gebraucht tolle Argumente: Seine Logik ist zwingend – aber sie steht im Gegensatz zu den Aussagen der Hl. Schrift. Welche Argumente benutzt er?

Die Generalbeichte ist nicht überflüssig

Angenommen, da hat sich ein Herr die Karten gelegt. Er wollte Auskunft über die Zukunft. Eines Tages erkennt er diese Handlung als Sünde. Er hat damit Gott beleidigt, weil er die Hilfe bei seinem Gegenspieler gesucht hat.

Gott weiß doch alles!

Der Herr entschließt sich, diese Sünde Jesus namentlich zu bekennen. Hier kommt jetzt der Teufel mit seinem Argument: „Du sollst Jesus das Kartenlegen als Sünde mit Namen nennen? Das ist überflüssig, Gott ist allwissend! Gott weiß schon lange, daß du die Karten gelegt hast. Du brauchst ihm das nicht noch einmal mit Namen bekennen."

Vom menschlichen Verständnis her ist diese Logik einleuchtend. Gott hat die Dinge jedoch anders angeordnet. Die Aussage im Wort Gottes lautet:

Sünde muß mit Namen bekannt werden

„Wenn wir aber unsere Schuld eingestehen, dürfen wir uns darauf verlassen, daß Gott Wort hält: Er wird uns dann unsere Verfehlungen vergeben und alle Schuld von uns nehmen, die wir auf uns geladen haben."
1. Johannes 1,9

Klar und deutlich lesen wir: „Wenn wir aber unsere Schuld eingestehen ...", d.h. wir müssen die Sünden mit Namen nennen. Hier ist keine Rede davon, daß wir Sünden nicht bekennen brauchen, weil Gott allwissend ist. Die Allwissenheit Gottes hebt das Sündenbekenntnis nicht auf.

Lieber Leser, du darfst dich freuen. Der allwissende Gott kennt dich und deine Situation genauestens, daher teilst du Gott bei deinem Sündenbekenntnis absolut keine Neuigkeiten mit.

Gottes Allwissenheit

„Herr, du durchschaust mich, du kennst mich durch und durch. Ob ich sitze oder stehe, du weißt es, du kennst meine Pläne von ferne. Noch ehe ein Wort mir auf die Zunge kommt, hast du, Herr, es schon gehört. Daß du mich so vollständig kennst, das übersteigt meinen Verstand; es ist mir zu hoch, ich kann es nicht fassen." Psalm 139,1.2.4.6

Ich ermutige dich, nimm die Einladung Jesu an:

Jesus nimmt mir die Last ab

„... Kommt doch zu mir; ich will euch die Last abnehmen! Ich quäle euch nicht und sehe auf keinen herab. Stellt euch unter meine Leitung und lernt bei mir; dann findet euer Leben Erfüllung. Was ich anordne ist gut für euch, und was ich euch zu tragen gebe, ist keine Last." Matthäus 11,28-30

Bekenntnisse beleidigen Gott nicht

Der Teufel versucht es mit einem weiteren Argument:
„Du hast die Karten gelegt. Du hast Gott beleidigt! Wenn du Gott schon mit dem Kartenlegen beleidigt hast, und du bekennst ihm das, dann beleidigst du ihn ja noch einmal. Das darfst du Gott nicht antun!" Natürlich geht es dem Teufel nur darum, das namentliche Sündenbekenntnis zu verhindern. Gott hat die Dinge jedoch anders geordnet. Ein äußerst wichtiger Hinweis Gottes lautet:

Keine Verheimlichung

„Wer seine Verfehlungen verheimlichen will, dem gelingt nichts; wer sein Unrecht bekennt und aufgibt, der findet Gottes Erbarmen."
Sprichwörter 28,13

Die Lebensübergabe an Jesus ist die beste Entscheidung

Wenn wir Jesus Christus unsere Sünden mit Namen bekannt haben, wurde das „Sündengeheimnis" gebrochen. Jede bekannte Sünde leert unser Inneres. Haben wir unsere bewußten Sünden vollständig bekannt, wurden wir völlig leer. Jetzt sind wir offen für Gott. Wir können Jesus einladen, in unser Leben einzutreten.

Das leere Herz wird gefüllt

Lieber Leser, du kannst die beste Entscheidung deines Lebens treffen. Öffne dein Leben für Jesus. Übergib ihm die Herrschaft. Er ist der beste Herr! Er ist der Sieger und schenkt dir bei seinem zweiten Kommen auch noch das „ewige Leben". Du darfst eine Ewigkeit in der Gegenwart Gottes leben. Du bist nicht mehr dem Todesgesetz unterworfen, du lebst ohne Leid, Kummer und Krankheit – und dieses Leben endet nie mehr.

Jesus ist der beste Herr

Die Aussagen Gottes dazu lauten:

„Gott liebte die Menschen so sehr, daß er seinen einzigen Sohn hergab. Nun wird jeder, der sein Vertrauen auf den Sohn Gottes setzt, nicht zugrunde gehen, sondern ewig leben. Gott sandte ihn nicht in die Welt, um die Menschen zu verurteilen, sondern um sie zu retten. Wer sich auf den Sohn Gottes verläßt, der wird nicht verurteilt. Wer sich aber nicht auf ihn verläßt, der ist schon verurteilt, weil er Gottes einzigen Sohn ablehnt. So wird das Urteil vollstreckt: Das Licht ist in die Welt gekommen, aber die Menschen hatten die Dunkelheit lieber als das Licht; denn ihre Taten waren schlecht. Jeder, der Böses tut, haßt das Licht und bleibt im Dunkeln, damit seine schlechten Taten nicht sichtbar werden. Aber wer der Wahrheit gehorcht, kommt zum Licht; denn das Licht macht sichtbar, daß er mit seinen Taten Gott gehorsam war." Johannes 3,16-21

Wer Jesus vertraut erlebt Rettung

Wer Jesus ablehnt, erlebt Verurteilung

„Hört gut zu: Ich stehe vor der Tür und klopfe an. Wenn jemand meine Stimme hört und öffnet, werde ich bei ihm einkehren." Offenbarung 3,20

Gottes Einladung

„Manche aber nahmen ihn auf und schenkten ihm ihr Vertrauen. Ihnen gab er das Recht, Kinder Gottes zu werden." Johannes 1,12

„... Gott hat uns ewiges Leben gegeben, und wir erhalten dieses Leben durch seinen Sohn. Wer den Sohn Gottes hat, der hat das Leben durch seinen Sohn. Wer den Sohn Gottes nicht hat, der hat auch das Leben nicht."
1. Johannes 5,11.12

Mit Jesus: Leben Ohne Jesus: Tod

Lieber Leser, einen Gebetsvorschlag für ein „Übergabegebet" findest du im nächsten Kapitel: **„Der Weg der Befreiung"**.

Jesus Christus ist immer die beste Lebensentscheidung, auch wenn du nie die Hilfe des Teufels in Anspruch genommen hast und daher keinen Preis für seine Hilfeleistung zu zahlen hast. Die Lebensübergabe an Jesus hat große Segensauswirkungen zu deiner Lebzeit und reicht hinein in die Ewigkeit, sie sichert dir das ewige Leben. Lieber Leser, ich ermutige dich: Triff

Die Entscheidung für Jesus: Immer ein Gewinn

in jedem Fall deine bewußte Entscheidung für Jesus, vollziehe eine Lebensübergabe. Jesus wird dich nicht enttäuschen. Jesus liebt dich!

Vertragskündigung

Der „Teufelsvertrag" muß gekündigt werden

Wenn wir auch nur einmal von einem Angebot der „Musterkollektion" des Teufels Gebrauch gemacht haben und seine Hilfe in Anspruch nahmen, besteht zwischen dem Gegenspieler Gottes und uns zwar ein unsichtbarer aber dennoch wirksamer Vertrag. Der Teufel als Vertragspartner hat nur ein Ziel: Der „Lebenskonkurs" des Menschen.

Jesus Christus dagegen ist der beste Vertragspartner:

Jesus: Der beste Vertragspartner

„Gottes Liebe zu uns hat sich darin gezeigt, daß er seinen einzigen Sohn in die Welt sandte. Durch ihn wollte er uns das neue Leben schenken. Das Besondere an dieser Liebe ist: Nicht wir haben Gott geliebt, sondern er hat uns geliebt. Er hat seinen Sohn gesandt, der sich für uns opferte, um unsere Schuld von uns zu nehmen." 1. Johannes 4,9.10

Lieber Leser, kündige noch heute deinen „Teufelsvertrag". Einen Gebetsvorschlag für ein „Allgemeines Absagegebet" und ein „Absagegebet bei Belastungen von den Voreltern her", findest du im letzten Kapitel „Der Weg der Befreiung".

Warum müssen alle okkulten Gegenstände vernichtet werden?

Angriffsflächen für den Teufel

Okkulte Gegenstände bieten dem Teufel jederzeit Angriffsflächen. Entziehe dem Teufel die Möglichkeit, seine Angriffe zu starten und ein Einfallstor zu haben. Es ist unbedingt erforderlich alle okkulten Gegenstände zu vernichten.

Das Verhalten der Christen in Ephesus kann uns hier als Vorbild dienen. Der biblische Bericht lautet:

„Zahlreiche Christen gaben zu, daß sie früher Zauberkünste getrieben hatten. Viele von ihnen brachten ihre Zauberbücher und verbrannten sie öffentlich. Man schätzte, daß die verbrannten Bücher 50.000 Silberstücke wert waren." Apostelgeschichte 19,18.19

Die Aufzählung okkulter Gegenstände gibt einen Überblick und soll als Anhaltspunkt dienen:

Okkulte Gegenstände vernichten

Okkulte und spiritistische Literatur, teuflische Zauberbücher, wie das „6. und 7. Buch Mosis", u. a., Traumbücher, okkulte Darstellungen und Bilder, Schutzbriefe, Himmelsbriefe, Brandbriefe, Kettenbriefe, Blutsverschreibungen, Horoskope, Spielkarten, Psychographen (Ouijaboard), Kristallkugeln, Pendel und Wünschelrute, Amulette und Talismane, Schutzzeichen – alle Gegenstände, die okkult benutzt werden. Überprüfe deine Schränke und vernichte diese Dinge.

Trenne dich von allen Personen, die sich okkult betätigen. Vermeide okkulte und spiritistische Kontakte jeder Art.

Keine Kontakte

Wie praktiziert man die tägliche Verbindung mit Gott

Wenn Jesus Christus unser „Vertragspartner" geworden ist, wird sich unser Leben grundlegend und positiv verändern. Wie verkehren Vertragspartner miteinander? Sie sprechen miteinander, legen gemeinsame Pläne, informieren sich gegenseitig und halten ständig die Verbindung untereinander. Wir wären oberflächliche Vertragspartner, wenn wir Jesus unser „Ja-Wort" gegeben haben und wollten hinterher nichts mehr mit ihm zu tun haben.

Kommunikation ist wichtig

Lieber Leser, halte täglich die Verbindung mit Jesus aufrecht.

Das **Lebens-ABC** wird dir eine Hilfe sein:

A – Alle Tage das Wort Gottes lesen.
B – Bete. Nimm dir Zeit zum täglichen Gespräch mit Gott.
C – Christliche Gemeinschaft.
Suche und pflege Gemeinschaft mit gläubigen Menschen.

Das christliche ABC

Bibellesen, Gebet und die christliche Gemeinschaft sind lebenswichtig.

Ich ermutige dich: Nimm dir täglich Zeit, einen Abschnitt in der Bibel zu lesen. Durch die Aussagen der Bibel lernst du Gott und Sein Hilfsangebot besser kennen. Gott zeigt dir, was Ihm nicht gefällt und was Sünde ist. Du lernst Jesus kennen, der für deine Sünden gestorben ist. Jesus ist dein bestes Vorbild. Du erhältst praktische Lebensanleitung und nimmst die Gedanken Gottes in dir auf, sie geben dir göttliche Impulse. Dein Leben verändert sich zum Guten. Für das tägliche Bibellesen gibt es keinen Ersatz.

Alle Tage die Bibel lesen

Wenn du täglich einen Abschnitt in der Bibel, dem Wort Gottes, lesen willst, hast du mehrere Möglichkeiten:
Du kannst eine moderne Bibelübersetzung lesen, die das Wort Gottes in heutigem, modernen Deutsch bringt. Diese Bibelausgabe ist dann eine Hilfe, wenn man zu biblischen Aussagen noch keine große Beziehung hat und biblische Formulierungen in moderner Sprache kennen lernen will. Hier sind die Angaben:

Der Titel: „Die Bibel in heutigem Deutsch - Die Gute Nachricht des Alten und Neuen Testaments", Verlag: Deutsche Bibelgesellschaft Stuttgart. Es ist eine gemeinsame Bibelübersetzung im Auftrag und in Verantwortung von: Deutsche Bibelgesellschaft (Evangelisches Bibelwerk). Katholisches Bibelwerk e. V. Stuttgart. Österreichische Bibelgesellschaft. Österreichisches Katholisches Bibelwerk. Schweizerische Bibelgesellschaft. Schweizerisches Katholisches Bibelwerk.

Die Bibel in heutigem Deutsch

Wenn du einmal die ganze Bibel durchlesen willst, gibt es eine Bibel, die für jeden Tag einen Abschnitt aus dem Alten Testament, einen Abschnitt aus

Die Jahresbibel

dem Neuen Testament, und jeweils einen Abschnitt aus den Psalmen und den Sprüchen nach Datum geordnet hat. Man kann an jedem beliebigen Tag mit Lesen beginnen und hat innerhalb eines Jahres die Bibel vollständig durchgelesen.

In 365 Tagen durch die Bibel – Bete täglich

Der Titel: „Die Jahresbibel. In 365 Tagen durch die Heilige Schrift". Nach der Übersetzung Martin Luthers. Verlag: Deutsche Bibelgesellschaft Stuttgart, Hänssler-Verlag Neuhausen-Stuttgart. Beide Bibeln sind in jeder Buchhandlung erhältlich oder können dort bestellt werden.

Lieber Leser, ich ermutige dich: Bete täglich! Sprich mit Jesus wie mit deinem besten Freund. Sage Ihm, was dein Herz bewegt. Jesus hat immer Zeit für dich – nimm dir täglich Zeit für Ihn und sprich mit Ihm.

Ein Gebetsvorschlag für ein kurzes Gebet:

Ein Kurzgebet

„Herr Jesus Christus, zeige mir, wer ich bin, und dann zeige mir welche Hilfe Du mir schenkst. Schenke mir heute Deinen Sieg. Stärke mir das Vertrauen zu Dir. Für Deinen sichtbaren Beistand und für Deine Liebe danke ich Dir. Amen."

Christliche Gemeinschaft

Geistliche Betreuung ist wichtig

Lieber Leser, die christliche Gemeinschaft mit wiedergeborenen Christen ist lebenswichtig. Wenn du in Gottes Nachfolge Hilfestellung brauchst, wirst du sie bei gläubigen Menschen finden. Wenn es dem Teufel gelingt, dich zu isolieren, wirst du Niederlagen erleben. Schließe dich einem bibelorientierten Hauskreis oder einer bibelorientierten Gemeinde (Kirche) an. Hier bekommst du die notwendige geistliche Betreuung und Unterstützung, die du noch über eine bestimmte Wegstrecke brauchst. Im Hauskreis kannst du in vertrauensvoller Atmosphäre deine Nöte äußern und von erfahrenen, gläubigen Menschen Zuspruch, Gebetsunterstützung und praktische Hilfe erhalten. Wenn du den Namen Jesu als Folge okkulter Belastung nicht aussprechen kannst, suche Hilfe bei einem christlichen Gebetskreis.

Antwort auf wichtige Fragen:
Genügt es, wenn man die okkulte Betätigung aufgibt und die Hilfe des Teufels nicht mehr in Anspruch nimmt?

Der Teufel gibt nicht so schnell auf

Wenn wir uns vom Teufel abwenden, kehrt uns der Teufel deswegen noch lange nicht den Rücken. Wenn der Gegenspieler Gottes auch nur das kleinste Anrecht hat, wird er weiterhin in unserem Leben seinen Preis fordern. Nur die Befreiung durch Jesus Christus hebt den „Teufelspreis" auf. Wenn wir wirklich frei werden wollen, müssen wir den „Weg der Befreiung" gehen.

Werden bei der Wiedergeburt nicht auch die okkulten Praktiken durch Jesus Christus vergeben?

Sünde wird nicht

Jesus Christus hat alle Sünden aller Menschen, rückwirkend und vorausschauend, vollständig vergeben. Der Sohn Gottes muß nicht ständig sterben, um Vergebung der Sünden zu erwirken. Sünden werden jedoch nicht automatisch vergeben. Erst wenn wir unsere Sünden Jesus Christus bekennen, d. h. mit Namen nennen, stellen wir uns bewußt unter seine göttliche Vergebung.

automatisch abgebucht

Es ist für uns schockierend und heilsam, die Sünde mit den Augen Jesu zu sehen, denn unsere Sünden haben ihm das Leben gekostet. Jesus erwartet von uns auch, daß wir erkanntes Unrecht, soweit Menschen davon in Mitleidenschaft gezogen sind, in Ordnung bringen. Noch einmal: Sünde wird nicht automatisch vergeben. Wir müssen Jesus Christus unsere Sünden bekennen und begangenes Unrecht in Ordnung bringen. Das ist ein harter Weg, aber Gott gibt uns dazu seine Kraft. Wir dürfen seine Kraft auch für diese Situationen in Anspruch nehmen.

Sünde mit den Augen Jesu sehen

Unrecht in Ordnung bringen

Wenn ich noch als wiedergeborener Christ unter den Preisforderungen Satans leiden muß, bedeutet dies, daß ich dann das ewige Leben verliere?

Die biblische Aussage lautet klar und eindeutig:

„Wer den Sohn Gottes hat, der hat das Leben. Wer aber den Sohn Gottes nicht hat, der hat auch das Leben nicht.“ 1. Johannes 5,12

Entscheide dich für Jesus: Du wirst ewig leben

Wenn wir Jesus Christus unser Leben übergeben haben, dann sind wir Kinder Gottes.

„Manche aber nahmen ihn auf und schenkten ihm ihr Vertrauen. Ihnen gab er das Recht, Kinder Gottes zu werden.“ Johannes 1,12

Als Kinder Gottes erhalten wir, wenn wir Jesus bis zu unserem Lebensende die Treue halten, das „ewige Leben“. Das kann der Teufel nicht verhindern.

Der Teufel kann allerdings auch wiedergeborenen Christen das Leben schwer machen. Er bringt es fertig, daß wir abgekämpft ins Grab sinken – aber das „ewige Leben“ ist ein Geschenk Gottes, das uns der Teufel nicht streitig machen kann. Wer den **„Weg der Befreiung“** geht, erlebt die Befreiung und kann seinen Lebensweg ohne „Teufelsbelastung“ fröhlich gehen. Wir können den Weg der Befreiung vor oder nach der Wiedergeburt gehen, wir werden in jedem Fall frei. Der Unterschied liegt nur darin, je eher ich mich von Jesus befreien lasse, desto weniger kann der Teufel in meinem Leben seine Preise fordern.

Ein lebenslanger Kampf ist nicht notwendig

Welche Nachforschungen sind notwendig, wenn man keine Information darüber besitzt, ob sich die Vorfahren okkult betätigt haben?

Die Vorfahren, die hier eine Rolle spielen, reichen zurück bis zu den Urgroßeltern. Die wenigsten Menschen können mit Sicherheit in Erfahrung bringen, welche okkulten Praktiken die Vorfahren benutzt haben.

Belastung u. U. noch von den Urgroßeltern

In jedem Fall: Vertragskündigung

Liegt eine okkulte Betätigung bei den Vorfahren vor, sollte in jedem Fall der Vertrag, den die Vorfahren mit dem Teufel geschlossen haben, gekündigt werden. Wer auch hier den **„Weg der Befreiung"** geht, wird von allen Belastungen frei.

Auf Nummer Sicher gehen

Ein gläubiger Herr sagte mir: „Ich kann nicht feststellen, was meine Vorfahren alles praktiziert haben. Ich bin auf jeden Fall belastet und will frei werden. Ich werde mich absichern. Ich gehe den **„Weg der Befreiung"** und werde dort alle Gebetsvorschläge laut beten. Ich will, daß Jesus Christus der Sieger in meinem Leben ist, ich will alles tun, damit die Macht des Teufels in meinem Leben gebrochen wird. Der Weg der Befreiung kostet ja kein Geld. Gottes Vergebung und Hilfe gibt es umsonst, darüber freue ich mich und ich bin Gott für seine Hilfe sehr dankbar." Gott hat diesem Herrn, wie schon vielen anderen, die volle Befreiung geschenkt.

Was muß man tun, wenn man rückfällig wird?

Neue Sünden bekennen

Neues Absagegebet

Sollte man sich an Sünden erinnern, die Jesus noch nie laut bekannt wurden, oder gibt es Sünden, die in der Zwischenzeit geschehen sind, müssen diese neuen Sünden Jesus ebenfalls namentlich bekannt werden. Der Teufel macht hier sofort seinen Anspruch geltend und versucht erneut seinen Preis zu fordern. Daher ist es notwendig, erneut das Absagegebet zu beten.

Satan ist stark! Jesus ist stärker

Satan ist stark, Jesus Christus ist stärker. Jesus ist der Sieger. Lieber Leser, wenn du dich auf die Seite Jesu stellst, dann stehst du auf der Seite des Siegers.

Abwehrzauber und die Folgen

Eine gläubige Frau im Bayerischen Wald war als Kind von ihrer Mutter unter einer Baumwurzel hindurchgezogen worden. Dieser Schutz- und Abwehrzauber sollte sie vor bösen Einflüssen bewahren. Sie selbst hatte ebenfalls mehrfach die Hilfe des Teufels in Anspruch genommen, ohne sich dabei etwas zu denken oder Böses zu ahnen. Die Folge war, daß sie sehr gequält war, denn der Teufel machte ihr mit seinen Preisforderungen das Leben schwer.

Ich will endlich frei werden

Sie hörte meine Ausführungen über dieses Thema. Anschließend kam sie zur mir und meinte: „Ich will diesen Befreiungsweg gehen. Ich will Jesus eine Generalbeichte ablegen, und ich werde ihm alle meine Sünden bekennen. Ich will endlich frei werden! Der Teufel hat mich lange genug gequält." Noch am selben Tag, bekannte die Frau Jesus alle ihre Sünden. Sie ging dazu in den Wald, kniete sich unter den Bäumen nieder und bekannte Jesus alle ihre Sünden mit Namen. Anschließend betete sie das Absagegebet und übergab ihr Leben Jesus.

Eine positive Lebensveränderung

Später erhielt ich einen Brief von ihr. Sie schilderte, daß in ihrem Leben eine große Veränderung zum Guten vor sich gegangen war. Als sie die Befreiung durch Jesus erlebte, war sie schon über 70 Jahre alt. Sie bedauerte es, daß sie so alt werden mußte, um endlich den Weg der Befreiung zu finden. Sie bedauerte die Jahre ihres Lebens, die angefüllt waren mit

Beschwernis und Belastung. Sie war voller Dank, daß sie durch Jesus Christus endlich die Befreiung gefunden hatte. Sie war überaus glücklich. Ein neues Leben hatte für sie begonnen.

Du kannst heute noch frei werden!

Lieber Leser, wenn du noch jung bist, dann kannst du heute noch frei werden; wenn du die Lebensmitte erreicht hast oder zu den Senioren zählst, es ist nicht zu spät. Ich bete darum, daß du heute noch das Angebot Gottes annimmst. Jesus wartet auf dich! Jesus liebt dich! Jesus hilft dir! – Er kann dir sofort helfen! Warum willst du noch länger warten?

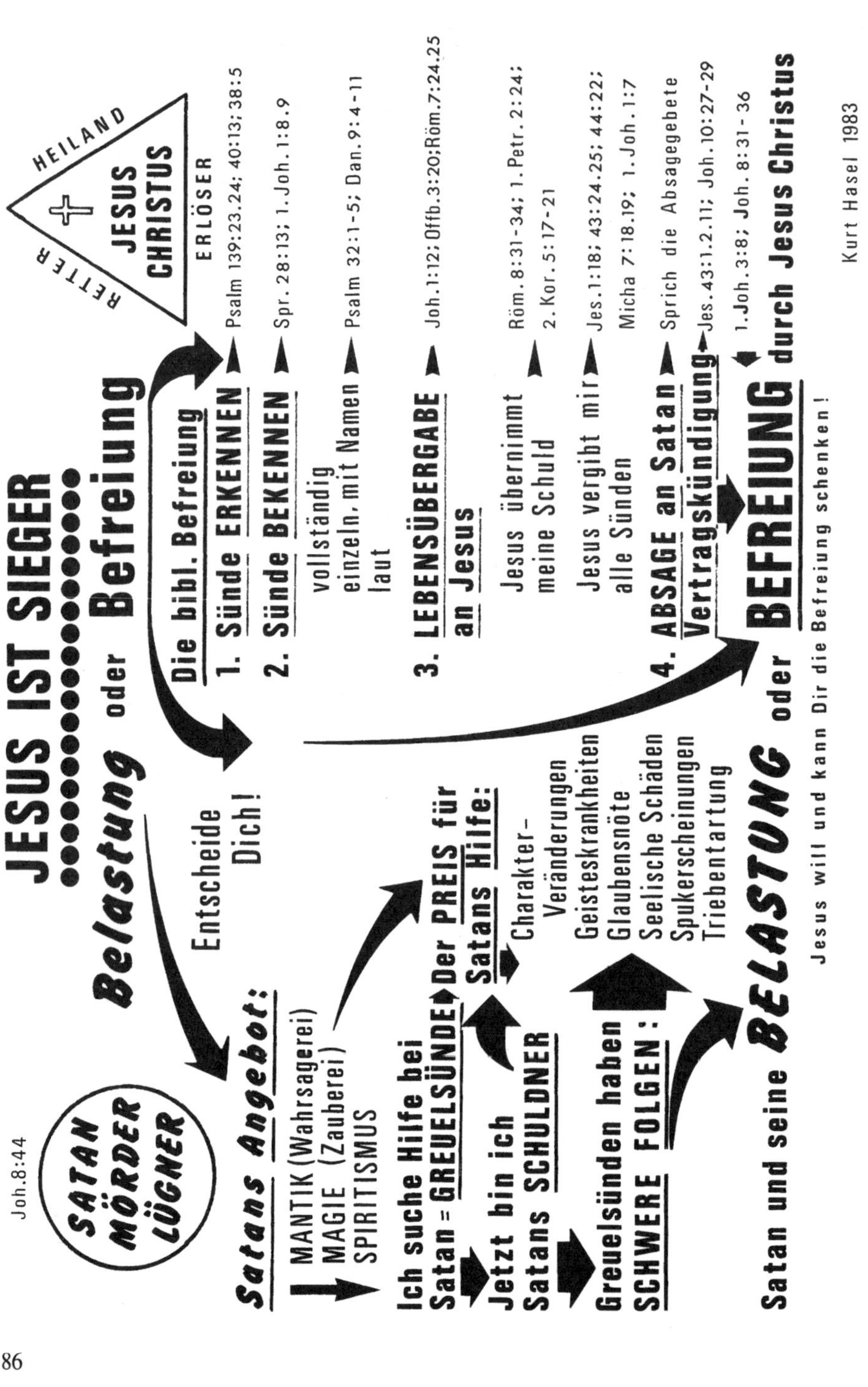
JESUS IST SIEGER
Belastung oder Befreiung
Joh. 8:44
SATAN MÖRDER LÜGNER
Entscheide Dich!
Satans Angebot:
MANTIK (Wahrsagerei)
MAGIE (Zauberei)
SPIRITISMUS
Ich suche Hilfe bei Satan = GREUELSÜNDE
Der PREIS für Satans Hilfe:
Jetzt bin ich Satans SCHULDNER
Charakter-Veränderungen
Geisteskrankheiten
Glaubensnöte
Seelische Schäden
Spukerscheinungen
Triebentartung
Greuelsünden haben SCHWERE FOLGEN:
Satan und seine BELASTUNG oder BEFREIUNG durch Jesus Christus
Jesus will und kann Dir die Befreiung schenken!
Die bibl. Befreiung
1. Sünde ERKENNEN
Psalm 139:23.24; 40:13; 38:5
2. Sünde BEKENNEN
Spr. 28:13; 1. Joh. 1:8.9
vollständig einzeln, mit Namen laut
Psalm 32:1-5; Dan. 9:4-11
3. LEBENSÜBERGABE an Jesus
Joh. 1:12; Offb. 3:20; Röm. 7:24.25
Jesus übernimmt meine Schuld
Röm. 8:31-34; 1. Petr. 2:24; 2. Kor. 5:17-21
Jesus vergibt mir alle Sünden
Jes. 1:18; 43:24.25; 44:22; Micha 7:18.19; 1. Joh. 1:7
4. ABSAGE an Satan
Sprich die Absagegebete
Vertragskündigung
Jes. 43:1.2.11; Joh. 10:27-29
1. Joh. 3:8; Joh. 8:31-36
HEILAND
RETTER
ERLÖSER
JESUS CHRISTUS
Kurt Hasel 1983

Der Weg der Befreiung

Wie werde ich von allen Belastungen frei?

Eine „GUTE NACHRICHT“ – Lebenswichtige Tatsachen:

Die Befreiung durch JESUS CHRISTUS: JESUS IST SIEGER!

JESUS liebt mich!
JESUS haßt meine Sünde.
JESUS hat den Preis für meine Sünde mit seinem Leben bezahlt.
JESUS hat durch Seinen Tod für alle Sünden volle Vergebung erwirkt. (Epheser 1,7.8)
JESUS bietet Seine vollständige Vergebung jedem Menschen als Geschenk an. (Römer 3,23.24)
JESUS vergibt nicht automatisch. Ich muß diese Vergebung persönlich an nehmen.

I. Warum ist das namentliche Sündenbekenntnis so wichtig?

Durch mein namentliches Sündenbekenntnis Jesus gegenüber, bringe ich zum Ausdruck:

1. Meine Erkenntnis:
Gott ist heilig.
Keine Sünde kann in seiner Gegenwart existieren.
Sünde trennt mich von Gott und von den Menschen.
Sünde ist ein „Majestätsverbrechen“.
Sünde ist Rebellion gegen Gott.

2. Meine Selbsterkenntnis:
Ich habe verkehrt gehandelt.
Ich bin ein Sünder.
Meine Sünde trennt mich von Gott.
Meine Sünde ist keine Kleinigkeit.
Ich bin mitschuldig am Tode Jesu.
Ich sehe jetzt meine Sünde mit den Augen Jesu.
Ich kann meine Sünde nicht wegdiskutieren.
Ich kann mich von meiner Sünde nicht befreien.
Als Sünder habe ich den Tod verdient (Römer 6,23).
Ich bin ein Todeskandidat.
Nur Jesus kann mich von der Todesstrafe retten.

3. Meine Bereitschaft
Ich komme jetzt als Sünder zu Jesus.
Ich melde meine Sünde Jesus.

Ich lege durch mein namentliches Sündenbekenntnis Jesus meine Sünden zu Füßen, dort ist meine Sünde besser aufgehoben, als in meinem Herzen.

4. **Mein Bekenntnis**
   Jede Sünde will im Verborgenen bleiben.
   Jede Sünde bildet in meinem Leben ein Sündengeheimnis.
   Durch mein namentliches Sündenbekenntnis wird mein Sündengeheimnis gebrochen (Sprüche 28,13).
   Mein namentliches Sündenbekenntnis ist meine Schadensmeldung mit einzelner Aufzählung.
   Wenn ich den Mut hatte, Sünden zu begehen, muß ich auch den Mut haben, Sünden zu bekennen.

5. **Mein Eingeständnis:**
   Durch mein namentliches Sündenbekenntnis reiße ich mir selbst die Maske vom Gesicht.
   Ich kann Jesus und anderen Menschen gegenüber nicht mehr sagen: „Ich bin ein anständiger Mensch!"

6. **Mein Entschluß:**
   Jesus hat durch Sein Leben und Seinen Tod am Kreuz die vollkommene Leistung vollbracht.
   Ich kann mir durch eigene Leistung keine Vergebung und Erlösung verdienen.
   Ich bin bereit, mein mangelhaftes und unvollkommenes Leistungsprinzip aufzugeben.
   Jesu Vergebung ist ein Geschenk.
   Ich nehme das Vergebungsgeschenk von Jesus an.
   Durch mein namentliches Sündenbekenntnis stelle ich mich bewußt unter die vollzogene Vergebung.

7. **Mein Dank:**
   Durch den Tod Jesu am Kreuz und Sein dort vergossenes Blut sind auch mir alle meine Sünden der Vergangenheit, Gegenwart und Zukunft vollständig vergeben (1. Johannes 2,1.2.12).
   Die Sündenvergebung, die durch das vergossene Blut Jesu erwirkt wurde, ist eine Tatsache, ganz gleich, ob ich das fühle oder nicht.

II. Wie praktiziert man das namentliche Sündenbekenntnis:

Nimm eine Bibel und lies die 10 Gebote in 2. Mose 20,1-17; siehe Anhang Seite 143.
Nimm ein Blatt Papier und einen Kugelschreiber.
Bitte Gott, dir bei jedem Gebot zu zeigen, wie du es übertreten hast.
Schreibe die Sünden auf, an die der Heilige Geist dich erinnert.
Versuche nicht, selbst krampfhaft Sünden zu entdecken.
Eine Sünde, die du Jesus einmal laut mit Namen bekannt hast, braucht nicht mehr bekannt zu werden.

Hast du Menschen Schaden zugefügt oder ist etwas in Ordnung zu bringen, soll Sünde nur dort bekannt werden, wo sie geschehen ist, andere Menschen geht dein Fehlverhalten nichts an.
Bitte Gott um Kraft, damit du, wo es notwendig ist, Dinge in Ordnung bringen kannst. (Hesekiel 33,14-16)

Bringe alles in Ordnung und versöhne dich, sobald du die Gelegenheit dazu hast.
In jedem Fall: Zuerst das namentliche Sündenbekenntnis. Bitte Gott, daß Er dir dazu die Kraft gibt. Bekenne deine Sünden einzeln und laut.
Wenn du Jesus alle dir bewußten Sünden einzeln genannt hast, schreibe über das Blatt Papier: „Jesus hat mir alle Sünden vergeben."
Vernichte dieses Blatt. Deine Sünden gehen niemanden etwas an.
Wenn du eine Greuelsünde begangen hast, oder deine Vorfahren (5. Mose 18,9-14), ob wissentlich oder unwissentlich, dann sprich ein Absagegebet.
Für die verschiedenen Situationen findest du einige Gebetsvorschläge.
Wenn dir nachträglich eine Sünde einfällt, die du nicht mit Namen bekannt hast, oder hast du eine neue Sünde begangen, bekenne die Sünde sofort mit Namen.

III. Die GUTE NACHRICHT

JESUS CHRISTUS will und kann die Macht Satans im Leben eines jeden Menschen zerstören, der bereit ist, drei wichtige Schritte in seinem Leben zu gehen:

1. **Lege Jesus gegenüber ein vollständiges Sündenbekenntnis aller deiner dir bekannten Sünden ab. Bekenne deine Sünden einzeln mit Namen und bekenne sie laut.**
2. **Vertraue dein Leben Jesus an und vollziehe eine Übergabe, dann bist du ein Kind Gottes** (Johannes 1,12). Jesus Christus will der alleinige Herr in deinem Leben sein. Jesus Christus ist der beste Herr.
3. **Kündige als Kind Gottes, im Namen Jesu, den Vertrag mit dem Teufel.**

Freue Dich!

JESUS liebt Dich!

Jesus hat durch Seinen Kreuzestod und durch Seine Auferstehung den Sieg über Sünde und Satan errungen.

JESUS liebt Dich!

Jesus ist der Sieger. Er will dir als der große Sieger jeden Tag die versprochenen Siege schenken, die du in deiner Lebenslage brauchst.

JESUS liebt Dich!

Jesus will dir ein neues Leben schenken. Jesus will dir dieses neue Leben durch seine Gotteskraft schenken. Du kannst in der Kraft Gottes ein siegreiches und ein gehorsames Leben führen.

Lebenshilfe durch das Lebens-ABC

A – Alle Tage das Wort Gottes lesen.

Nimm dir täglich Zeit zum Bibellesen. Die Bibel ist Gottes Liebesbrief an dich, seine guten Botschaften verändern dein Leben.

B – Bete.

Nimm dir Zeit zum täglichen Gespräch mit Gott. Sprich mit Jesus wie mit deinem besten Freund. Sage ihm alles, was dein Herz bewegt.

C – Christliche Gemeinschaft.

Suche und pflege Gemeinschaft mit gläubigen Menschen. Geistliche Unterstützung und Betreuung sind für dich wichtig. Schließe dich einem bibelorientierten Hauskreis oder einer bibelorientierten Gemeinde (Kirche) an.

IV. Gebetsvorschläge für verschiedene Anliegen

1. Sündenbekenntnis-Gebet

Schlage deine Bibel auf und lies folgende Texte:
1. Johannes 1,7.9; Psalm 32; Psalm 90,8; Psalm 51; Sprüche 28,13

Bekenne Jesus jede bewußte Sünde deines Lebens einzeln und laut mit Namen. Wenn du Jesus alle deine Sünden bekannt hast, kannst du laut beten:

Ein Gebetsvorschlag:

„HERR JESUS CHRISTUS, ich habe Dir meine Sünden mit Namen bekannt. Ich habe Dir auch meine okkulten Sünden mit Namen bekannt; sie sind in Deinen Augen ein Greuel. Du bist für alle diese Sünden gestorben. Ich danke Dir für die Vergebung und Reinigung durch Dein Blut. Schenke mir die Gewißheit, daß Du mir durch Dein Blut alle Sünden vollkommen vergeben hast. Du versprichst in Deinem Wort: ‚Das Blut Jesu Christi, seines Sohnes, macht uns rein von aller Sünde. Wenn wir aber unsere Sünden bekennen, so ist er treu und gerecht, daß er uns die Sünden vergibt und reinigt uns von aller Untugend.‘ (1. Joh. 1,7.9)

Ich glaube, daß Dein Versprechen Wahrheit ist. Ich glaube, daß Du HERR JESUS die Vergebungsgewißheit schenken kannst und ich danke Dir, daß Du mir diese Vergebungsgewißheit geschenkt hast.

Schenke mir jeden Tag die Freudigkeit, Deinen Willen zu erkennen und auszuleben, damit ich Dich durch meinen Lebenswandel ehre. Du hast in Deinem Wort versprochen: ‚Denn Gott ist's, der in euch wirkt beides, das Wollen und das Vollbringen, zu seinem Wohlgefallen.‘ (Philipper 2,13) *Ich glaube, daß Du mir das Wollen und Vollbringen und auch die Freudigkeit zu einem Leben nach Deinem Willen schenken kannst. Mache Deine Verheißung in meinem Leben wahr. Im Glauben danke ich Dir, daß Du mich erhört hast.*

Zeige mir auch die unerkannten Sünden in meinem Leben. Schenke mir eine tiefere Sünden- und Selbsterkenntnis und ein feines Gewissen vor Dir und den Menschen. Du hast in Deinem Wort versprochen:

,Wenn aber jener, der Geist der Wahrheit kommen wird, der wird euch in alle Wahrheit leiten.' (Johannes 16,13) *Ich glaube, daß Dein Heiliger Geist mir die Augen über mich selbst öffnen kann und daß ich so eine größere Sünden- und Selbsterkenntnis, wie auch ein feines Gewissen erhalte. Bitte mache dies in meinem Leben zur Wirklichkeit. Im Glauben danke ich Dir, daß Du mir diese Bitte erhört hast.*

Im Namen JESU CHRISTI sage ich mich los von allen Mächten der Unreinheit und jeder Sucht, ich sage mich los von der Macht des Mordens (auch Abtreibung), der Macht der Gewalttat, der Macht der Lüge (auch Meineid), von allen Mächten, die hinter dem Kartenspiel und der Spielleidenschaft stehen.

HERR JESUS CHRISTUS, Du hast in Deinem Wort versprochen:

,Dazu ist erschienen der Sohn Gottes, daß er die Werke des Teufels zerstöre.' (1. Johannes 3,8) *Ich bitte Dich, verschließe in meinem Leben jeden dämonischen Eingang, der durch mein Verhalten entstanden ist. Schließe in meinem Leben für immer die Einfallstore Satans. Entmachte in meinem Leben den Teufel und zerstöre seine Werke in mir. HERR JESUS CHRISTUS, Du bist der Sohn Gottes, ich glaube, daß Du die Macht hast, in meinem Leben die Einfallstore und die Werke des Teufels zu schließen und zu zerstören. Ich danke Dir, daß Du jetzt der Sieger in meinem Leben bist und der Teufel keine Macht mehr über mein Leben hat. Amen."*

2. Übergabe-Gebet

Ein Gebetsvorschlag:

„HERR JESUS CHRISTUS, ich bekenne Dir: Ich bin ein Sünder. Als Sünder habe ich die ewige Todesstrafe verdient. In Deiner großen Liebe hast Du die Strafe für meine Sünden mit Deinem Blut bezahlt. An meiner Stelle bist Du für mich in den Tod gegangen. Durch Deinen stellvertretenden Tod hast Du mich mit Gott versöhnt. Ich danke Dir für Deine große Liebe. Ich danke Dir für dieses wunderbare Geschenk.

HERR JESUS CHRISTUS, bis zum heutigen Tag war ich mein eigener Herr, aber von jetzt an sollst Du der Herr meines Lebens sein. Ich will Dir dienen und Dir nachfolgen. Ich übergebe Dir meinen Verstand, meinen Willen, meine Gefühle, meinen Leib, meine Fähigkeiten, meine Zeit, mein Geld, meine Zukunft und mein Leben. Alles lege ich in Deine Hände. Ich bitte Dich, gebrauche alles zu Deiner Ehre und zum Segen für meine Mitmenschen. Mache nach Deinem göttlichen Wohlgefallen und Ratschluß aus allem das Beste.

Du sagst: ,Sorgt euch zuerst darum, daß ihr euch seiner Herrschaft unterstellt und tut, was er verlangt, dann wird er euch schon mit allem anderen versorgen.' (Matthäus 6,33) *Ich glaube dieser Deiner Zusage, Du wirst sie einhalten. Im Glauben danke ich Dir, daß Du Dein Versprechen in meinem Leben eingehalten hast.*

Ich will Dein Kind sein und Dir gehören. Du hast in Deinem Wort versprochen: ,Wie viele ihn aber aufnahmen, denen gab er Macht, Got-

tes Kinder zu werden, die an seinen Namen glauben.‘ (Johannes 1,12) *Ich glaube, daß ich durch diese Übergabe Dein Kind werde und im Glauben danke ich Dir, daß ich jetzt Dein Kind geworden bin. Amen.“*

3. Allgemeines Absagegebet

Schlage deine Bibel auf und lies folgende Aussagen:

Lukas 1,68.74.75; Epheser 1,7; Kolosser 1,13.14; Apostelgeschichte 26,17.18; 1. Petrus 1,18.19; 1. Thessalonicher 1,9; 1. Johannes 3,8.

Ein Gebetsvorschlag:

„HERR JESUS CHRISTUS, ich stelle mich unter Dein kostbares Blut und unter Deinen göttlichen Schutz.

HERR JESUS CHRISTUS, in Deinem Namen sage ich mich los vom Teufel und allen seinen finsteren Werken, seinem bösen Wesen und seinen dämonischen Mächten. Ich will nichts mehr mit den finsteren und dämonischen Mächten des Teufels zu tun haben. Sollte ein Bann auf mir liegen, weil ich einmal verflucht wurde, so hebe Du, HERR JESUS CHRISTUS als Sohn Gottes, diesen Bannfluch in meinem Leben auf. Nimm Satan jedes Anrecht auf mein Leben weg.

Bitte reinige und schütze durch Dein Blut das ganze Haus, die ganze Wohnung und jedes Zimmer. Gebiete Du selber allen Mächten der Finsternis, daß sie diese Orte (Hof, Haus, Zimmer usw.) verlassen müssen, dorthin, wohin Du es willst.

HERR JESUS CHRISTUS, hindere die Mächte der Finsternis daran, daß sie wieder zurückkehren. HERR JESUS, fülle Du das Haus (Zimmer usw.) mit Deiner Gegenwart und sei Du der alleinige Herr und Herrscher. Beschütze mich mit Deiner starken Hand von allen Seiten, bei Tag und Nacht.

In Deinem Wort steht das Versprechen: ‚Mir ist gegeben alle Gewalt im Himmel und auf Erden.‘ (Matthäus 28,18)

Ich glaube, daß Du allmächtig bist. Ich glaube, daß Du die Vollmacht hast, dem Teufel zu gebieten. Du allein kannst ihn aus meinem Leben verbannen und ihm den Zutritt verwehren. Ich danke Dir dafür, daß dies jetzt Wirklichkeit geworden ist.

Du hast auch das andere Versprechen gegeben:

‚Dazu ist erschienen der Sohn Gottes, daß er die Werke des Teufels zerstöre.‘ (1. Johannes 3,8)

HERR JESUS CHRISTUS, ich vertraue Dir, daß Du das auch in meinem Leben tun kannst. Schenke Du diese versprochenen Siege und sei Du der Sieger in meinem Leben. Im Glauben danke ich Dir dafür, daß du die Werke des Teufels jetzt in meinem Leben zerstört hast.

HERR JESUS CHRISTUS, ich übergebe Dir mein Leben mit allem was ich bin und habe. Ich will Dein Gotteskind sein, für Zeit und Ewigkeit. Du sollst der alleinige HERR in meinem Leben sein. Ich danke Dir, daß mich Deine siegreiche Herrschaft immer in meinem Leben begleitet. Amen.“

4. Absage-Gebet bei Belastung von den Voreltern her

Ein sehr wichtiger Sachverhalt:
Wenn einer deiner Vorfahren, zurückreichend bis zu den Urgroßeltern, eine Greuelsünde begangen hat (5. Mose 18,9-14) und etwas praktiziert hat, das zu dem okkulten Bereich gehört, wurde die Hilfe des Teufels in Anspruch genommen. Damit wurde ein Vertrag mit dem Teufel geschlossen. Für die Inanspruchnahme der „Teufelshilfe" muß jeder an Satan einen Preis bezahlen. Zusätzlich hat der Teufel noch die Handhabe, auch von den Nachkommen – bis in die 4. Generation - einen Preis zu fordern und ihnen Schaden zuzufügen.

Es besteht eine große Wahrscheinlichkeit, daß der Teufel auch in deinem Leben einen schädigenden Preis fordern kann, weil möglicherweise einer deiner Vorfahren, bis in die 4. Generation zurück, einmal die Hilfe des Teufels in Anspruch genommen hat.
Deine Vorfahren, zurückreichend bis in die 4. Generation, das sind immerhin 14 Personen. Kannst du mit Sicherheit sagen, daß keiner deiner Vorfahren eine Greuelsünde begangen hat?
Wenn auch nur einer deiner 14 Vorfahren eine einzige Greuelsünde begangen hat, kann das möglicherweise der Grund dafür sein, warum der Teufel dir noch das Leben schwer macht und du unter einer „Belastung" leidest.

Die GUTE NACHRICHT:

Gott hat die Preisforderungsmöglichkeit des Teufels bis zu den Urenkeln begrenzt. (4. Mose 14,17.18) Jesus kann dir die Befreiung schenken, selbst wenn du die einzelnen Greuelsünden deiner Vorfahren nicht kennst. Du kannst Jesus im Gebet um Hilfe anrufen. Du kannst dich in deinem Gebet auf das Versprechen Jesu berufen: „Wen der Sohn frei macht, der ist wirklich frei." (Johannes 8,36) JESUS CHRISTUS will dir die völlige Befreiung schenken und den Teufelspreis in deinem Leben aufheben.

Ein Gebetsvorschlag:

„HERR JESUS CHRISTUS, in Deinem Namen sage ich mich los von jeder Finsternismacht, die durch meine Eltern oder Voreltern auf mich gekommen ist. Wenn meine Eltern oder Voreltern durch Greuelsünden (5. Mose 18,9-14) *die Hilfe des Teufels in Anspruch genommen haben und so bewußt oder unbewußt, mit dem Teufel einen Vertrag abgeschlossen haben, dann kündige ich jetzt diesen Vertrag.*

Falls Dämonen oder unsaubere Geister Macht über mich haben und mich belästigen, so nimm Du HERR JESUS CHRISTUS dem Teufel diese Macht. Gebiete Du ihnen, HERR JESUS CHRISTUS, daß sie ausfahren dorthin, wohin Du es willst, und daß sie nie wieder zurückkehren dürfen.

Du hast versprochen: „Mir ist gegeben alle Gewalt im Himmel und auf Erden." (Matthäus 28,18) *„Dazu ist erschienen der Sohn Gottes, daß er die Werke des Teufels zerstöre."* (1. Johannes 3,8) *„Wenn euch nun der Sohn frei macht, so seid ihr recht frei."* (Johannes 8,36) *HERR JESUS,* *ich glaube Deinen Aussagen. Du allein bist allmächtig. Du allein kannst die Werke des Teufels zerstören. Du allein kannst die Befreiung von Dämonen und unsauberen Geistern bewirken. Befreie Du mich, HERR JESUS, und beschütze mich vor ihnen. Ich danke Dir, daß du alle Finsternismächte und Teufelsgewalt entwaffnet und besiegt hast. Ich danke Dir, daß du jetzt der Sieger in meinem Leben bist.*

HERR JESUS CHRISTUS, ich will mich und mein Leben Dir übergeben. Sei Du der HERR in meinem Leben. Ich will Dein Gotteskind sein für Zeit und Ewigkeit. Du hast ein Versprechen gegeben: ‚Wie viele ihn aber aufnahmen, denen gab er Macht, Gottes Kinder zu werden, die an seinen Namen glauben.‘ (Johannes 1,12)

Ich glaube Deiner Zusage: Ich kann Dein Kind werden, wenn ich an Dich glaube, Dir mein Vertrauen schenke und Dich in mein Leben aufnehme. Ich will Dein Kind sein. Im Glauben danke ich Dir, daß ich jetzt Dein Gotteskind bin. Ich danke Dir, daß mein Leben in Deinen liebevollen Händen völlig geborgen ist. Amen.“

5. Absage-Gebet bei Sünden und Gebundenheit auf okkultem Gebiet

„HERR JESUS CHRISTUS, ich bekenne Dir meine Sünden
(Jede bewußte Sünde laut mit Namen nennen!).
Im Namen JESU CHRISTI, des Sohnes Gottes, sage ich mich los von allen Finsternismächten und Sünden auf dem Gebiet des Aberglaubens, der Zauberei, der Magie, der Wahrsagerei, des Spiritismus und der Satansanbetung, mit denen ich – bewußt oder unbewußt – zu tun gehabt habe. Es tut mir leid, daß ich Dich damit beleidigt habe. Ich bitte Dich, vergib mir diese Sünden.

HERR JESUS CHRISTUS, um Deines vergossenen Blutes willen, mache mich ganz frei von allen Banden und Bindungen durch Aberglaube, Okkultismus, Spiritismus, Satanismus und deren Folgen. Sollten Spiritisten oder andere Werkzeuge der Finsternis Einfluß auf mich ausüben (wollen), – direkt oder indirekt – so gebiete Du, HERR JESUS CHRISTUS, jeder Finsternismacht, deren sie sich bedienen. Befiehl den Finsternismächten, mich loszulassen, mich freizugeben und mich nicht zu quälen.

HERR JESUS CHRISTUS, ich will mich unter Dein kostbares Blut stellen. Beschütze mich mit Deiner starken Hand von allen Seiten bei Tag und Nacht. Ich freue mich über Dein Versprechen: ‚Der Name des HERRN ist eine feste Burg; der Gerechte läuft dorthin und wird beschirmt.‘ (Sprüche 18,10)
Ich glaube, daß Du meine Burg und Zuflucht bist; ich glaube, daß Du mich beschirmen kannst. (Lies Psalm 18,2-4; Psalm 91) *Ich danke Dir, daß Du mein Schirm und meine Hilfe bist.*

Ich danke Dir für das Versprechen:
‚Dazu ist erschienen der Sohn Gottes, daß er die Werke des Teufels zerstöre.‘ (1.Johannes 3,8) *Ich glaube, daß Du das auch in meinem Leben zur Wirklichkeit machen kannst. Ich danke Dir, daß die Zerstörung der*

Teufelswerke durch Deine Allmacht und Liebe jetzt in meinem Leben eine Tatsache ist. Ich danke Dir für den Sieg am Kreuz. (Johannes 19,30)

HERR JESUS CHRISTUS, ich will mich und mein Leben mit allem was ich bin und habe Dir übergeben, und ich will Dein Gotteskind sein, für Zeit und Ewigkeit. Amen."

V. JESUS CHRISTUS ist der GROSSE SIEGER

1. „Wer den Sohn hat, der hat das ewige Leben."

Eine wichtige Frage:

Warum zeigen sich okkulte Belastungen auch noch nach der Wiedergeburt und der Glaubenstaufe?

Viele dieser Menschen, die unter okkulten Belastungen leiden, können nicht verstehen, daß ihre Lebensübergabe an Jesus und die Glaubenstaufe die Belastungen nicht aufgehoben haben. „Warum sind wir nicht frei geworden? Warum werden wir weiter gequält?", so lauten die Fragen. In der Tat, das sind berechtigte und wichtige Fragen.

Viele dieser gequälten Christen schämen sich über ihre Not zu sprechen. Sie fangen an, an der Liebe Gottes zu zweifeln. Sie kommen zu der Schlußfolgerung: Gott hat mich nicht richtig angenommen; ich bin bei Gott nur ein Gotteskind zweiter Klasse. Auf diese berechtigten Fragen gibt es eine Antwort.

Ein wichtiger Sachverhalt:

Ein Beispiel soll veranschaulichen, um welchen Sachverhalt es geht.

Ein berufstätiges Mädchen will sich einen Gebrauchtwagen kaufen. Sie beantragt bei ihrer Bank einen Kredit von 20 000,– EURO. Die monatliche Rückzahlung, einschließlich der Zinsen, wird vereinbart. Sie kauft sich mit dem Geld ein Auto und bezahlt pünktlich die Raten an ihre Bank. Einige Zeit später lernt das Mädchen einen jungen Mann kennen. Es kommt zur Eheschließung. Das Mädchen nimmt den Familiennamen des Mannes an und wechselt auch den Wohnsitz. Bis zu ihrer Trauung hat sie 10 000,– EURO an die Bank zurückgezahlt.

Das Mädchen heiratet; sie nimmt einen anderen Namen an und wechselt den Wohnsitz. Neue Tatsachen liegen vor. Die Bank wird deswegen jedoch nicht auf die Rückzahlung der restlichen Summe verzichten. Ein Kreditvertrag wurde abgeschlossen. Die Bank, als Gläubigerin, stellt nach wie vor ihre Forderungen. Das Mädchen schuldet der Bank immer noch einen Restbetrag. Die Bank wird auch weiterhin auf den monatlichen Zahlungen bestehen, bis die Gesamtsumme, einschließlich der Zinsen, zurückgezahlt ist. Erst, wenn der letzte Betrag beglichen ist, erlischt der Vertrag.

Wenn der Ehemann die Restsumme, die seine Frau der Bank schuldet, bezahlt, dann kann die Bank keine Forderungen mehr stellen. Der Vertrag ist erfüllt.

Lieber Leser, wenn du oder deine Vorfahren einmal die Hilfe des Teufels in Anspruch genommen haben, wurde ein Vertrag mit dem Teufel geschlossen und der Teufel hat ein Recht, seine Preise zu fordern.

Wenn du Christ wirst, wenn du Jesus dein Ja-Wort gibst, wenn du dich taufen läßt, dann bist du ein Kind Gottes – aber das alleine annulliert noch nicht den Vertrag mit dem Teufel. Wir bleiben weiterhin in der Schuld Satans.

Wenn du Jesus bis an dein Lebensende treu bleibst, wird Jesus dir, als seinem Gotteskind, ewiges Leben schenken. Diese Tatsache kann der Teufel nicht verhindern – aber er wird dir auch als Kind Gottes das Leben schwer machen. Nach wie vor kann er seinen Preis von dir fordern. Möglicherweise sinkst du abgekämpft in das Grab.

Satan verliert erst dann die Macht über dein Leben, wenn du bewußt die drei wichtigen Schritte in deinem Leben praktizierst. Du mußt konsequent den Weg der Befreiung mit Jesus gehen.

Du kannst einen vollständigen Befreiungssieg durch Jesus erleben!

JESUS CHRISTUS IST DER GROSSE SIEGER!

2. Der vollständige Befreiungssieg

Es gibt viele Menschen, jung und alt, in allen Gesellschaftsschichten, die einen Preis an den Teufel zahlen müssen. Sie sehnen sich nach Hilfe und Befreiung, aber sie wissen nicht, wie sie Hilfe bekommen können und wer ihnen helfen kann.

Viele haben die „GUTE NACHRICHT“ von der Befreiung durch JESUS CHRISTUS gelesen - nicht alle, die dies gelesen haben, sind die drei Befreiungsschritte gegangen - aber alle, die die drei Befreiungsschritte praktiziert haben, hatten das Erlebnis eines vollständigen Befreiungssieges durch Jesus Christus.

Lieber Leser, JESUS will und kann heute auch in Deinem Leben der Sieger sein. Jesus sagt:

„Ein Dieb kommt nur, daß er stehle, würge und umbringe. Ich bin gekommen, daß sie das Leben und volle Genüge haben sollen.“ Johannes 10,10

Jesus bietet dir die echte Lebenserfüllung an. Das ist der Inbegriff eines lebenswerten Lebens. Den Preis für dieses Geschenk hat Jesus mit Seinem Leben bezahlt, damit hat Jesus seine große Liebe zu dir unter Beweis gestellt.

Du hast jetzt auf diesen wenigen Seiten diese wichtige „GUTE NACHRICHT“ gelesen. Entscheide dich, welcher Gebetsvorschlag für deine Situation am besten paßt. Wenn du jedoch der Überzeugung bist, daß es für dich von Vorteil ist und du in jeder Situation den sichersten Weg gehen willst, dann kannst du auch sämtliche vorgeschlagene Gebete beten.

3. Die 3 wichtigen Schritte

1. Bekenne Jesus in einem umfassenden und vollständigen Bekenntnis alle dir bekannten und bewußten Sünden. Bekenne deine Sünden einzeln und laut.

2. Vollziehe eine Lebensübergabe.
Übergib dein Leben Jesus, dann bist du ein wahres Kind Gottes. JESUS CHRISTUS will der alleinige Herr in deinem Leben sein. Jesus ist der beste Herr, dein bester Freund. Es gibt keinen besseren Herrn und Freund. Jesus verdient dein vollstes Vertrauen. Er enttäuscht dich nicht.

3. Als Kind Gottes kündige den Vertrag mit dem Teufel. Erteile im Namen Jesu dem Teufel die endgültige Absage. Bete das Absagegebet. Wenn du **heute** und **jetzt** den Weg der Befreiung mit Jesus gehst, wird Jesus dir **heute** und **jetzt** den Sieg schenken.

Meine Gebete begleiten diese „GUTE NACHRICHT“.

Lieber Leser, ich danke Gott, er hat auch dir in deinem Leben Befreiung und Siege geschenkt.

JESUS CHRISTUS IST DER GROSSE SIEGER!

Der Teufel – Herkunft, Absicht und Schicksal

In der aufgeklärten Welt des 20. Jahrhunderts sind die meisten Menschen der Ansicht, die Existenz eines Teufels gehört in das Märchenreich oder zählt zu einer primitiven Form des Aberglaubens. Wenn man dabei eine furchterregende Gestalt mit rotem Gesicht, Hörnern, schwarzen Haaren, einem langen Schwanz und einem Pferdefuß vor Augen hat, dann erinnert das an die Vorstellungswelt des „finsteren Mittelalters". Der Gedanke an einen personenhaft existierenden Teufel scheint heute vielen völlig absurd und wirklichkeitsfremd.

Der bekannte Theologe Professor D. Dr. Helmut Thielicke stellte nach Beendigung des zweiten Weltkrieges fest:
„Wir sind in unserer Zeit viel zu sehr mit dämonischen Mächten in Berührung gekommen, wir haben viel zu deutlich gespürt und gesehen, wie Menschen und ganze Bewegungen verführt und gesteuert wurden von geheimnisvollen, abgründigen Mächten … wir haben allzuoft beobachtet, wie ein fremder Geist in manche Menschen gefahren ist und sie … bis in die Substanz hinein verwandeln konnte, wie er sie zu Grausamkeiten, Machträuschen und Wahnsinnsausbrüchen zu bringen vermochte, deren sie vorher niemals fähig zu sein schienen; wir sahen außerdem, wie sich von Jahr zu Jahr mehr eine Atmosphäre der Vergiftung um unseren Erdball legte, wie wirklich etwas spürbar wurde von den bösen Geistern in der Luft, und wie eine unsichtbare Hand einen unsichtbaren Taumelkelch von Volk zu Volk reichte und die Nationen bis in die Tiefe verwirrte; ich sage: wir haben das alles viel zu sehr gesehen, wir sind viel zu sehr von alledem erschreckt worden, als dass ich euer und mein Gehirn erst präparieren müsste, damit es, ohne sich zu genieren, die Frage nach dem Teufel überhaupt zu stellen wagt … So lassen wir die Frage, ob es einen Teufel gebe, dahingestellt und fragen lieber gleich, wer er ist, um dann sein biblisches Porträt mit dem zu vergleichen, was uns in apokalyptischer Zeit entgegentritt." (1)

Der Steckbrief des Teufels

Der Sohn Gottes, Jesus Christus, hat uns einen Steckbrief vom Teufel gegeben:

> *„Ihr seid Kinder des Teufels, der ist euer Vater, und nach seinen Wünschen handelt ihr. Er ist von Anfang an ein Mörder gewesen und hat niemals etwas mit der Wahrheit zu tun gehabt, weil es in ihm keine Wahrheit gibt. Wenn er lügt, so entspricht das seinem Wesen; denn er ist ein Lügner, und alle Lüge stammt von ihm."* Johannes 8,44

Drei personenhafte Merkmale des Teufels

1. Das griechische Wort für Teufel heißt ‚diabolos' und bedeutet: Verleumder, Wider sacher, Teufel.
   Das Verb ‚diaballo' heißt: auseinanderbringen, anklagen, Vorwürfe machen, verleumden, angeben, ablehnen, falsch darstellen, täuschen. (2)
   Mit diesen Begriffen charakterisiert Jesus in treffender Weise die Eigenschaften und Verhaltensweisen eines Teufels, der wirklich existiert.

2. *„Er ist von Anfang an ein Mörder."* Johannes 8,44
   Der Teufel hat es auf das Leben des Menschen abgesehen. Er will dich an Leib und Seele ruinieren. Oft treibt er Menschen in den Tod.
3. *„Er ist ein Lügner, und alle Lüge stammt von ihm."* Johannes 8,44
   Der Teufel verdreht die Wahrheit, er stellt die Wahrheit auf den Kopf und behauptet kühn das Gegenteil.

Kardinal Joseph Höffner stellt fest: „Heute behaupten einige Theologen, der Teufel sei Symbol, nicht Person. Man könne ‚an allen Stellen des Neuen Testamentes, an denen der Satan oder Teufel vorkommt, ebensogut ‚die Sünde' oder ‚das Böse' einsetzen.' Das ist nicht der Fall. In der Heiligen Schrift lesen wir: *‚Wer Sünde tut, der ist vom Teufel; denn der Teufel sündigt von Anfang an.'* (1. Johannes 3,8), sündigen kann doch nur ein persönliches, mit Verstand und Geist begabtes Wesen, aber nicht ‚das Böse'." (3) Die Aussage von Jesus Christus ist klar und deutlich: Der Teufel ist ein personenhaftes Wesen.

Woher kommt der Teufel?

Die Herkunft des Teufels ist erstaunlicherweise der Himmel, die für uns unsichtbare Welt, dort, wo sich der Wohnsitz Gottes befindet. Jesus Christus teilt uns mit:

> *„Ich habe den Satan (diabolos) wie einen Blitz vom Himmel fallen sehen."*
> Lukas 10,18

Mit dem Bild des Fürsten von Tyrus bescheibt der Prophet Hesekiel im Auftrag Gottes den Sturz des Teufels:

> *„Menschensohn, stimme ein Klagelied an über den König von Tyrus und sprich zu ihm: So spricht der Gebieter und Herr: Du warst ein kunstvolles Siegel, voll Weisheit und von vollendeter Schönheit. In Eden, dem Gottesgarten befandest du dich. Allerlei Edelsteine bedeckten dich … Am Tage deiner Erschaffung wurden sie hergestellt. Einem glänzenden, schirmenden Kerub gesellte ich dich zu, auf heiligem Gottesberge warst du, inmitten feuriger Steine wandeltest du. In deinem Wandel warst du von Fehlern frei vom Tag deiner Erschaffung an, bis sich Unrecht an dir fand. Durch deinen vielen Tauschhandel fülltest du dein Inneres mit Frevel an und sündigtest. Da verstieß ich dich vom Gottesberg, und es stürzte dich der schirmende Kerub mitten aus den feurigen Steinen ins Verderben. Hochfahrend war dein Herz ob deiner Schönheit; deine Weisheit verdarbst du wegen deines Glanzes. Auf die Erde stürzte ich dich hinab, vor Königen gab ich dich preis, damit sie sich an deinem Anblick weideten."* Hesekiel 28, 11-17 (Pattloch)

Gott erschuf ein vollkommenes, personenhaftes Wesen

Der Prophet Jesaja berichtet:

> *„Wie bist du vom Himmel gefallen, du Glanzstern, Sohn der Morgenröte."*
> Jesaja 14,12 (Elberfelder)

Die lateinische Bibelübersetzung (Vulgata) gebraucht für das Wort ‚Glanzstern' die Bezeichnung ‚Luzifer', d.h. Lichtträger. Die Bezeichnung ‚Luzifer' ist eine treffende Beschreibung für die Person, die am Thron Gottes nach Jesus Christus in der weiteren Rangfolge ebenfalls eine bevorrechtigte Stellung innehatte.

Wichtige Informationen über Luzifer

Luzifer ist ein von Gott erschaffenes, personenhaftes Wesen.
„Am Tage deiner Erschaffung.“ Hesekiel 28,13

Der Aufenthaltsort von Luzifer befand sich im Garten Eden.
„In Eden, dem Gottesgarten, befandest du dich.“ Vers 13

Luzifer war ein höchst intelligentes Wesen von vollendeter Schönheit.
„Du warst ein kunstvolles Siegel, voll Weisheit und von vollendeter Schönheit.“ Vers 12

Am Thron Gottes, in der persönlichen Gegenwart Gottes, verrichten Kerub-Engel ihren Dienst. Einer dieser glänzenden, schirmenden Kerub-Engel war Luzifer, der „Lichtträger“.
„Luzifer war ein ‚glänzender, schirmender Kerub‘.“ Vers 14

Gott hat einen herrlichen Engel (Luzifer = Lichtträger) als sündloses Wesen erschaffen. Gott hat keinen Teufel erschaffen.
„In deinem Wandel warst du von Fehlern frei, vom Tag deiner Erschaffung an.“ Vers 15

Aus einem vollkommenen, makellosen Luzifer wurde ein Rebell, ein Diabolos, ein Durcheinanderbringer.
“... bis sich Unrecht an dir fand.“ Vers 15

Gott hat keinen Teufel erschaffen

Gott erschuf in seiner Liebe Lebewesen mit einer freien Willensentscheidung; damit ging der Schöpfer ein großes Risiko ein. Jederzeit war so die Möglichkeit gegeben, dass sich ein Lebewesen auch gegen Gott entscheiden konnte.

Im Himmel gab es keinerlei Anlass zur Sünde – aber es gab die Gelegenheit zur Sünde. Wie aus einem sündlosen Luzifer der Urheber der Sünde wurde, bleibt letztendlich ein „Geheimnis der Bosheit“. Gott hat keinen Teufel erschaffen. Gott kann in keiner Weise für die Existenz des Teufels verantwortlich gemacht werden.

Zwei Beispiele sollen das verdeutlichen:
Berühmte Architekten und Baumeister haben kunstvolle Kathedralen und herrliche Schlösser entworfen und erbaut. Im Krieg, bei der Bombardierung der Städte, sanken diese einzigartigen Baudenkmäler in Schutt und Asche. Die Architekten und Baumeister verwirklichten unter großem Einsatz ihre wohldurchdachten Pläne. Es war niemals ihr Wille, dass ihr Lebenswerk zerstört werden sollte. Die Kriegsereignisse lagen außerhalb ihres Einflussbereiches. Die Architekten und Baumeister sind in keiner Weise für die Kriegszerstörungen verantwortlich.

Ein gesunder Junge wird geboren. Die glücklichen Eltern bemühen sich, ihrem Sohn die beste Erziehung zu geben. Sie wollen ihn vor schlechten Einflüssen bewahren.

Als Erwachsener gerät er in schlechte Gesellschaft, kommt auf die schiefe Bahn, wird ein Verbrecher und begeht sogar einen Mord. Es wäre absurd, die Eltern zu beschuldigen: „Ihr habt einen Mörder in die Welt gesetzt!“ Der Sachverhalt stellt sich anders dar: Aus einem unschuldigen Jungen wurde in späteren Jahren, durch widrige Umstände, ein Mörder. Die Eltern trifft keinerlei Schuld.

Wir stellen noch einmal fest: Luzifer wurde von Gott als ein herrliches, vollkommenes Wesen erschaffen. Der sündlose Luzifer wurde in eigener Entscheidung zum Widersacher, zum Rebell, zum Urheber der Sünde. – Dafür kann Gott nicht zur Rechenschaft gezogen werden.

Der Anlass zum Abfall Luzifers waren sein Stolz und seine Überheblichkeit.

> *„Deine Schönheit hatte dich überheblich gemacht; aus lauter Eitelkeit hattest du deine Weisheit preisgegeben und warst zum Narren geworden.“* Vers 17

Das „Geheimnis der Bosheit“

Eine rätselvolle Entwicklung: Das Gute und das Böse in einer Person. Luzifer ist ein Musterbeispiel einer gespaltenen Persönlichkeit.

> *„Du fülltest dein Inneres mit Frevel an und sündigtest.“* Vers 16

Die Greueltaten und Verbrechen im zweiten Weltkrieg, die Konzentrationslager, die geplante Ausrottung ganzer Volksgruppen, die Hinrichtung unschuldiger Menschen durch Männer, die im Zivilleben gute Familienväter und geachtete Bürger waren – das sind unerklärliche Abgründe menschlichen Verhaltens. Das Gute und das Böse in einer Person, waren das nur bedauerliche Zufallserscheinungen in der Vergangenheit?

Es ist schockierend, aber wir erleben in unserer Zeit erneut dieselbe Situation. In Bosnien-Herzegowina leben seit Menschengedenken Kroaten, Moslems und Serben in guter Nachbarschaft. Herkunftsmäßig gehört man zu unterschiedlichen Völkern und Kulturen, dennoch, man lebt in Frieden und feiert fröhlich und unbeschwert die gegebenen Festtage. Man kennt sich von Kind auf und hilft sich gegenseitig. Ein Bürgerkrieg bricht aus. Über Nacht ändert sich alles. Jahrzehntealte, freundschaftliche Bindungen zählen plötzlich nicht mehr. Alte Freunde werden zu Todfeinden. Enteignung, Vertreibung, Gewalt, Hass, Vergewaltigung, selbst Mord stehen urgewaltig auf der Tagesordnung. Es ist schrecklich, was sich in unseren Tagen vor unseren Augen abspielt; es ist ein lebendiger Anschauungsunterricht über die „zwei Seelen in unserer Brust“. Das „Geheimnis der Bosheit“ feiert auch heute in unserer aufgeklärten, hoch zivilisierten Welt makabre Triumphe.

Die Regierungserklärung des Teufels

Im Auftrag Gottes teilt uns der Prophet Jesaja die Regierungserklärung des Teufels mit:

> *„Du aber gedachtest in deinem Herzen: Ich will in den Himmel steigen und meinen Thron über die Sterne Gottes erhöhen, ich will mich setzen auf den Berg der Versammlung im fernsten Norden. Ich will auffahren über die hohen Wolken und gleich sein dem Allerhöchsten.“* Jesaja 14,13.14 (Luther)

Die Regierungserklärung des Teufels umfasst fünf Punkte. Im hebräischen Text werden fünfmal die Worte „ich will" gebraucht.

1. *„Ich will in den Himmel steigen."* Vers 13
   Der Teufel will im Himmel den Wohnsitz Gottes einnehmen.

2. *„Ich will meinen Thron über die Sterne Gottes erhöhen."* Vers 13
   Der Teufel will über alle himmlische Wesen herrschen.

3. *„Ich will mich setzen auf den Berg der Versammlung im fernsten Norden."* Vers 13
   Nach assyrischer Vorstellung war im Norden der Sitz der Götterversammlung. (4)
   Der Teufel will, so wie Gott, das Universum regieren.

4. *„Ich will auffahren über die hohen Wolken."* Vers 14
   Der Teufel will die Ehre, die Gott allein zusteht.

5. *„Ich will gleich sein dem Allerhöchsten."* Vers 14
   Des Teufels wirkliches Regierungsziel: Ich will, wie der allerhöchste Gott, der Herrscher im Himmel und auf Erden sein. (5)

Der Teufel wollte das Ansehen und die Macht seines Schöpfers haben – aber das Wesen und den Charakter Gottes wollte er nicht haben.

Gott auf der Anklagebank

Der Teufel verkündete im Himmel öffentlich seinen Anspruch: Die Gleichstellung mit Gott. – Ein erschaffenes Wesen wollte sich mit dem Schöpfergott auf eine Stufe stellen und beanspruchte für sich allein die Herrschaft über das Universum. Um sein Ziel zu erreichen, musste der Teufel Gott auf die Anklagebank setzen. Der Teufel, der Verleumder (diabolos), stellte vor den himmlischen Wesen Gottes Charakter in ein falsches Licht. Er verleumdete Gottes heiliges Wesen und bediente sich dabei arglistiger Täuschungen.

Die Taktik des Gegenspielers Gottes war einfach – aber sehr erfolgreich. Der Teufel übertrug seine eigenen Charaktereigenschaften auf Gott. Gott sei eigenmächtig, ungerecht, nicht vergebungsbereit und grausam; Gottes Gebote nehme seinen Geschöpfen jegliche Freiheit, Gott habe große Freude, seine Geschöpfe zu unterdrücken, es gelte daher, das Gesetz Gottes zu bekämpfen. Gott sei ein Tyrann, vor dem man sich fürchten muss.

Die Tendenz, Gott für das Leid auf dieser Welt verantwortlich zu machen, ist uns nicht neu und begegnet uns auf Schritt und Tritt. Wie oft hören wir die vorwurfsvolle Frage: „Wenn es einen gerechten Gott gibt, warum existiert so viel Leid auf dieser Welt?" Für viele Menschen lautet dann die Schlussfolgerung: „Wenn ein liebevoller Gott so viel Leid zulässt, dann kann ich nicht mehr an Gottes Gerechtigkeit glauben – ich habe Zweifel daran, ob es überhaupt einen lebendigen Gott gibt!"

Mit dieser Einstellung hat der Gegenspieler Gottes auch bei uns sein Ziel erreicht: Zweifel an der Gerechtigkeit und Liebe Gottes. Die nächste Schlussfolgerung lautet dann zwangsläufig: Gott ist tot! Der wahre Sachverhalt ist jedoch genau das Gegenteil.

Ein Machtkampf im Himmel

Gottes Mitteilung in der Heiligen Schrift ist eine wichtige Offenbarung über das wirkliche Geschehen und den Ausgang der teuflischen Rebellion.

> *„Dann brach im Himmel ein Krieg aus. Michael kämpfte mit seinen Engeln gegen den Drachen. Der Drache schlug mit seinen Engeln zurück; aber er wurde besiegt. Er und seine Engel durften nicht länger im Himmel bleiben. Der große Drache wurde hinuntergestürzt! Er ist die alte Schlange, die auch Teufel oder Satan genannt wird und die ganze Welt verführt. Mit allen seinen Engeln wurde er auf die Erde hinuntergestürzt.“* Offenbarung 12,7-9

Die Ausweisung des Teufels

Für Luzifer war nach seinem drastischen Gesinnungswandel kein Platz mehr in der Gegenwart Gottes.

> *„Deshalb stürzte ich dich auf die Erde hinunter.“* Hesekiel 28,17

Warum konnte Gott den Rebell Luzifer nicht mehr länger in seiner Gegenwart dulden? Luzifer, ein Geschöpf aus der Hand Gottes, beanspruchte wohl die Macht und die Ehre seines Schöpfers – aber die Charaktereigenschaften Gottes waren für ihn nicht erstrebenswert. Das Geschöpf wollte höher sein als sein Schöpfer.

Der Prophet Jesaja gibt, unter dem Decknamen des Königs von Babylon, wichtige Informationen über Luzifer, den Gott einmal als herrliches Lebewesen erschaffen hatte.

> *„Wie bist du vom Himmel gefallen, du schöner Morgenstern (Luzifer)! Wie wurdest du zu Boden geschlagen, der du die Völker niederschlugst.“*
> Jesaja 14,12 (Luther)

Der Ausdruck „zu Boden geschlagen“ hat die Bedeutung: Wie ein Baum oder Wald gefällt wird.

Der Gegenspieler Gottes und seine Namen

> *„Der große Drache …, die alte Schlange, die auch Teufel oder Satan genannt wird und die ganze Welt verführt.“* Offenbarung 12,9

Der Bibelkommentar zur Johannes-Offenbarung erklärt dazu:

> *„In der Offenbarung wird der Feind mit allen seinen Namen, die zugleich sein ganzes ‚Sündenregister‘ ausdrücken, benannt …“*

1. *„Der große Drache“*, der alles verschlingt, der Gottes gute Schöpfung, voran den Menschen, verwüsten und zerstören will.

2. *„Die alte Schlange“* (1. Mose 3), die sich listig an den Menschen heranmacht, ihm Gottes Gebot zweifelhaft erscheinen lassen will (*‚Sollte Gott gesagt haben …‘*) und in den Menschen das Misstrauen gegen Gott sät (*‚Mitnichten werdet ihr des Todes sterben …‘*) und den Geist des Größenwahns und des Aufruhrs gegen Gott (*‚Ihr werdet sein wie Gott‘*).

3. „Teufel“ (griechisch ‚diabolos‘), ist der Durcheinanderbringer, der Entzweier, der Verfeinder, der Verleumder, der Verkläger.

4. „Satan“ (hebräisch): ‚Widersacher‘. ‚Feind‘. Er will das Werk Gottes fortgesetzt stören, durchkreuzen, zerstören, mit Spott und Hohn einen Fehlschlag von Gottes Plan und Werk feststellen und nachweisen. Insofern heißt auch das hebräische Wort Satan ‚Verkläger‘, der verborgenes Unrecht aufdeckt, um zu zeigen: ‚Soweit her ist's auch bei den Frommen nicht!‘ (Vgl. Hiob 1,6-11; 2,4.5)
   „Der die ganze Welt verführet“: Alle haben gesündigt (Römer 5,12). Er „verführt“: Das heißt, er führt in die falsche Richtung, weg von Gott, und so ins Verderben, in die Verdammnis. Jesus dagegen führt zu Gott zurück und damit zum Leben und in die Seligkeit.“ (6)

Der Sohn Gottes ist der große Sieger

Gott teilt uns mit wenigen Worten den Ausgang des Machtkampfes im Himmel mit:

> *„Michael kämpfte mit seinen Engeln gegen den Drachen. Der Drache schlug zurück; aber er wurde besiegt. Er und seine Engel durften nicht länger im Himmel bleiben. Der große Drache wurde hinuntergestürzt! … Mit allen seinen Engeln wurde er auf die Erde hinuntergestürzt.“* Offenbarung 12,7-9

Der Wirkungsbereich des Gegenspielers Gottes wurde von Gott auf unseren Planeten Erde begrenzt. Die Engel, die durch Satans Lügen verführt wurden, teilen sein Schicksal, sie mussten ebenfalls den Himmel verlassen und wurden auf die Erde hinabgestürzt. Wie groß war die verführte Engelschar?

> *„Mit seinem Schwanz fegte er ein Drittel der Sterne vom Himmel.“*
> Offenbarung 12,4

„Der Feind riss also ein Drittel der Engel Gottes, der ‚Sterne des Himmels‘, in seinen satanischen Aufruhr und Sturz mit hinein. Der Satan, der Feind Gottes und der Menschen, die er als Geliebte Gottes hasst, will in seinem rasenden Stolz die gesamte Engel- und Menschenwelt in eine einzige große Aufwiegelung gegen Gott mit hineinziehen und in seinem unseligen Sturz, sie und die ganze Schöpfung mit zerstören.“ (7)

> *„Und schleuderte sie auf die Erde.“*

Deshalb ist hier die ‚Luft‘ wie geschwängert von zwielichtigen Geistern, von Dämonien und Dämonen. ‚Es liegt in der Luft‘, sagen die Leute. Der Völkermissionar Paulus schreibt deshalb über die Lage der noch nicht glaubenden Menschen bzw. den früheren Zustand von inzwischen zum Glauben gekommenen:

> *„Auch ihr habt an diesem Leben teil. In der Vergangenheit ward ihr tot; denn ihr ward Gott ungehorsam und habt dem Herrscher dieser Welt gehorcht, der sein Reich zwischen Himmel und Erde hat. Er hat noch jetzt Menschen in seiner Gewalt, die sich Gott nicht unterstellen."* Epheser 2,1.2

Und so ruft Paulus die nun Glaubenden auf:

> *„Werdet stark durch die Verbindung mit dem Herrn! Lasst euch stärken von seiner Kraft! Legt die Waffen an, die Gott euch gibt, dann können euch die Schliche des Teufels nichts anhaben. Denn wir kämpfen nicht gegen Menschen. Wir kämpfen gegen unsichtbare Mächte und Gewalten, gegen die bösen Geister zwischen Himmel und Erde, die jetzt diese dunkle Welt beherrschen."* Epheser 6,10-12

„Unter den ‚Herren der Welt' werden nicht die römischen Cäsaren, Feldherren und Statthalter verstanden; sie wären ja auch nur ‚Menschen'; vielmehr sind dämonische Mächte gemeint." (8)

> *„Denkt auch an die Engel, die ihre Herrscherwürde preisgegeben und den Wohnsitz verlassen haben, den Gott ihnen angewiesen hatte. Gott hält sie in unterirdischer Finsternis fest bis zum großen Tag des Gerichts."* Judas 6

Warum hat Gott Satan nicht sofort vernichtet?

Gott kennt in seiner Allwissenheit das Ende vor dem Anfang. Er hätte ohne weiteres die „Rebellion" seines Gegenspielers sofort beenden können. Gott hätte Satan gleich am Anfang seiner Auflehnung gegen Gottes Autorität das Leben nehmen können. Durch eine gewaltsame Beendigung der von Satan angeführten „Rebellion" wäre ihre Ausbreitung, mit allen ihren schrecklichen Auswirkungen, verhindert worden. Das „Sündenübel" gäbe es nicht, wir würden in einer heilen Welt leben.

Warum hat Gott seinen Gegenspieler Satan nicht unmittelbar am Anfang beseitigt? Ist Gott nicht durch diese unterlassene Beseitigung Satans an der Ausbreitung und den Auswirkungen des „Sündenübels" mit verantwortlich? Die Antworten zu diesen wichtigen Fragen geben uns die Aussagen der Heiligen Schrift.

Die Grundeigenschaft Gottes kann in drei Worten beschrieben werden: ***„Gott ist Liebe!"*** (1. Johannes 4,16) Die Liebe Gottes hat unvorstellbar große Dimensionen. Ein Aspekt der Liebe Gottes zeigt sich darin: Die Liebe Gottes übt keinen Zwang aus. Gottes Liebe wirbt – aber sie zwingt nicht, denn Zwang erzeugt Angst.

> *„Die Liebe kennt keine Angst. Wahre Liebe vertreibt die Angst. Wer Angst hat und vor der Strafe zittert, bei dem hat die Liebe ihr Ziel noch nicht erreicht."* 1. Johannes 4,18

Gott hat nur Freude am Dienst und Gehorsam aus dem Beweggrund: Liebe. Wenn Gott seinen Gegenspieler, am Anfang seiner Auflehnung, sofort mit dem Tod bestraft hätte, würde das fatale Auswirkungen auf die himmlischen Lebewesen gehabt haben. Sie konnten die weitreichenden Folgen der Rebellion nicht erkennen. Für sie wäre das Tötungserlebnis von einem, der zu ihnen gehörte, ein schwerer Schock gewesen. Ihre verständlichen Schlussfolgerungen hätten möglicherweise gelautet: „Luzifer war einer von uns. Jetzt lebt er nicht mehr. Offenbar ist Gott doch ein grausamer Tyrann. Hat er mit seinen Behauptungen doch recht gehabt? Wann trifft es uns? Es wird besser sein, Gott Ehrerbietung und Gehorsam zu erweisen, bevor wir an der Reihe sind und von Gott bestraft werden." – Mit Sicherheit hat Gott keinerlei Freude an einem Gehorsam, dessen Triebkraft die Angst ist. Das Gegenteil ist der Fall. Gottes Lebensprinzip ist seine grenzenlose Liebe.

Ein weiterer Punkt: Jeder kann Behauptungen aufstellen. Es können richtige oder falsche Behauptungen sein. Die Frage ist nur: Können die Behauptungen hinterher auch bewiesen werden? Hätte Gott gleich am Anfang seinem Gegenspieler das Leben genommen, wären seine Anklagen und falschen Behauptungen weiterhin im Raum gestanden. Der Ankläger wäre beseitigt worden – die Anklagen nicht. Gott entschied sich dafür, seinem Gegenspieler Zeit und Gelegenheit zu geben, sein wahres, satanisches Wesen zu offenbaren. Das ganze Universum sollte erkennen, wohin Rebellion und Sünde führen, und welches die katastrophalen Folgen sind, die aus der Feindschaft zu Gott entstehen. Gott wollte Gehorsam aus Liebe und satanische Rebellion nebeneinander existieren lassen, bis das Wesen des Bösen offen zutage tritt um erst am Ende vernichtet zu werden. Jesus gebraucht hier das Bild vom Unkraut im Weizen.

> *"... Mit der neuen Welt Gottes ist es wie mit dem Mann, der guten Samen auf sein Feld gesät hatte. Eines Nachts, als alles schlief, kam sein Feind, säte Unkraut zwischen den Weizen und verschwand. Als nun der Weizen wuchs und Ähren ansetzte, schoss auch das Unkraut auf. Da kamen die Arbeiter zum Gutsherrn und fragten: ,Herr, du hast doch guten Samen auf deinen Acker gesät, woher kommt das ganze Unkraut?' Der Gutsherr antwortete ihnen: ,Das muss einer getan haben, der mir schaden will.' Die Arbeiter fragten: ,Sollen wir hingehen und das Unkraut ausreißen?' ,Nein', sagte der Gutsherr, ,sonst könntet ihr aus Versehen den Weizen mit ausreißen. Lasst beides bis zur Ernte wachsen. Wenn es so weit ist, will ich den Erntearbeitern sagen: Sammelt zuerst das Unkraut ein und bündelt es, damit es verbrannt wird. Aber den Weizen schafft in meine Scheune.'"* Matthäus 13,24-30

Gottes Vorsorge für den Ernstfall

Gott hat in seiner Liebe, schon vor dem Ernstfall der Sünde, in Verbindung mit seinem Sohn, einen einzigartigen Rettungsplan vorgesehen:

> *„Ihn hatte Gott schon zum Retter bestimmt, bevor er die Welt schuf. Jetzt aber, am Ende der Zeit, ist er euretwegen in die Welt gekommen."* 1. Petrus 1,20

Jesus Christus, der Sohn Gottes hatte sich bereit erklärt, wenn auf unserer Erde der „Sündennotstand" eingekehrt ist, in Menschengestalt auf diesen Planeten Erde zu kommen. Er wollte durch seinen makellosen Lebenswandel den Nachweis erbringen, dass ein sündloses Leben im Gehorsam und in der Liebe zu Gott möglich ist. Die zweifache Liebe des Sohnes Gottes, zu seinem Vater und zu uns fehlerhaften Menschen, bewies, dass Satans Behauptungen, Gott sei ein unbarmherziger Tyrann, nicht der Wahrheit entsprechen.

Der sündlose Sohn Gottes war bereit, stellvertretend für sündige Menschen zu sterben, um so die ewige Todesstrafe, die jeden Sünder erwartet, auf sich zu nehmen und einen Freispruch vom Todesurteil zu erwirken. Die Tatsache der Auferstehung von den Toten – das Grab Jesu ist leer – und die Rückkehr zu seinem Vater, wo er jetzt unser Fürsprecher, unser Rechtsanwalt ist, hat dem Universum endgültig gezeigt:

Jesus Christus ist der Sieger!

Satan ist besiegt!

Zwei unwiderlegbare Tatsachen

Die grausame Kreuzeshinrichtung des Sohnes Gottes hat dem ganzen Universum zwei Tatsachen offenbart:
Der stellvertretende Tod Jesu ist der unwiderlegbare Beweis –

Jesus Christus ist die Liebe Gottes in Person!

Der Tod Jesu ist aber auch der schockierende Anschauungsunterricht dafür, welche fatalen Auswirkungen die Rebellion Satans gehabt hat. Der Sohn Gottes hat, während seines Erdenaufenthaltes, den Menschen die Liebe Gottes konkret vorgelebt; trotzdem wurde er verkannt, abgelehnt, als Unschuldiger verurteilt und wie ein Schwerverbrecher hingerichtet. Der stellvertretende Tod Jesu, der notwendig war, um sündige Menschen dennoch für ein Leben in Gottes Gegenwart zu retten, offenbart den wahren Charakter von Gottes Gegenspieler. Satan brachte es fertig, dass der Sohn Gottes sterben musste. Der Tod Jesu ist weiterhin der unwiderlegbare Beweis:

Satan ist der Feind Gottes!

Das Ende des Gegenspielers Gottes

Satan, der Urheber alles Leides, wird von Gott am Ende mit dem Tod durch Verbrennen bestraft. Mit Satan werden auch alle Menschen, die das Rettungsangebot Jesu nicht angenommen und in ihren Sünden weitergelebt haben, mit dem ewigen Tod bestraft.

> *„Dann wurde der Teufel, der sie verführt hatte, in den See von brennendem Schwefel geworfen, in dem schon das Tier und der falsche Prophet waren. Dort werden sie für alle Zeiten Tag und Nacht gequält … Der Tod und die Totenwelt wurden in den See von Feuer geworfen. Dieser See von Feuer ist der zweite Tod. Jeder, dessen Name nicht im Buch des Lebens stand, wurde in den See von Feuer geworfen.“* Offenbarung 20,10.14.15

Die Bibel, das Wort Gottes teilt uns mit: Das Böse hatte seinen Ursprung im Himmel. Satan, der Feind Gottes, setzt auf unserer Erde sein Zerstörungswerk fort. Auf den Urheber der Sünde und auf alle, die sich von Jesus nicht haben retten lassen, wartet ein schreckliches Ende. Um es kurz zu sagen: **Satan und die Sünde haben einen Anfang und sie haben einmal auch ein Ende.**

Unsere Siegesmöglichkeit

Mit Sicherheit will niemand gemeinsam mit Satan in dem „See von Feuer" sein letztes Schicksal finden. Welche Rettungs- und Siegesmöglichkeiten gibt es? Die Offenbarung Gottes gibt uns die Antwort:

> *„Unsere Brüder haben ihn besiegt."* Offenbarung 12,11

Der Bibelkommentar zur Johannes-Offenbarung erklärt dazu:

> „In Vollzug des Sieges Jesu haben nicht nur Michael und seine Engel im Himmel den Feind überwunden, sondern auch die Nachfolger Jesu tun es auf dieser Erde … Hier wird nun gesagt, wie und wodurch sie ihn überwunden haben und wie auch wir ihn in der Kraft des Sieges Jesu zu überwinden vermögen:

1. *„Durch das Blut des Lammes":*

   „In der Passahnacht in Ägypten (2. Mose 12) durfte der Würgeengel bei den Menschen nicht eintreten, deren Türpfosten mit dem Blut des Passahlammes bestrichen, die also gedeckt waren von diesem stellvertretend dargebrachten Opfer. So kann der Feind auch an uns nicht herantreten und uns mit all seiner List und seiner Gewalt nichts anhaben, wenn wir von dem Blut des einzigartigen, gültigen und endgültigen Passahlammes (Jesus Christus) gedeckt sind, wenn wir uns bergen in der Gemeinschaft des auch für uns gekreuzigten Herrn. Die Alten haben aus großer seelsorgerlicher Erfahrung gesagt, gewiß auch an der Seelsorge an der eigenen Seele: *‚Satan flieht, wenn er dich am Kreuze sieht'*, wenn er dich bei Jesus sieht. Petrus schreibt: *‚Der Teufel geht umher wie ein brüllender Löwe und sucht, welchen er verschlinge'* (1. Petrus 5,8). Wenn wir uns an Jesus halten, uns bergen in Christus, dem für uns gekreuzigten und auferstandenen Herrn, wenn wir gedeckt sind von seinem Blut und leben von seinem Opfer, dann kann der Feind nur ‚umhergehen', sozusagen nur ‚außen herumgehen'; heran wagt er sich nicht. Gerade auch in endzeitlichen Versuchungen, die besonders schwer und gefährlich sind, können wir im Vertrauen auf diese Zusage getrost sein. Unser Herr spricht: *‚In mir habt ihr Frieden. In der Welt habt ihr zwar Angst, aber seid getrost, ich habe die Welt überwunden' (Johannes 16,33)*. In Kraft des Opfers und Sieges Jesu können wir in jedem Fall durchkommen."

2. *„Und die Botschaft, die sie empfangen und bezeugt haben."*

   „Menschlich würde man annehmen, das Zeugnis für Jesus, das Bekenntnis zu Jesus werde es erschweren und nicht erleichtern, in einer Zeit der Bedrängnis durchzukommen. Menschliche Erfahrung ist es: Wer den Mund hält, dem geschieht nichts. Die Schrift redet anders, und auch die Erfahrung der Glaubenden ist anders: Durch das Zeugnis, nicht nur der Tat, sondern des ausdrücklichen Wortes wird der Feind überwunden. Unser Zeugnis ist also nötig einerseits um der anderen willen, damit auch sie gerettet werden können; und es ist andererseits hilfreich und nötig auch um unserer selbst willen: Wer das Zeugnis für Jesus und das Bekenntnis zu ihm, etwa aus Menschenfurcht, unterläßt, kommt selbst innerlich rückwärts und kann schließlich abfallen. Wer dagegen, gerade in der Zeit der Anfechtung und Bedrängnis, tapfer und fröhlich bei seinem Zeugnis für Jesus bleibt, der wird in der Rückwirkung selbst gestärkt, gewisser gemacht und erlangt zusätzliche Kräfte. Denn ‚Jesus ist der Name, den der Teufel nicht hören kann'

(Wilhelm Busch, Essen); deshalb weicht und flieht er, wenn wir Jesus mit lauter Stimme hochpreisen und wenn wir ihn auch anderen im besten Sinn des Wortes ‚anpreisen', das heißt auch ihnen den Namen lieb, groß und unentbehrlich zu machen versuchen."

3. *„Sie waren bereit, ihr Leben zu opfern und den Tod auf sich zu nehmen."*

   „Der Feind weicht vor dem Menschen, der so eng und vorbehaltlos sich an Jesus hält, daß er bereit ist, mit und für Jesus auch durch alles Leid zu gehen. Der Feind weicht deshalb vor ihm, weil dann, wenn ein Mensch in jeder Lage Jesus ganz nahe sein möchte, auch Jesus ganz nahe ist. Und da wagt sich dann der Feind nicht heran. *‚Nahet euch zu Gott, so naht er sich zu euch'.*" Jakobus 4,8 (9)

Eine gute Siegesnachricht

> *„Dann hörte ich eine mächtige Stimme im Himmel sagen: ‚Jetzt ist es geschehen: Unser Gott hat gesiegt! Jetzt hat er seine Gewalt gezeigt und seine Herrschaft angetreten! Jetzt liegt die Macht in den Händen des Königs, den er selbst eingesetzt! Der Ankläger unserer Brüder ist gestürzt; er, der sie Tag und Nacht vor Gott beschuldigte, ist nun aus dem Himmel hinausgeworfen. Unsere Brüder haben ihn besiegt durch das Blut des Lammes und die Botschaft, die sie empfangen und bezeugt haben. Sie waren bereit, ihr Leben zu opfern und den Tod auf sich zu nehmen."* Offenbarung 12,10.11

Zum Schluß dieser Ausführungen komme ich noch einmal auf das Anliegen dieses Buches zurück: Wer selbst, oder einer der Vorfahren, bis in die dritte und vierte Generation, einmal die Hilfe des Teufels in Anspruch genommen hat, der kann für die teuflische Hilfeleistung an Satan einen Preis bezahlen und ist okkult belastet.

Du brauchst nicht entmutigt sein. Jesus ist der Sieger auch in deinem Leben. Der Weg der Befreiung ist in diesem Buch ausführlich beschrieben. Ich ermutige dich, wer immer du bist, nimm den Sieg und die Befreiung durch Jesus noch heute in Anspruch:

Jesus ist der Sieger auch in deinem Leben!

Der große Völkermissionar Paulus ermutigt uns:

> *„Noch ein letztes Wort: Werdet stark durch die Verbindung mit dem Herrn! Laßt euch stärken von seiner Kraft! Legt die Waffen an, die Gott euch gibt, dann können euch die Schliche des Teufels nichts anhaben. Denn wir kämpfen gegen unsichtbare Mächte und Gewalten, gegen die bösen Geister zwischen Himmel und Erde, die jetzt diese dunkle Welt beherrschen. Darum greift zu den Waffen Gottes! Wenn dann der schlimme Tag kommt, werdet ihr wohlgerüstet sein und den Angriffen des Feindes standhalten können.*
> *Seid also bereit! Legt die Wahrheit Gottes als Gürtel um. Zieht das Tun des Guten als Panzer an. Tragt als Schuhe die Bereitschaft, die Gute Nachricht vom Frieden mit Gott zu verkünden. Haltet das feste Vertrauen als den Schild vor euch, mit dem ihr die Brandpfeile Satans abfangen könnt. Die Gewißheit eurer Rettung sei euer Helm und das Wort Gottes das Schwert, das der Geist euch gibt. Vergeßt dabei nicht das Gebet! Bitte Gott immerzu mit dem Beistand seines Geistes."* Epheser 6,10-18

Quellenverzeichnis

1 H. Thielicke, „Das Gebet, das die Welt umspannt. Reden über das Vaterunser". 1945 (1961, 10. Auflage), S. 145 f., zitiert in Theologisches Begriffslexikon zum Neuen Testament, Theologischer Verlag R. Brockhaus, Wuppertal, 1977, S. 1062.

2 Theologisches Begriffslexikon zum Neuen Testament, Theologischer Verlag R. Brockhaus, Wuppertal 1977, S. 1057.

3 Kardinal Joseph Höffner, „Teufel - Exorzismus - Besessenheit. Elf Fragen. Elf Antworten. (Themen und Thesen), 7. Aufl. Köln, 1986, S. 7, zitiert von Hans-Jürgen Ruppert in „Okkultismus. Geisterwelt oder neuer Weltgeist". Edition COPRINT, Wiesbaden und Wuppertal, 1990, S. 299.

4 Erklärungen der Elberfelder Bibel zu diesem Satz in Vers 13.

5. Anmerkung zu Jesaja 13,13.14 in der Ryrie Study Bible, Moody Press, Chikago, 1978, S. 1084.

6 Edition C - Bibel-Kommentar, Band 24, Johannes-Offenbarung, 1. Teil, Fritz Grünzweig, Hänssler-Verlag, Neuhausen-Stuttgart, 1983, S. 317 ff.

7 Ebenda, S. 308

8 Ebenda, S. 308.309

9 Ebenda, S. 320-322

Sünde – Was ist das?

Das Auto musste wieder einmal gründlich sauber gemacht werden. Die Windschutzscheibe war stark verschmutzt. An einer Stelle versuchte ich mit dem Schwamm besonders intensiv hartnäckigen Schmutz zu entfernen. Unser Nachbar schaute eine Weile amüsiert zu. Sein Grinsen machte mich nervös. Ich wollte wissen: „Was gibt es da zu lachen? Seine Antwort brachte mich in Verlegenheit: „Ich bin gespannt, wie lange du noch brauchst, bis du merkst: Der Schmutz sitzt innen!“ – Der Schmutz sitzt innen, das war das Problem.

Wir säubern und pflegen unser Auto, den Garten, den Sport, die Liebe, den guten Ruf, das Ansehen, die Karriere, das Bankkonto. Wir tun unser Bestes, aber es will keine rechte Freude aufkommen. Etwas stimmt nicht. Wir kommen auf keinen grünen Zweig. „Der Schmutz sitzt innen!“ – Wodurch wird unsere Einstellung und unser Handeln letztendlich gesteuert? Selbst bei den besten Absichten und den größten Anstrengungen stellen wir fest, das Endergebnis stimmt nicht völlig mit unseren Zielen überein. Die Freude ist getrübt. „Der Schmutz sitzt innen!“

Die Problematik unseres Fehlverhaltens formuliert die Heilige Schrift treffend:

„Ich bin mir selbst ein Rätsel und verstehe mich nicht. Denn nicht das, was ich eigentlich will, tue ich, nein; gerade das, was ich verabscheue, das tue ich. Aber gerade, wenn ich das tue, was ich nicht will, gebe ich doch in meinem Innersten zu, dass das Gesetz gut ist. Also bin ich nicht mehr ich selbst es, der das Böse tut, sondern die Sünde, die in mir wohnt. Denn ich weiß genau, dass in mir, d.h. in meiner sinnlichen Natur nichts Gutes wohnt. Der Wille zum Guten ist schon da, aber das Vollbringen will nicht gelingen. Wenn ich nur das tue, was ich nicht will, so tue ich es im Grunde gar nicht, sondern die in mir wohnende Sünde.“ Römer 7,14b-20 (Bruns)

Offenbar werden wir durch den Impuls „Sünde“ gesteuert.

Was ist unter dem Begriff Sünde zu verstehen?

1. Rebellion

Pesha (hebräisch)
„Revolte (national, moralisch oder religiös), Vergehen, Sünde, Übertretung, Schlechtigkeit, Rebellion, Treulosigkeit, Abfall, Treubruch. Es ist eine vorsätzliche Überschreitung der Grenzlinie von Gottes Gesetz, ein Akt der Rebellion gegen Gottes Autorität. (1)

„Im Sündenfall revoltiert das Ich und greift nach einer angeblich vorenthaltenen Freiheit. Darin zeigt sich das Wesen der Sünde: In ihr wendet sich der Mensch von Gott ab, sowohl im Blick auf die Furcht, wie auf das Vertrauen Gott gegenüber, und er erhebt sein Ich auf den Thron.“ (2)

„… Der Mensch ist als Sünder bloßgestellt. Er ist es, der die Sünde will, weil er Empörer gegen Gott ist. Und weil er die Sünde und die Empörung will, ist er auch schuldig.

In diesem selbstverschuldeten Zustand der Sünde lebt er als sein eigener Gefangener, der die Sünde nicht überwinden kann, sondern ihr untertan ist. Denn *‚wer die Sünde tut, der ist der Sünde Knecht‘.*“ (Johannes 8,34) (3)

Das Wesen der Sünde ist Rebellion, Auflehnung. Jeden Tag erleben wir Auflehnung: Kinder lehnen sich gegen ihre Eltern auf. Ein Ehepartner lehnt sich gegen den anderen auf. Minderheiten lehnen sich gegen Mehrheiten auf. Auflehnung im politischen Bereich. Auflehnung und Rebellion begegnet uns überall.

Jeder Mensch lebt in seiner Grundeinstellung in einer Auflehnung, in einer Rebellion gegen Gott. Gott ist uns unbequem. Der Gedanke, wir müssen einmal vor Gott Rechenschaft für unsere Handlungsmotive und unsere Taten geben, versetzt uns in Angst und Schrecken. Ein höheres Wesen über uns verletzt unseren Stolz. Wir wollen nicht beherrscht werden, wir wollen selber herrschen. Gott gegenüber reagieren wir mit Rebellion. Es ist leicht verständlich, dass sich diese Grundhaltung dann auch auf andere Lebensbereiche auswirkt.

2. Zielverfehlung

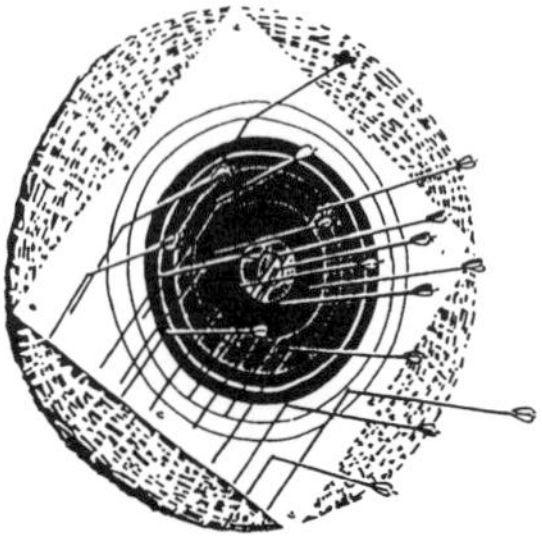

Chata (hebräisch)
„Eine Bewegung in der falschen Richtung, die Verfehlung des richtigen Zieles.“ (4)
„Den Standart Gottes nicht erreichen.“ (5)

„Wer aber mich verfehlt, zerstört sein Leben; alle die mich hassen lieben den Tod.“ Sprüche 8,36 (Luther)
„Wenn einer sich gegen Menschen vergeht, wird Gott ihn vielleicht noch in Schutz nehmen; aber wenn er sich gegen den Herrn versündigt, gibt es niemand, der für ihn eintreten kann.“ 1. Samuel 2,25

Hamartia (griechisch)

„Sünde, den wahren Zweck und das Lebensziel, das in Gott zu finden ist, nicht erreichen.“ (6)

„Wie die Sünde durch einen einzigen Menschen in die Welt kam, so auch die Rettung aus der Gewalt der Sünde. Die Sünde dieses einen brachte den Tod mit sich, und alle gerieten unter die Herrschaft des Todes; denn sie haben ohne Ausnahme selbst gesündigt.“ Römer 5,12

Gott hat uns u.a. seinen Lebensmaßstab in den 10 Geboten gegeben. Die 10 Gebote sind 10 Verhaltensziele, mit denen Gott eine schützende Vorsorge für unser geistiges, seelisches und körperliches Wohlergehen getroffen hat. Gott will uns mit den Verordnungen der 10 Gebote vor Schaden bewahren. Die Gebote Gottes sind „Grenzziele“, die uns schützen sollen. Wann erreiche ich den „Standart Gottes“ nicht? Wann bin ich ein Sünder?

Gottes Forderung lautet z. B. im 8. Gebot: *„Du sollst nicht stehlen.“* (2. Mose 20,15; Luther) Das Ziel Gottes ist der Schutz des Eigentums. Diebstahl ist genau das Gegenteil: Der unerlaubte Zugriff auf fremdes Eigentum. Diebstahl ist nach Gottes Aussage die „Zielverfehlung“ des Gebotes: „Du sollst nicht stehlen“. Diebstahl ist Sünde, auch wenn die Diebstahlshandlung heute mit „eleganten“ Begriffen umschrieben wird. In unserer modernen Sprache sprechen wir dann „nur“ noch vom „Organisieren“, „für einen gerechten Lastenausgleich sorgen“, „sich um eine ‚Selbstbedienung‘ kümmern“.

Es spielt keine Rolle, ob ich mir ungefragt einige Briefmarken aus der Portokasse der Firma nehme, ob ich hier eine „Selbstbedienung“ übe, oder ich veruntreue in einer Art „Lastenausgleich“ einen hohen Betrag. In beiden Fällen habe ich das Ziel „Du sollst nicht stehlen“ verfehlt, ich bin ein Gesetzesübertreter, ich bin ein Sünder.

Fußballspieler haben das Ziel, den Fußball in das Tor des Gegners zu schiessen. Es spielt keine Rolle, ob der Ball fünf Zentimeter oder drei Meter neben dem Tor landet – in beiden Fällen wurde das Torziel verfehlt.

Gottes Wahrheitsziel lautet: *„Sage nichts Unwahres über deinen Nächsten.“* 2. Mose 20,16. Ob ich nur eine kleine Unwahrheit ausspreche oder ich verbreite eine hinterhältige Verleumdung, in beiden Fällen habe ich Gottes „Wahrheitsziel“ nicht erreicht, ich bin ein Gesetzesübertreter, ein Sünder. Eine Notlüge ist immer noch eine Lüge!

Sünde, die „Zielverfehlung“ ist kein harmloser Zeitvertreib. Wer sich von Gott, dem Lebensspender durch eine „Zielverfehlung“, eine Sünde trennt, auf den wartet der Tod.

„Die Sünde zahlt ihren Lohn: den Tod. Gott dagegen macht uns ein unverdientes Geschenk: durch Jesus Christus, unseren Herrn, schenkt er uns ein Leben, das keinen Tod mehr kennt.“ Römer 6,23

3. Übertretung

parabasis (griechisch)

„Es meint räumlich oder übertragen die Abweichung, Überschreitung, Übertretung." (7)

„Du rühmst dich des Gesetzes, und schändest Gott durch Übertretung des Gesetzes."
Römer 2,23; (Luther)

Ein sportlicher Wettkampf wird ausgetragen. Die besten Sportler sind für den Weitsprung angetreten. Die Absprunglinie darf nicht übertreten werden. Der Weitsprungfavorit hat die Absprunglinie um einen Fingerbreit übertreten. Der Sprung ist ungültig. Auch bei zwei weiteren Sprüngen erfolgt ein Übertritt. Die bittere Wahrheit lautet: Disqualifikation, d.h. Ausschluss vom Wettkampf.

Wer die Grenzlinie der Gebote Gottes übertritt, der macht sich eines Vergehens schuldig, er wird zum Sünder, er wird disqualifiziert. Gott muss ihn ausschließen – er ist ein Todeskandidat.

parabaino, Verb (griechisch)

„Durch Übertretung eine Stellung oder ein Amt verlieren" (8),
„danebentreten, vorbeigehen, abirren." (9)

Immer wieder kommt es vor, dass ein Verantwortungsträger seinen Zuständigkeitsbereich übertritt und sich Rechte erlaubt, die ihm nicht zustehen. Diese Verfehlung kostet ihm seine Stellung. Er verliert sein Amt.

Durch die Übertretung der Anordnung Gottes haben die ersten Menschen ihre Stellung zu Gott verloren, sie wurden zu Sündern.

4. Gesetzesübertretung

Anomia (griechisch)
„Übertretung des Gesetzes, Sünde." (10)
Die Einstellung einer Person zum Gesetz, indem sie genau entgegengesetzt handelt.

Zum Schutz der Verkehrsteilnehmer wird der Straßenverkehr durch Verkehrsgesetze geregelt. An einer Baustelle wird die Geschwindigkeit auf 60 km/h begrenzt. Es gibt Autofahrer, die sich durch diese Vorschrift eingeengt fühlen. Unbekümmert fahren sie 20 oder 30 km/h schneller und beachten die Geschwindigkeitsvorschrift nicht. Sie missachten das Verkehrsgesetz und machen sich der Geschwindigkeitsübertretung schuldig.

Dieselbe Situation begegnet uns, wenn sich jemand durch die Forderungen und Gebote Gottes eingeengt fühlt. Er ist der Meinung sich über die Gebote ungestraft hinwegsetzen zu können. Seine innere Einstellung ist negativ und er handelt den Geboten Gottes gegenüber genau entgegengesetzt. Die Übertretung des Gesetztes wird von Gott als Sünde bezeichnet.

> *„Der Menschensohn wird seine Engel aussenden, und sie werden aus seinem Herrschaftsgebiet alle einsammeln, die Gott ungehorsam waren und auch andere zum Ungehorsam verleitet haben."* Matthäus 13,41

Sünde ist ein Bruch mit Gott

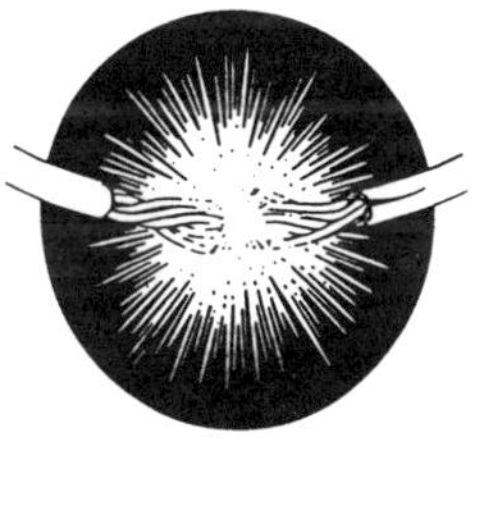

„Sünde ist Bruch des Gottesverständnisses. So können die vielen Einzelsünden nur verstanden werden als Symptome der einen Sünde, die im Leben ohne Gott besteht, im Unglauben, in der Hoffnungslosigkeit, in der Verleugnung der Liebe … dies ist auf die eine Wurzel des Abfalls von Gott zurückzuführen." (11)

Vergebliche Sündenbewältigung

„Wo der Mensch sich selbst zum Maßstab setzt, weiß er zwar, dass er Fehler macht, Mängel und verhängnisvollen Trieben unterworfen ist, dass er dem Tod entgegengeht, aber er erklärt das naturalistisch, psychologisch, soziologisch. Das natürliche Aggressionsverhalten wird als eine notwendige Funktion des Daseins angesehen, um

im Kampf aller gegen alle und im Getriebe der Gesellschaft bestehen und überleben zu können. Tritt es als Böses konzentriert und verbrecherisch auf (etwa als Massenvernichtung, ‚Verbrechen gegen die Menschlichkeit'), so wird es oft als Krankheit, geschichtliche Notwendigkeit oder geschichtliches Verhängnis verstanden und erklärt. Daraus entsteht ein Gefühl der Machtlosigkeit, hoffnungslos dem Räderwerk von Welt und Geschichte ausgeliefert zu sein …
Der persönliche Bereich wird von Krankheit, Leiden, Frustration, Angst, Versagen und Tod bestimmt … In allen Ideologien und Religionen sucht man Wege, mit dem Bösen zu leben, es durch Haltung und Bemühung zu überwinden.

Dennoch bleibt Sünde wie auch Glaube letztlich persönlich zu verantworten. Alle Auswege, die Sünde zuerst bei anderen, bei den Verhältnissen, in der Gesellschaft finden zu wollen, heben diese Verantwortung nicht auf." (12)

Die Befreiung aus dem Sündengefängnis

Wir sind alle durch eigenes Verschulden in ein Sündengefängnis geraten. Niemand kann sich in eigener Kraft aus dem Sündengefängnis befreien. Durch unsere okkulten Kontakte oder die okkulte Betätigung unserer Vorfahren, ist es dem Gegenspieler Gottes möglich, von uns im Sündengefängnis noch obendrein einen „Belastungspreis" zu fordern. Wir werden gequält und kennen die Ursachen nicht.

Der Befreier aus dem Sündengefängnis und von allen Belastungspreisen heißt: **Jesus Christus**. Er vergibt jede Sünde und begnadigt uns von der ewigen Todesstrafe. Weiterhin schenkt uns Jesus durch den Heiligen Geist eine innere Neuorientierung. Der Heilige Geist führt uns aus der gottesfeindlichen „Rebellionshaltung" heraus. Wir haben keine Freude mehr, unser Leben in der Auflehnung zu Gott zu leben. Wir erhalten ein neues, inneres Verlangen, den richtigen Weg in der Gemeinschaft mit Gott zu gehen.

Beschenkt mit göttlicher Vergebung, versöhnt mit Gott und den Mitmenschen und befreit von okkulter Belastung, erleben wir einen nie gekannten Herzensfrieden. Wir beginnen ein „neues, lebenswertes Leben".

Auch du kannst dieses in jeder Hinsicht lebenswerte Leben erleben, wenn du den Weg der Befreiung, der in diesem Buch beschrieben wird, gehst. Was hält dich zurück, das Angebot Gottes noch heute anzunehmen?

Gottes Geschenke kosten nichts!

Quellenangabe

1 The Hebrew-Greek Key Study Bible, Spiros Zodhiates, AMG Publishers, Chattanooga, TN 37422, U.S.A., S. 1629.

2 Lexikon zur Bibel, Herausgeber Fritz Rienecker, R. Brockhaus-Verlag Wuppertal und Zürich, Gondrom Verlag, 19. Auflage, 1991, S. 1353.

3 Ebenda, S. 1354.

4 Ebenda, S. 1352.

5 The Hebrew-Greek Key Study Bible, S. 1591.

6 Ebenda, S. 1662.

7 Theologisches Begriffslexikon zum Neuen Testament, Theologischer Verlag R. Brockhaus, Wuppertal, 1977, S. 1200.

8 The Hebrew-Greek Key Study Bible, S. 1717.

9 Theologisches Begriffslexikon zum Neuen Testament, S. 1199.

10 The Hebrew-Greek Key Study Bible, S. 1665.

11 Theologisches Begriffslexikon zum Neuen Testament, S. 1202.

12 Ebenda, S. 1202-1204.

Auswirkungen okkulter Belastung

Der Gegenspieler Gottes wartet nur darauf, dass wir seine Hilfe für unsere Anliegen in Anspruch nehmen. Die „Dienstleistungen“ des Teufels gibt es nicht umsonst. Wir müssen stets einen hohen Preis in Form von negativen Belastungen dafür bezahlen. Es spielt keine Rolle, ob wir uns im Scherz oder Ernst, aus Neugierde, wissend oder unwissend, bewusst oder unbewusst in den Einflussbereich des Teufels begeben haben, wir müssen die teuflischen Preisforderungen bezahlen. In der Regel ist der Teufelspreis höher als die vermeintliche Hilfe, die wir in Anspruch genommen haben. Die Belastungen treten individuell unterschiedlich und auch nicht gleichzeitig auf. **Keiner,** der einmal die Hilfe des Teufels in Anspruch genommen hat, **bleibt ohne Belastung – aber keiner weist alle Belastungen auf.**

Die gute Nachricht: Jesus Christus, der Sohn Gottes, ist der Sieger über den Teufel. Jesus Christus kann dich von allen okkulten Belastungen befreien. Möglicherweise treten die teuflischen Störangriffe erst bei der bewussten Hinwendung zu Jesus auf.

Dieses Buch wurde geschrieben, um dir den **„Weg der Befreiung“** (Seite 87-97) zu zeigen.

Wenn du Gott aus dem Weg gehst und im Bereich der Gottesferne lebst, hast du trügerische „Ruhe“. Vielleicht betrachtest du die unangenehmen Begleiterscheinungen in deinem Leben als Gegebenheiten, mit denen man sich abfinden muss. Ich wünsche dir vielmehr, dass Gottes Angebot, mit der **„Befreiung durch Jesus“**, dein Leben grundlegend zum Guten verändert.

Wichtig! Die nachfolgend aufgeführten, typischen okkulten Belastungen können auch andere Ursachen haben. **Bei den genannten Symptomen kann man nicht in jedem Fall auf eine okkulte Belastung schließen.**

Wichtig!
Wenn eine okkulte Belastung vorliegt, schenkt Jesus Christus dir die Befreiung.

Charakterveränderungen

Extreme charakterliche Tendenzen und Störungen, z. B.:

Gewinnsucht, Verschwendungssucht, Geiz.

Dickköpfigkeit, Unversöhnlichkeit, Hartherzigkeit, ein Herz wie Stein.

Streitsucht, Unversöhnlichkeit, Kritiksucht.

Überempfindlichkeit, ständig wegen jeder Kleinigkeit beleidigt sein.

Ein finsteres Wesen.

Selbstgerechtigkeit, egoistische Grundeinstellung.

Affektsteigerungen: explosive Reizbarkeit, Neigung zu Ärger, Jähzorn, Fluchen, Tobsuchtsanfälle, Zerstörungswut.

Zunehmende Kontaktschwierigkeiten, Änderungen des Verhaltens gegenüber Mitmenschen, Kontaktarmut, Ungeselligkeit.

Zügellose Ungeduld und Unbeherrschtheit.

Labilität, charakterliche Haltlosigkeit.

Gleichgültigkeit gegenüber der Sünde, häufig schwere Verfehlungen.

Fehlverhalten: Lügensucht, Stehlsucht, krankhafte Eifersucht.

Seelische Störungen

Wichtig!
Bei seelischen Störungen ist zuerst der Facharzt zuständig. Verschwinden trotz intensiver ärztlicher Behandlung über einen längeren Zeitraum die seelischen Störungen nicht, liegt der Verdacht nahe, wenn eine okkulte Betätigung stattgefunden hat, dass hier eine okkulte Belastung vorhanden ist. In diesem Fall muss die Hilfe durch Jesus Christus, die in diesem Buch aufgezeigt ist, in Anspruch genommen werden.

Bei okkulter Betätigung treten häufig sofort seelische Störungen auf. Wer sich von Gott abwendet und lieber satanische Dienste in Anspruch nimmt, der erlebt eine seelische Spaltung.

Es zeigen sich merkwürdige Spaltungserscheinungen: dies ist besonders bei okkulten Heilungen der Fall.

Zwangsneurose (psychische Störung), Zwangsantrieb zu sinnlosen oder abwegigen Handlungen, Drang- und Impulshandlungen, Wiederholungszwang (meist negativer Art), Zwangsdenken (merkwürdige hartnäckige Vorstellungen).

Depressionen, besonders periodische Depressionen.

Melancholie (Schwermut, Lebensunlust, Lebensüberdruss, Trübsinn).

Seelische Anfechtungen unterschiedlicher Art in der Gedankenwelt, z. B. Lästergedanken. Schwere Attacken aus dem Reich der Finsternis.

Unerklärliche Angstzustände, Angstanfälle, Furcht vor Dunkelheit, das ständige Gefühl, man ist nicht alleine im Zimmer.

Selbstmordgedanken, der Drang, sich etwas anzutun,

die Häufung von Selbstmordfällen in der Verwandtschaft.

Alpträume, seltsame Träume.

Merkwürdige, der Epilepsie ähnliche Anfälle.

Anfälle einer völligen Starrheit, die Menschen werden steif wie ein Brett (besonders wenn sie sich mit göttlichen Dingen beschäftigen wollen).

Stimmungslabilität, extreme Gefühle.

Geringe seelische Belastbarkeit, Überempfindlichkeit, (selbst bei kleinen Anlässen schnell aus dem Gleichgewicht kommen).

Dauernde Friedlosigkeit und Unruhe.

Wahnideen, z. B. Zerstörungswahn, Verfolgungswahn, visuelle, akustische und Gefühls-Halluzinationen (Sinnestäuschungen).

Bei Vollmond eine Häufung der psychischen Anfechtungen.

Nervöse Störungen, das Gefühl, wahnsinnig zu werden, Schlafstörungen.

Eine Auflösung der Gedankenkonzentration.

Mangel an Entschlusskraft, man fühlt sich wir gelähmt, wenn es gilt, eine Arbeit zu erledigen.

Bei okkulten Heilungen verlagert sich die körperliche Not in den seelischen Bereich (z. B. bei Spruchheilungen). Die Gesundung wird in der Regel mit seelischen Störungen bezahlt.

Meistens treten ernstere Störungen erst auf, wenn sich der Geheilte Christus zuwenden möchte, oder der Gläubige sein Glaubensleben aufrechterhalten möchte.

Glaubensnöte

Widerstand gegen das Göttliche: wenn von geistlichen Dingen die Rede ist, fällt ein „eiserner Vorhang“, d. h. in Glaubensdingen nicht ansprechbar sein – ein seltsamer, plötzlicher Stimmungsumschwung tritt ein, Blockierung.

Antichristliche und antigöttliche Kampfhaltung, bewusster Atheismus; Spottlust, Zweifelsucht, von einem Zweifel in den anderen fallen.

Abwehrstellung und innerer Widerstand gegen alles, was mit dem christlichen Glauben zusammenhängt: gegen Gott, Bibel und Christentum. Ekel vor dem Wort Gottes und gegen jedes göttliche Empfinden, Übelkeit bis hin zum Erbrechen.

Bei klarer biblischer Verkündigung wird der okkult Belastete von innerer Unruhe gepackt, er kann nicht länger zuhören, er muss hinausgehen oder ein „Schlafgeist“ überfällt ihn, er schläft nur bei der Verkündigung des Wortes Gottes, sonst ist keine körperliche Müdigkeit vorhanden.

Gedankliche Abwesenheit bei religiösen Anlässen.

Krankheiten oder Unglücksfälle hindern daran, eine Wortverkündigung oder eine Bibelwoche zu besuchen.

Besonders Menschen, die über Spiritismus angeblichen Kontakt mit Verstorbenen aufgenommen haben, stehen in dem unmittelbaren Machtbereich Satans. Sie haben häufig große Schwierigkeiten, eine Entscheidung für Christus zu treffen.

Generell eine Erschwerung, sich für Christus zu entscheiden, besondere Anfechtungen, furchtbare Kämpfe, große innere Unruhe bei dem Entschluss zur Umkehr zu Christus.

Nach der Bekehrung schwere Anfechtungen, die vorher nicht da gewesen sind (Angst, Unruhe, Tobsucht, Krankheit, Schwermut), und eine leichte Anfälligkeit zur Rückkehr ins frühere Leben, furchtbare Angriffe und Störungen. Besondere Anfechtungen, wenn man sich geistlich betätigt, z. B. die Bibel lesen, beten …

Das Gefühl der körperlichen und räumlichen Nähe einer unheimlichen Macht.

Lästergedanken, besonders gegen die Dreieinigkeit, Lästerzwang, Lästergedanken und Beleidigungen gegen Gott beim Beten.

Stimmen hören, die zu Dingen auffordern, die ein Unrecht sind.

Wenn andere Christen für Menschen beten, die neu in die Nachfolge Jesu getreten sind, hören die Schwierigkeiten bei den „Glaubensanfängern“ auf, sie erleben Ruhe und Frieden – aber meistens nur für eine kurze Zeit. Erst wenn der okkult Belastete den **„Weg der Befreiung“** gegangen ist, erlebt er den bleibenden Frieden.

Bei Christen, die sich in okkulte Praktiken eingelassen haben, kommt es zu Blockierungen des Glaubenslebens: Das Gefühl, die Verbindung zu Christus ist abgeschnitten, sie können nicht mehr beten, das Wort Gottes lesen oder verspüren eine große Unlust dazu.

Weitere okkulte Belastungen können sein:

Sehr extreme Lebenseinstellung, Fanatismus, geistlicher Hochmut, Scheinfrömmigkeit, Lieblosigkeit, keine Freude am Wort Gottes, am Gebet.

Religiöser Wahn, sonderbare und eigenwillige Bibelauslegungen.

Triebentartung

Charakterliche Haltlosigkeit und überhöhte Leidenschaftlichkeit.

Plötzlich einsetzende, gesteigerte oder abnorme Geschlechtlichkeit; Don-Juan Mentalität, sexuelle Verwilderung, auch als Gewalttätigkeit oder Tötungslust (Ritual- oder Lustmorde), lüsterne Perversionen, Triebhaftigkeit, geschlechtliche Entgleisungen, Homosexualität, Sodomie.

Suchtanfälligkeit: Hang zu Süchten aller Art, starke Gebundenheiten: Fresssucht, Magersucht, Alkoholsucht, Nikotinsucht, Drogensucht, Spielleidenschaft, krankhafte Stehlsucht (Kleptomanie), krankhafter Kauftrieb (kommt auch bei endogener Depression vor), Brandstiftungssucht.

Zügellose Ungeduld und Unbeherrschtheit.

Zielloses Umherirren, Wandertrieb.

Organische Schäden

Wichtig!
Jede organische Erkrankung muss zuerst von einem Arzt behandelt werden. Tritt selbst nach intensiver ärztlicher Behandlung keine Besserung ein, kann möglicherweise auch eine okkulte Belastung vorliegen. Hier ist die Befreiung durch Jesus Christus notwendig.

Mögliche Folgen von okkulter Betätigung:

Häufung von Krankheiten, insbesondere chronische Haut- und Kopfleiden (z. B. Migräne); eine Kette von Krankheiten durchmachen.

Nervöse Beschwerden, Nervenzusammenbrüche.

Herzbeklemmungen.

Entwicklung von Gedächtnisschwäche.

Gewisse epileptische Anfälle.

Entwicklungsrückstände bei Kindern.

Nährboden für Geisteskrankheiten

Wichtig!
Jede Geisteskrankheit muss zuerst von einem kompetenten Facharzt behandelt werden. Wenn trotz bester ärztlicher Behandlung über einen längeren Zeitraum keine

positiven Ergebnisse festzustellen sind, liegt unter Umständen auch eine okkulte Belastung vor. Hier kann Hilfe und Befreiung nur durch Jesus Christus erfolgen.

Okkulte Betätigung ist nicht die Ursache für Geisteskrankheiten, aber sie schafft das Klima dafür.

Psychosen; religiöser Wahnsinn; mediumistische Psychosen (durch Verkehr mit Geistern), sind echten Geisteskrankheiten sehr ähnlich.

Bewusstseintrübungen, Dämmerzustände.

Mysteriöse Unglückfälle

Seltsame Unfälle treten gehäuft auf.

Spukerscheinungen

So genannte „Spukerscheinungen" haben in der Regel ihre Ursachen in okkulter Betätigung, besonders durch Spiritismus oder Magie.

Unerklärliche Klopfzeichen, Poltern und andere sonderbare Geräusche.

Gegenstände werden wie von unsichtbaren Händen bewegt, z. B. Möbel werden verrückt, angehoben, fliegen durch das Zimmer, schweben, Türen öffnen sich (es geht hier um wirkliches Geschehen und keine Halluzinationen). Gegenstände fallen von Schränken und Möbeln. Häuser werden so zu „Spukhäusern", besonders wenn sich ein früherer oder der jetzige Hausbewohner okkult oder spiritistisch betätigt hat.

Alpdrücken, d.h. in der Nacht das Gefühl haben, es kommt jemand ins Zimmer, es nähert sich jemand, u. U. auch sichtbar und fühlbar, besonders in hellen Mondnächten, meist im Anschluss an eine spiritistische Sitzung oder nach einem Besprechungsvorgang.

Bei Spiritismus wirkliche Stimmen hören (bei Schizophrenie ist es eine Sinnestäuschung).

Totenerscheinungen, Geistererscheinungen, Geistmaterialisationen.

Automatisches Schreiben einer Schreibmaschine, automatisches Spielen eines Klaviers oder eines anderen Instruments (hervorgerufen durch Spiritismus).

Dämonische Belästigungen, Umsessenheit

Richard Krise erklärt: „Wenn man sich den Menschen als eine Stadt vorstellt, ergibt sich folgendes Bild: ‚Die Stadt wird belagert, der Feind steht draußen vor den Toren und beschießt die Stadt. In diesem Fall kann man von einer **dämonischen Belästigung** sprechen.

Der Feind kann aber auch in die Stadt eindringen und einige Straßen und Viertel erobern. Hier würden wir von einer **dämonischen Gebundenheit** sprechen, die je nach dem Umfang des eroberten Gebietes leichter oder schwerer sein kann.

Bei der **Umsessenheit** wird der Mensch von außen her mit Störungen und Verwirrungen angegriffen, Der Dämon ist nur ab und zu da. Deshalb ist die Umsessenheit schwieriger zu erkennen.'"[1]

Dämonische Besessenheit

„Bei dämonischer Besessenheit ist die ganze Stadt in Feindeshand gefallen. ... Der Kampf wird dann meistens schwer sein und länger dauern. Bei der Besessenheit hat der Feind den Menschen erobert, er beherrscht ihn. Bei Besessenheit stellt man sich den Dämon als permanent gegenwärtig vor.“[2]

Ein oder mehrere Dämonen ergreifen von einem Menschen Besitz, sie regieren das Leben von innen her. Der Mensch verliert die Kontrolle über sich selbst.

Charakteristisch: Radikale Feindschaft gegen Gott, Christentum und Bibel; Tobsuchtsanfälle, Zerstörungswut, Neigung zu Gewalttat und Verbrechen.

Die Tür für die Besessenheit von Dämonen ist häufig eine eigene Blutsverschreibung, d.h. eine vollständige Lebensübergabe an den Teufel. Jetzt hat der Teufel das Recht, von einem Menschen vollständig Besitz zu ergreifen.

Okkulte „Fähigkeiten“

Die Gaben des Heiligen Geistes finden in den okkulten „Fähigkeiten“ ihr negatives Gegenstück.

Durch Zaubereisünden der Vorfahren oder durch eigene okkulte Zauberei, besonders in Besprecherfamilien, bei Amulett- und Blutsverschreibungen, durch Spiritismus, kommt es zu medialer Kontaktfähigkeit, die sich in vielen Äußerungsmöglichkeiten und Stärkegraden zeigt:

Z.B. Visionen, Wahrträumen, Hellsichtigkeit, das „zweite“ Gesicht (bei Vollmond eine Häufung der Gesichte), hellfühlen, hellhören; Stimmen hören, automatisches Schreiben; religiöse und akustische Erscheinungen haben.

Mit angeblichen Geistern Verstorbener und Dämonen Kontakt aufnehmen, die Gegenwart von Geistern spüren, Teufels- und angebliche Totenerscheinungen wahrnehmen.

Exkursionen der Seele erleben, sich außerhalb des Leibes befinden und dabei selbst weite Entfernungen zurücklegen, Kenntnis von wichtigen Informationen bekommen.

Magische Beeinflussung, einen Bann aussprechen.

Unnatürliche, große physische Kräfte entwickeln.

Die Aufzählung der okkulten Belastungen und der okkulten Fähigkeiten erhebt keinen Anspruch auf Vollständigkeit.

Schlussfolgerung

Niemand wird behaupten wollen, dass okkulte Belastungen das Leben lebenswerter machen. Vielleicht hast du dich in dieser Aufzählung in deiner augenblicklichen Lebenssituation entdeckt.

---

1 Richard Kriese, *Okkultismus im Angriff,* (Hänssler, Neuhausen-Stuttgart, 4. Auflage 1988), S. 185.

2 ebd.

Lieber Leser, du brauchst nicht entmutigt sein, es gibt Hilfe. Du kannst von deinen okkulten Belastungen frei werden. **Jesus Christus macht dich frei!** Wenn du willst, kannst du heute noch von deinen okkulten Belastungen frei werden. Gehe den **„Weg der Befreiung"**, der in diesem Buch beschrieben wird (Seite 87-97). Jesus Christus hat Satan besiegt! **Jesus Christus will auch in deinem Leben der Sieger sein. – JESUS LIEBT DICH! – Nimm das göttliche Hilfsangebot an!**

„Wer nicht aufhört zu sündigen, gehört dem Teufel, denn der Teufel hat von Anfang an gesündigt. Der Sohn Gottes aber ist auf die Erde gekommen, um die Werke des Teufels zu zerstören." (1. Johannes 3,8)

Benutzte Literatur

Kurt E. Koch *Der Aberglaube,* Evangelisationsverlag Berghausen

Kurt E. Koch *Die Magie aus der Sicht der Seelsorge,* Berghausen, 3. Auflage

Kurt E. Koch *Okkultes ABC,* Brunnenverlag Basel

Kurt E. Koch *Der Spiritismus aus der Sicht der Seelsorge,* Berghausen

Kurt E. Koch *Seelsorge und Okkultismus,* Berghausen, 7. Auflage

Emil Krämer *Geöffnete Augen über die List Satans und die völlige Erlösung am Kreuz,* Leinfelden

Ernst Modersohn *Im Banne des Teufels,* Francke, Marburg, 1975

Literatur-Empfehlung

Neil T. Anderson / D. Park *Der die Ketten sprengt – Jugendausgabe,* Logos Verlag, Lage, 2002

Daniel Gerber *Esoterik – die unerfüllte Suche,* Brunnen Verlag, Basel und Gießen, 2001

Cindy Jacobs *Der okkulte Angriff,* Asaph Verlag, Lüdenscheid, 2001

Kurt E. Koch *Christus oder Satan,* Bibel und Schriftenmission Dr. Kurt E. Koch e.V., Schwäbisch Gmünd 1998

Richard Kriese *Okkultismus im Angriff,* Hänssler, Neuhausen-Stuttgart, 4. Aufl., 1988

Hans-J. Ruppert *Okkultismus, Geisterwelt oder neuer Weltgeist?,* Edition Coprint, Wiesbaden und Wuppertal, 1990

Helge Stadelmann *Das Okkulte,* Gießen/Basel: Brunnen Verlag, 1984

Kriterien zur Unterscheidung alternativer Heilmethoden

Wenn wir nun also alles prüfen wollen, um das Gute zu behalten, so dürfen wir keineswegs nur die Dinge in Augenschein nehmen, die wir des Okkultismus verdächtigen. Die geistlichen Aspekte vieler alternativer Heilmethoden scheinen aber wichtig, um mögliche Konflikte mit dem christlichen Glauben aufzuzeigen. Tabelle 5 gibt einige Fragen wieder, die gestellt werden können, ehe man sich für oder gegen die Anwendung einer Methode entscheidet.

Tabelle 5: Geistliche Kriterien zur Prüfung von Heilmethoden(nach J. Neidhart):

1. Wirkt diese Heilmethode nur zusammen mit einer Philosophie? Wenn ja, mit welcher? Ist diese Philosophie vereinbar mit Gottes Wort (Kolosser 2,8)?

2. a) Bringt mich diese Methode näher zu Gott oder schwächt sie meinen Glauben (Matthäus 7,16-20)?

   b) Habe ich Frieden mit Gott bei der Anwendung dieser Heilmethode (Philipper 4,7)?

3. Kommen bei dieser Heilmethode Begriffe vor, die ich im Okkultismus oder in der Esoterik finde (5. Mose 18,9-12)?

4. Arbeitet diese Methode – als Ersatz für den Heiligen Geist – mit kosmischen Energien oder unpersönlichen Urkräften aus dem Universum (Epheser 6,12)?

5. Ist der Weg zur Heilung auf der Selbstheilung, Selbsterlösung oder Selbstvergötterung des Menschen aufgebaut (1. Mose 3,5)?

6. Suche ich damit Hilfe im Glauben oder im Aberglauben (Offenbarung 21,8.27; Offenbarung 22,14.15)

Die Aussagen des Wortes Gottes zur Tabelle 5:

(Nach der Bibelausgabe Hoffnung für alle)

Zu Punkt 1:

> *„Fallt nicht auf Weltanschauungen und Hirngespinste herein. All das haben sich Menschen ausgedacht; aber hinter ihren Gedanken stehen dunkle Mächte und nicht Christus.“* Kolosser 2,8

Zu Punkt 2 a:

> *„Wie man einen Baum an seinen Früchten erkennt, so erkennt man sie an dem, was sie tun. Weintrauben kann man nicht von Dornbüschen und Feigen nicht von Disteln ernten.*

Ein guter Baum bringt gute Früchte und ein kranker Baum schlechte. Ein guter Baum wird keine schlechten Früchte tragen und ein kranker Baum keine guten. Jeder Baum, der keine guten Früchte bringt, wird umgehauen und verbrannt. Ebenso werdet ihr die falschen Propheten an ihren Früchten erkennen.“ Matthäus 7,16-20

Zu Punkt 2 b:

„Und Gottes Friede, der all unser Verstehen üb ersteigt, wird eure Herzen und Gedanken im Glauben an Jesus Christus bewahren.“ Philipper 4,7

Zu Punkt 3:

„Wenn ihr jetzt in das Land kommt, das der Herr, euer Gott, euch gibt, dann übernehmt von den Völkern dort keinen ihrer abscheulichen Bräuche! Niemand von euch darf seinen Sohn oder seine Tochter als Opfer verbrennen, niemand soll wahrsagen, zaubern, Geister beschwören oder Magie treiben. Keiner darf mit Beschwörungen Unheil abwenden, Totengeister befragen oder mit Verstorbenen Verbindung suchen. Wer so etwas tut, ist dem Herrn zuwider. Gerade wegen dieser abscheulichen Bräuche vertreibt er die anderen Völker und gibt euch das Land. Ihr aber gehört zum Herrn, eurem Gott. Darum haltet ihm die Treue.“ 5. Mose 18,9-12

Zu Punkt 4:

„Denn wir kämpfen nicht gegen Menschen, sondern gegen Mächte und Gewalten des Bösen, die über diese gottlose Welt herrschen und im Unsichtbaren ihr unheilvolles Wesen treiben.“ Epheser 6,12

Zu Punkt 5:

„‚… aber Gott weiß: Wenn ihr davon esst, werden eure Augen geöffnet – ihr werdet sein wie Gott und wissen, was Gut und Böse ist‘“ 1. Mose 3,5

Zu Punkt 6:

„Furchtbar aber wird es denen ergehen, die mich feige verleugnen und mir den Rücken gekehrt haben, den Mördern und denen, die sexuell zügellos leben, allen, die Zauberei treiben und anderen Göttern nachlaufen, den Lügnern und Betrügern. Sie alle werden in den See aus brennendem Schwefel geworfen. Das ist der zweite, der ewige Tod.“
„Doch wer Böses tut und die Sünde liebt, wer lügt und betrügt, der darf diese Stadt niemals betreten. Nur wer im Lebensbuch des Lammes steht, wird eingelassen.“ Offenbarung 21,8.27
„Glücklich werden alle sein, die ihre Kleider gewaschen haben. Sie dürfen durch die Tore in die Stadt eingehen und die Früchte von den Bäumen des Lebens essen.
Draußen vor den Toren der Stadt müssen alle Feinde Gottes bleiben, alle, die sich mit Zauberei abgeben, die sexuell zügellos leben, die Mörder, alle, die anderen Göttern nachlaufen, die gerne lügen und betrügen.“ Offenbarung 22,14.15

Als Arzt möchte ich aber noch einen Schritt weitergehen und vier Prüfsteine vorstellen, die hilfreich sein können, um eine Entscheidung in Bezug auf die Anwendung einer alternativen Heilmethode zu treffen (Tabelle 6). Die nachfolgenden Fragen werden von verschiedenen Personen unterschiedlich beantwortet, je nachdem, wie und bei welchem Problem sie eine Methode anwenden. Sie geben aber auch die Möglichkeit, je nach der Empfindlichkeit eines Gewissens eine Methode und ihre Anwendung differenziert zu beurteilen.

Tabelle 6: Vier Prüfsteine zur Anwendung von Heilmethoden

1. Welches ist der philosophische Hintergrund der Methode?
   Geht die Methode geschichtlich auf esoterische, okkulte oder spiritistische Vorstellungen zurück?

2. Wie erklärt man sich die Wirksamkeit der Methode?
   Lässt sich die Methode auch ohne okkulte beziehungsweise esoterische Modelle erklären?

3. Welche medizinisch-wissenschaftliche Nachweise gibt es für die Methode?
   Ist die Wirksamkeit einer Methode medizinisch nachweisbar?

4. Wird die Methode mit esoterischen Praktiken und Ritualen vermischt?
   Erfolgt die Anwendung ohne die Vermischung mit okkulten beziehungsweise esoterischen Praktiken?

Wolfgang J. Bittner / Samuel Pfeifer, *An Leib und Seele heil werden,* (R. Brockhaus Verlag Wuppertal, 2. Auflage 1997), Seiten 96-98.

Zehn Thesen zu einer ganzheitlichen Medizin aus christlicher Sicht

(Samuel Pfeifer)

1. **JA zu einer ganzheitlichen Betrachtung des Menschen in allen seinen Lebensbezügen – jedoch auf der Grundlage des Wortes Gottes und des darin entwickelten Bildes des Menschen.**

   NEIN zu einer synkretistischen, pantheistischen Systemschau des Lebens, die aus dem Okkulten schöpft.

2. **JA zu einem verantwortungsbewussten und zurückhaltendem Umgang mit den therapeutischen Möglichkeiten der modernen Medizin.**

   NEIN zu einem Ersatz bewährter medizinischer Anwendungen durch eine naturheilkundliche und esoterische Therapieflut ohne wissenschaftliche Grundlage.

3. **JA zu einer Betrachtung und Behandlung von Krankheiten unter Berücksichtigung geistlicher Einflüsse auf das menschliche Befinden.**

   NEIN zu einer kosmischen Sicht des Krankheitsgeschehens auf dem Hintergrund östlicher Spiritualität.

4. **JA zur Förderung der Eigenverantwortung und zur Unterstützung gottgegebener Selbstheilungskräfte.**

   NEIN zu einer psychologischen Selbstverwirklichungs-Ideologie und zu Techniken, die Selbstheilungskräfte auf magischem und östlich-meditativem Wege fördern sollen.

5. **JA zu einer Besinnung über dem Wort Gottes durch Bibellese und Gebet.**

   NEIN zu meditativen und autosuggestiven Verfahren, die den Menschen nur auf sich selbst oder auf „geistige Kräfte“ verweisen.

6. **JA zum segnenden Gebet über Kranken im Rahmen der von Jakobus 5 gegebenen Anweisungen.**

   NEIN zu Handauflegung und Massage, die „heilende Energie“ auf den Patienten übertragen sollen.

7. **JA zur Offenheit für übernatürliche Heilungen und Wunder durch das Wirken des Heiligen Geistes im Rahmen der christlichen Gemeinde und im Kontext des Evangeliums.**

   NEIN zur Geistheilung unter Zuhilfenahme von jenseitigen Kräften und Geistern.

8. **JA zum Bekennen und zur Abkehr von okkulten Praktiken. Bei Unsicherheiten in der Beurteilung einer Heilmethode ist eher zum Verzicht zu raten.**

   NEIN zur vorschnellen und einseitigen Erklärung psychischer und somatischer Beschwerden als „okkulte Belastung" durch eine Behandlung mit alternativen Heilmethoden.

9. **JA zur Realität der Vergänglichkeit, Anfechtbarkeit und Schwachheit des Menschen in dieser Welt.**

   NEIN zu einer Betonung der Gesundheit als Ausdruck der Harmonie mit Gott.

10. **JA zur Betonung von Gottes Wirken auch im Leiden, sei es zur inneren Reifung eines Menschen oder aber auch zur Erzeigung seiner Kraft in der Schwachheit. Die christliche Gemeinde hat einen wesentlichen Auftrag zu einer ganzheitlichen Betreuung kranker Menschen, die nicht zur Heilung, sondern auch das Tragen der Schwachen mit einschließt.**

Wolfgang J. Bittner / Samuel Pfeifer, *An Leib und Seele heil werden,* (R. Brockhaus Verlag Wuppertal, 1997), S. 108.109.

Begriffserklärung

Esoterik:	Geheimwissenschaft.
Magie:	Geheimkunst, die sich übersinnliche Kräfte dienstbar zu machen sucht. Zauberei.
Pantheismus:	Lehre, nach der Gott in allen Dingen der Welt existiert bzw. Gott und Weltall identisch sind.
Spiritualität:	Geistigkeit, inneres Leben, geistiges Wesen.
Synkretismus:	Vermischung verschiedener Religionen, philosophischer Lehren.

Quelle: *DUDEN,* Deutsches Universalwörterbuch, (Duden-Verlag Mannheim / Zürich / Wien, 2. Auflage 1989).

Die Lehre der Esoterik im Spiegel der Bibel

Gott: Der Esoteriker glaubt überwiegend an etwas Göttliches, das unpersönlich bzw. überpersönlich ist, wie an einen universalen Geist oder eine kosmische Energie.
Dagegen glaubt der Christ an einen persönlichen Gott, mit dem er in eine lebendige Beziehung tritt.

Mensch: Die meisten Esoteriker behaupten: Der Mensch ist in seinem innersten Wesen selbst göttlich.
Der Mensch ist nach der Bibel Gottes Geschöpf und Ebenbild, das jedoch gefallen und Gott niemals gleichgestellt ist.

Kosmos: Die Esoterik glaubt, der Kosmos sei belebt oder gar durchdrungen von Gott (Pantheismus). Alle Existenz sei letztlich spirituelle Existenz und miteinander verwandt. Die Esoterik betont die Entsprechung von Mensch und Universum, von Mikro- und Makrokosmos. Unser Weltbild brauche einen „Paradigmenwechsel", eine grundlegend neue Sicht der Dinge und eine Veränderung der Denkstrukturen, um dies zu erfassen.
Für den Christen sind Natur und der ganze Kosmos Gottes Schöpfung.

Sünde: Die Esoterik lehnt wie jeder Pantheismus die biblische Lehre von der „Sünde" und „Trennung von Gott" konsequent ab. Die Trennung besteht, wenn schon in der mangelnden Erkenntnis und im eigenen Bewusstsein, das einer neuen, erleuchteten Einsicht in die „Einheit mit dem Göttlichen" bedarf.

Erlösung: Der Esoteriker sagt: Der Mensch kann sich selbst erlösen, indem er sein göttliches Wesen erfährt und erkennt – in der Erleuchtung. Es gibt verschiedene Techniken der Erleuchtung und der Erfahrung „menschlich-göttlicher Einheit" (Meditation, Yoga, ekstatischer Tanz usw.). „Erlösung" im esoterischen Sinne ist also ein Prozess des zunehmenden geistlichen Erkennen (Gnosis) und der damit verbundenen Bewusstseins-transformation, die das ganze Leben lang währt.
Die Erlösung ist für den Christen allein durch Umkehr und Glauben an Jesu stellvertretenden Tod am Kreuz möglich. Der Mensch ist auf die Sündenvergebung und auf die Gnade angewiesen.

Christus Jesus: Die Esoterik relativiert seine Bedeutung und sieht ihn als einen der vielen Avataren (Gottmenschen) oder als einen besonders vollmächtigen Heiler und spirituellen Lehrer.
Für den Christen steht Jesus Christus im Zentrum der Heilsgeschichte.

In der Esoterik überwiegt der Glaube an die Reinkarnation: an eine vielfache Wiederholung von Tod und Leben, bis die (geläuterte) Seele aus dem Kreislauf der Geburten ausscheren kann.
Für den Christen folgt auf den Tod die Auferstehung.

Pfarrerin Beate Rink, **Christliches Zeugnis, Esoterik II,** (Campus für Christus, Zürich, 4. Auflage 1999), S. 11.

Esoterik und Jesus Christus

Margaritha Staudenmann vergleicht aus persönlicher Erfahrung:

„Esoterik" heißt „geheime Lehre". Es ist eine Lehre für eingeweihte Menschen, eine elitäre Welt des Denkens. Man hebt sich vom normalen Menschen ab und ist ein neuer Mensch mit dem höchsten Bewusstsein, sich weiterzuentwickeln zum höchsten Selbst. Esoteriker denken: Ich habe die Quelle des Guten immer in mir. Ich muss nur das Positive aus mir herausholen, so werde ich erleuchtet."

Ich bin jedoch der Überzeugung, dass wir aus uns heraus nichts Gutes produzieren können. Wir sind von Natur aus Sünder. Der Ungehorsam hat uns von Gott getrennt. Unser ganzes Leben ist erlösungsbedürftig.

Laut esoterischem Denken sind alle Menschen, die das höhere Bewusstsein nicht haben, nicht erleuchtet und darum minderwertig.

Bei Jesus hingegen hat jeder Mensch den gleichen Wert. Er bewertet den Menschen nicht nach seiner Bewusstseinsstufe oder seiner Stellung in der Gesellschaft.

Die Esoterik belastet mich.

Jesus befreit! Er zieht mich aus den Problemen und aus der Sünde heraus. Er nimmt die Angst.

Die Esoterik aber gibt Angst, Die Esoterik führt in die Todessehnsucht. Sie verherrlicht den Tod.

Jesus nimmt die Todessehnsucht und gibt Leben. Jesus gibt mir einen einmaligen Wert. Ich bin einzigartig und war früher nicht ein Affe, ein Mensch oder ein Esel. Ich werde auch nicht in einen neuen Körper reinkarniert. Ich bin die Margaritha Staudenmann und bleibe es auch. Das wird sich nicht ändern.

Die Esoterik sagt: „Du brauchst immer mehr. Je mehr du in dich selbst hinein siehst, umso mehr wirst du energetisch aufgeladen." Esoterik ist ein Weg, der nie aufhört, ein lebenslanger Prozess.

Jesus Christus ist Gott und Mensch gewesen und hat nie gelogen. Er hat gesagt: Du brauchst nur mich, um deinen geistlichen Hunger zu stillen. ‚Ich bin der Weg', wenn du mich annimmst, bist du auf dem richtigen Weg. Das Leben mit Jesus ist auch ein Prozess, aber nicht eine lebenslange Steigerung, sondern eine lebenslange Beziehung. Wenn ich Jesus annehme, habe ich die Wahrheit gefunden. ER ist die Wahrheit – unersetzbar – und nicht irgendeine Wahrheit unter vielen.

Die Esoterik sagt, wenn ich gute Gefühle habe, stimmt es, dann bin ich auf dem richtigen Weg. Was heute stimmt, kann aber morgen schon wieder anders sein. Es ist kein Fundament vorhanden.

Der biblische Glaube gibt klare Grundlagen und ein Fundament fürs Leben. Jesus ist durch den Geist Gottes im Herzen erlebbar, wenn ich das tue, was Gott mir aufträgt.

Und letztendlich kostet Esoterik viel Geld – *Jesus ist gratis, ein Geschenk!*

Zeitschrift Lydia (Lydia Verlag, Asslar, 3/1999), S. 53.

Gibt es eine okkulte Belastung durch Vorfahren?

Gibt es tatsächlich eine okkulte Belastung durch Vorfahren, die sich okkult betätigt haben und dadurch in teuflische Abhängigkeiten und Bindungen mit Satan geraten sind? Um diese Frage zu beantworten möchte ich auf einige Sachzusammenhänge aufmerksam machen, die für eine biblische Antwort wichtig sind.

Dämonen sind Wirklichkeit

Okkulte Belastungen sind eine Realität die es biblisch ernst zu nehmen gilt. Die Heilige Schrift macht an vielen Stellen deutlich, dass Satan, der Gegenspieler Gottes, und die ihm unterworfenen Dämonen Wirklichkeit sind. Dämonen sind widergöttliche, übermenschliche Mächte und böse Geister, die den Menschen schädigen und verführen und sogar von ihm Besitz ergreifen können. Bereits im Alten Testament werden solche dämonischen Geister beschrieben (vgl. 5 Mo 32,17; Ps 106,37; Jes 13,21; 34,14; 2 Chr 11,15) und ausdrücklich vor deren Befragung und Einfluss gewarnt: *„Und wenn sie zu euch sagen: Befragt die Totengeister und die Wahrsagegeister, die da flüstern und murmeln! So antwortet: Soll nicht ein Volk seinen Gott befragen? Soll es etwa für die Lebenden die Toten befragen? Hin zur Weisung und zur Offenbarung! Wenn sie nicht nach diesem Wort sprechen, dann gibt es für sie keine Morgenröte (d. h. keine Hoffnung).“* (Jes 8,19.20 Elb.)

Als König Saul die Dienste einer okkulten Totenbeschwörerin in Anspruch nahm anstatt sich an Gott zu wenden erging Gottes Strafgericht über ihn (1 Chr 10,13.14; vgl. 1 Sam 28,13) An mehreren Stellen werden okkulte Praktiken wie Wahrsagerei, Zauberei, Beschwörerei, Bannsprechen, Totenbefragungen u.a.m. ausdrücklich von Gott verboten, weil sie Gott ein Gräuel sind (3 Mo 19,31; 5 Mo 18,10-12).

Auch im Neuen Testament wird die Wirklichkeit von Dämonen und bösen Geistern biblisch bezeugt (vgl. u.a. Mt 8,16; 9,32.33; Mk 9,20; Lk 9,39; Apg 5,16; 16,18; Offb 16,13.14 und viele andere mehr). Solche dämonischen Geister vermögen besondere Kraft zu verleihen (Lk 8,29; Apg 19,16), quälen die von ihnen befallenen Menschen (Mk 5,5; 9,18), und behandeln die Menschen als ihre willenlosen Werkzeuge (Mk 5,3-7; 9,18-26; Lk 8,29). Eine dämonische Besessenheit kann Stummheit und Taubheit verursachen (Mk. 9:17, 25), aber auch Blindheit (Mt 12,22), Verrücktheit (Mk 5,1-16), Wahrsagerei (Apg 16,16) und Krankheit (Lk 13,11.16). Es werden aber keineswegs alle Krankheiten und körperlichen Gebrechen auf Dämonen zurückgeführt,[1] wenngleich Krankheiten und Gebrechen das Resultat der Sünde sind, die durch Satan Eingang in diese Welt gefunden hat.

Die Heilige Schrift redet über die satanische Wirklichkeit nicht um unsere menschliche Neugierde zu befriedigen, sondern um uns zu warnen, weil die dämonische Wirklichkeit nicht harmlos ist. Dennoch brauchen wir keine Angst zu haben, denn Christus ist Sieger.

Diese dämonische Wirksamkeit ist keineswegs nur auf die biblische Zeit beschränkt. Gerade für die letzte Zeit der Weltgeschichte ist nach biblischer Aussage ein besonders kräftiges Wirken dämonischer Kräfte zu erwarten: *„Der Geist aber sagt ausdrücklich, dass in künftigen Zeiten manche vom Glauben abfallen werden,* *indem sie auf verführerische Geister und Lehren von Dämonen achten.*“ (1 Tim 4,1 Elb) Gerade weil im religiösen Bereich der Einfluss von Dämonen und Geistern biblisch bezeugt wird ist die biblische Unterscheidung der Geister so notwendig. Gott selbst schenkt bestimmte Geistesgaben. In der Aufzählung der Geistesgaben heißt es u. a. *„Wieder ein anderer kann unterscheiden, was aus dem Geist Gottes kommt und was nicht.*“ (1 Kor 12,4-11)

Die Liberale Theologie leugnet die Realität der okkulten Mächte

Die Wirklichkeit dieses biblisch bezeugten Okkultismus wird in der liberalen Theologie weitgehend abgetan. Im Zuge der europäischen Aufklärung wurde der antike Dämonenglaube radikal in Frage gestellt und die biblischen Aussagen über Satan und die Dämonen als mythologisch abgetan.[2]

Demgegenüber stellt Dr. Helge Stadelmann, Rektor der Freien Theologischen Akademie, Gießen, mit Recht fest: „Eines sollte klar sein: Die Bibel bezeugt uns die Wirklichkeit und bedrohliche Wirksamkeit der Dämonen. Sollen wir uns nun von einem rein am Diesseits orientierten Wissenschaftsverständnis her diktieren lassen, dass alles, was in den engen Rahmen diesseitigen Denkens nicht passt, auch nicht wirklich sei? Nein. Denn wo es um überirdische, übersinnliche Dinge geht, endet die Zuständigkeit unserer Wissenschaft. Hier sind wir auf Offenbarungen angewiesen, wie wir sie in der Heiligen Schrift finden.“[3]

Nach den klaren Aussagen der Heiligen Schrift sind Dämonen mit ihrer bedrohlichen Wirksamkeit reale Wesen. Penn Lewis kommt zu der eindeutigen Schlussfolgerung: „Gewöhnlich betrachtet man die bösen Geister nur als ‚Einflüsse‘ und nicht als selbstständige Wesen, aber in der Bibel finden wir viele Hinweise, dass sie bestimmte Persönlichkeiten von unterschiedlichem Charakter sind, denn der Herr richtet Befehle an sie (Mk 1,25; 3,11.12; 5,8; 9,25), sie können reden (Mk 3,11), sie antworten ihm mit vernünftigen Worten (Mt 8,29), sie empfinden Angst (Lk 8,31), sie äußern bestimmte Wünsche (Mt 8,31), sie verlangen nach einem Ruheort (Mt 12.44), sie können sich mit anderen Geistern verständigen, der Grad ihrer Bosheit ist ein verschiedener (Mt 12,45), sie geraten in Zorn (Mt 8,28), sie sind von großer Kraft (Mk 5,4), sie können in menschliche Leiber fahren, einzeln (Mk 1,26) oder zu Tausenden (Mk 5,9), sie gebrauchen menschliche Medien, um die Zukunft vorauszusagen (Apg 16,16) oder durch ihre Kraft große Wunder zu tun (Apg 8,11).“[4]

Der Tübinger Neutestamentler Otto Michel kommentiert treffend: „Nur von einem neutrischen Bösen zu reden, ist biblisch gesehen unzureichend. Das Satanische enthüllt sich als Geist und Macht in konkreter Gestaltswerdung.“[5]

Der entscheidende Gegensatz besteht darin: Der Sohn Gottes, Jesus Christus, ist das personifizierte Gute, während Satan, der Gegenspieler Gottes, das personifizierte Böse ist.

Es ist deshalb mit Recht darauf hingewiesen worden, dass im Zusammenhang mit dem Okkulten die satanischen Mächte unter dem Gesichtspunkt des Widerstandes und Widerspruchs gegen Gottes Werk zu sehen sind. „Ein Lügenreich stellt sich hier dem Gottesreich entgegen. So findet alles Göttliche eine teuflische Parallele: Dem Gottesdienst steht die Abgötterei entgegen, der Offenbarung Gottes und echter Prophetie die Wahrsagung, den durch Gott verliehenen Wunderkräften die Magie, der befreienden Inbesitznahme des Menschen durch den Heiligen Geist die verderbliche

Besessenheit."[6] Mit anderen Worten: „Bei Besessenheit handelt es sich um eine Art teuflischer Inspiration; sie ist das satanische Gegenteil zu der tiefen Gemeinschaft Christi mit den Gliedern seines Leibes und der Inspiration durch den Heiligen Geist. Im dämonisch Besessenen wirkt ein fremder, satanischer Wille. Dieser satanische Wille bestimmt dann das Handeln des betreffenden Menschen."[7]

Die Bibel unterscheidet dabei klar zwischen dem allgemeinen Machtbereich Satans und seinen Verführungskünsten als Fürst dieser Welt und der dämonischer Besessenheit im speziellen Sinne. Aber „alles okkulte Handeln und Erleben des Menschen ist untrennbar mit der Wirksamkeit dämonischer Mächte verbunden."[8]

Gottes Haltung zu okkulten Praktiken

Aufgrund dieser widergöttlichen Orientierung und Macht wundert es nicht, dass die Bibel Abgötterei, Wahrsagerei und Magie mit strengen Verboten belegt (3 Mo 17,7; 19,4.26.31; 20,6; 5 Mo 4,16-19; 18,9-11.14). Auf okkultem Handeln stehen harte Strafen, mithin sogar die Todesstrafe (2 Mo 22,17; 3 Mo 20,6.27; 5 Mo 13). Okkulte Praktiken führen zum Ausschluss aus der ewigen Gemeinschaft mit Gott (Offb 22,15). Es scheint, dass der Mensch in Zauberei und Wahrsagung erneut der Versuchung erliegt so sein zu wollen wie Gott (1 Mo 3,5). Der Mensch will sich eines Wissens bemächtigen, das nur der lebendige Gott wissen kann. Dieses verborgene Wissen bei verstorbenen Toten zu suchen, die nichts wissen und die keinen Anteil an dem Leben auf der Erde haben (Pred 9,5.6.10; Hiob 14,10-12; Ps 115,17) ist für den lebendigen Gott ein besonderer Affront (Jes 8,19. 20), denn er allein kennt die Zukunft. Nicht ohne Grund übertritt man in der Abgötterei deshalb das Gebot Gottes: *„Ich bin der Herr, dein Gott … du sollst keine anderen Götter neben mir haben …"* (2 Mo 20,2ff). So verwundert es nicht, dass auch in 3. Mose 19,4.31 Abgötterei, Spiritismus und Wahrsagerei mit der Begründung verboten werden: *„Ich bin der Herr, euer Gott!"* Es ist deshalb mit Recht darauf hingewiesen worden: *„Wer diese Praktiken dennoch betreibt, gibt damit Gott als seinen Herrn preis und kommt unter Gottes Gericht. Er hat den ‚Herren, seinen Gott' verloren und steht nun vor dem ‚eifrigen Gott, der die Verschuldung der Väter heimsucht an den Kindern, den Enkeln und Urenkeln bei denen, die mich hassen'* (2 Mo 20,5; vgl. auch 34,7; 4 Mo 14,18; 5 Mo 5,9)."[9] Dies führt uns nun zur der Frage: Gibt es okkulte Belastungen durch Vorfahren?

Gibt es einen okkulten „Familienbann"?

Vor dem oben genannten Hintergrund wollen wir nun auf ein umstrittenes Problem eingehen, das mit der folgenden Frage verknüpft ist: „Straft Gott Unschuldige, wenn er Abgötterei bis hin zu den Urenkeln heimsucht? Ist dieses Generationenprinzip im Neuen Testament aufgehoben – oder gibt es doch etwas wie einen Bann in Familien in denen okkult gehandelt wurde?[10]

Gott ist gerecht

Hier gilt es zunächst einmal sorgfältig auf Folgendes aufmerksam zu machen:

Die Aussage in den Zehn Geboten gibt einen ersten Hinweis, dass Gott in seinem Handeln immer gerecht ist. Dort heißt es: *„Ich … bin ein eifriger Gott, der die Verschuldung der Väter heimsucht an den Kindern, an den Enkeln und Urenkeln,* ***bei***

denen, die mich hassen. (2 Mo 5b; vgl. 5 Mo 5,9 Hervorhebung hinzugefügt) Dieser Nachsatz, „die mich hassen“, dürfte sich auf eine Eigenschaft der Kinder, Enkel und Urenkel beziehen. Die göttliche Vergeltung trifft also nicht Unschuldige, sondern solche, die Gott selbst ablehnend gegenüber stehen und damit in die Fußstapfen ihrer Väter treten.

Ähnliches lesen wir in 3. Mose 26,39.40: *„Und diejenigen von euch, die dann noch übrig sind, sollen in den Ländern eurer Feinde infolge ihrer Sündenschuld verschmachten und auch infolge der Sünden ihrer Väter hinschwinden mit ihnen. Da werden sie dann ihre Schuld bekennen und auch die Schuld ihrer Väter … weil sie mir widerstrebt haben.“* Auch hier kommt zur Väterschuld das eigene Vergehen hinzu und führt zum Gericht.

In 1. Könige 21,21-28 wird berichtet, wie durch die Gottlosigkeit von Ahab der Untergang und die Ausrottung seiner Sippe angekündigt werden. Interessant ist hier wiederum, dass Gottes Heimsuchung auch die Nachkommen von Ahab ereilt – aber nicht als Unschuldige, sondern als solche, die selbst abgöttisch sind (Ahasja: 1 Kön 22,52f; Joram: 2 Kön 3,1f; schließlich das Gottesgericht an Isebel, 2 Kön 9,10).

In diesen Fällen gibt es eine negative Verstrickung durch Abgötterei, die auch an den Nachfahren heimgesucht wird. Allerdings haben sich die Nachfahren derer, die Abgötterei betrieben haben, selber der Abgötterei schuldig gemacht und sind selbst ablehnend Gott gegenüber gewesen.

Gott straft also keinesfalls Unschuldige. Gott ist fair in seinem Urteil und Gericht. Wenn er *„die Schuld der Väter kommen lässt auf das Haupt ihrer Kinder“* dann stehen gleichzeitig seine Augen „offen *über allen Wegen der Menschenkinder, einem jeden zu geben nach seinen Wegen und nach der Frucht seines Tuns* (Jer 32,18.19).“

Ganz ähnlich sind auch die bekannten Aussagen in Jeremia 31,29.30 und Hesekiel 18,2-4,19-32 aus denen auch deutlich hervorgeht, dass Gott jeden Menschen individuell nach seinem eigenen Verhalten beurteilt und kein Sohn die Schuld seines Vaters tragen soll, noch der Vater die Schuld des Sohnes. Nach biblischem Verständnis ist also jeder Einzelne für seine **eigene Schuld** vor Gott verantwortlich und wird von Gott für seine **eigene Schuld** zur Rechenschaft gezogen.

Das Problem der okkulten Auswirkung auf nachfolgende Generationen

Die andere Frage, ist jedoch, ob es über dieser individuellen Vergebungsbereitschaft Gottes und der individuellen Verantwortung für die eigene Schuld eine tiefer liegende Auswirkung der okkulten Macht auch auf nachfolgende Generationen geben kann.

In der Tat gibt es einige biblische Hinweise, dass es im Bereich der Sünde eine solche Auswirkung auf nachfolgende Generationen gibt. Obwohl die Bibel den Wert und die Verantwortung des Einzelnen für seine eigenen Taten betont, macht sie den Einzelnen Menschen nie zum Maß und Zentrum aller Dinge, wie dies im modernen Individualismus geschehen ist. Vielmehr betont die Bibel in synthetischer, ganzheitlicher Weise das Verwobensein des Einzelnen mit der Familie, der Gruppe, der Gesellschaft. Einer steht für alle – alle tragen Verantwortung für jeden einzelnen. Die Tat eines Einzelnen hat dementsprechend Auswirkungen auf die ganze Sippe und Gruppe.[11]

Das vielleicht bekannteste Beispiel für dieses biblische Phänomen ist die Geschichte über den Diebstahl von Achan bei der Eroberung Jerichos (Jos 6-7). Josua hatte die ganze Stadt Jericho unter den Bann gestellt. Aber Achan vergriff sich aus persönlicher Gier an dem Gebannten und nahm sich unerlaubter Weise etwas, was er nicht sollte (Jos 7,1). Die Sünde des Einen hatte Auswirkungen auf seine ganze Sippe, die mit ihm zusammen sterben musste (Jos 7,24.25).

Eine ähnliche Beziehung zwischen einem Einzelnen und dem Volk kann man an dem Verhalten des Hohenpriesters erkennen. Eine Sünde des Hohenpriesters hatte Auswirkungen auf das ganze Volk. Deshalb wurden für den Hohenpriester besondere Sündopfer dargebracht (3 Mo 4,3ff,16).

Auch die Sünde Adams hat als Tat eines Einzelnen Auswirkungen auf alle seine Nachkommen. Obwohl die Bibel keine Erbsünde im Sinne einer Erbschuld lehrt, die wir von Adam geerbt haben, spricht die Bibel doch von einer Neigung zum Bösen, die jedem Menschen von Geburt an mitgegeben ist (Ps 51,7; 58,4; Hi 14,4). Deshalb ist unser *„Denken und Tun … böse von Jugend auf“* (1 Mo 8,21). Die eine Sünde Adams ist nicht nur auf ihn selbst begrenzt, sondern hat Auswirkungen auf alle seine Nachkommen, ja sogar auf die Natur, die ohne ihren Willen, durch die Sünde Adams, der Vergänglichkeit unterworfen wurde (Rö 8,19-21).

In der Bibel finden wir auch einen Hinweis auf die Wirklichkeit von verborgenen Sünden in unserem Leben. König David, der sich unter anderem eines Mordes und Ehebruchs schuldig gemacht hatte, bekannte Gott nicht nur seine offenkundigen Vergehen sondern hatte darüber hinaus das Anliegen: *„Wer kann merken, wie oft er fehlet? Verzeihe mir die verborgenen Sünden!“* (Ps 19,13). Hier scheint eine Wirklichkeit der Sünde angesprochen, die über die bewusste eigene Tat hinausgeht. Auch unbewusste Sünden bedürfen der Vergebung Gottes.

Andere biblische Berichte zeigen, dass auch im Leben eines Christen Sünde und satanischer Einfluss vorhanden sein können. In der Apostelgeschichte wird berichtet wie Satan bei Christen, einem zum Glauben gekommenen Ehepaar, wieder Zutritt erhielt. Ananias und Saphira haben sich zwar keiner okkulten Handlung schuldig gemacht, aber sie versuchten Gott zu betrügen und standen dabei unter satanischem Einfluss. Petrus fragte Ananias: *„Warum hat der Satan dein Herz erfüllt, dass du den Heiligen Geist belogen … hast?“* (Apg 5,3). Demnach hat Satan auch bei Mitgliedern der Gemeinde Gottes Zugang zu ihren Herzen.

Paulus ermahnt Timotheus innerhalb der Gemeinde, dass er *„mit Sanftmut die Widerspenstigen zurechtweist“* damit sie *„wieder nüchtern … werden aus der Verstrickung des Teufels, von dem sie gefangen sind, zu tun seinen Willen“* (2 Tim 2,24-26). Offensichtlich gab es selbst unter den Gemeindegliedern in der Urgemeinde solche, die immer noch in den Verstrickungen des Teufels gebunden waren.

Gibt es bei Christen noch „Brückenköpfe“ Satans?

Wenn wir Jesus Christus unser Leben übergeben haben, dann sind wir Kinder Gottes (1 Joh 5,12; Joh 1,12). Die biblische Glaubenstaufe (Mk 16,16; Röm 6,3.4; Tit 3,5; 1 Petr 3,21) ist jedoch keine magische sakramentale Handlung, die den Menschen auf übernatürliche Weise von allen dämonischen Einflüssen und Auswirkungen befreit, die durch frühere satanische Verstrickungen und Bindungen eventuell entstanden sind. Wenn zum Zeitpunkt der Bekehrung eines Menschen keine Sündenerkenntnis hinsichtlich solcher okkulter Vergehen da war, und damit auch keine bewusste Abkehr von diesen satanischen Bindungen der Vergangenheit erfolgte, können auch im Leben eines Christen noch „Brückenköpfe“ Satans sein.

Ein Beispiel kann verdeutlichen worum es geht: Eine erfolgreiche, berufstätige Dame plant ein neues Auto zu kaufen. Sie geht zu ihrer Hausbank und beantragt ein Darlehen in Höhe von 40 000,- EURO. Sie erhält den Betrag. Sie kauft das Auto. Die Bank behält zu ihrer Sicherung den Kraftfahrzeugbrief. Damit gehört das Auto der Bank, bis das Darlehen vollständig zurückgezahlt ist. Die Rückzahlungen der Dame erfolgen monatlich. Nach einiger Zeit lernt sie einen Herrn kennen. Sie verlieben sich und heiraten. Durch ihre Heirat nimmt die Dame den Familiennamen ihres Mannes an. Sie erzählt ihm aber nichts von ihren finanziellen Schulden. Sie zieht mit ihrem Mann in eine weit entfernte Stadt, findet eine neue Arbeitsstelle und eröffnet bei einer anderen Bank ein neues Konto. Bis zu ihrer Heirat und ihrem Umzug hat sie von ihrem Darlehen 20 000,- EURO zurückgezahlt. Sie schuldet ihrer Bank aber immer noch 20 000,- EURO Hebt die neue Beziehung, der neue Familienname, der Wohnortwechsel, die restliche Darlehensschuld auf? Nein! Sollte die Dame die Rückzahlung verweigern mit dem Hinweis, dass sie geheiratet und einen neuen Namen angenommen hat, wird ihre Hausbank Klage erheben und per Strafvollstreckung den restlichen Darlehensbetrag zurückfordern. Die Bank wird auf keinen Fall auf die restliche Darlehenssumme, plus Zinsen, verzichten. Wenn die Frau aber ihrem Ehemann von ihren Schulden erzählt, gibt es die Möglichkeit, dass der Ehemann für die Schulden aufkommt und aus Liebe zu seiner Frau das restliche Darlehen bezahlt.

Ganz ähnlich ist es auch wenn jemand die von Satan angebotene „Darlehens-Hilfe“ einmal in Anspruch genommen hat. Wer sich okkult betätigt hat, ist in die „Bannmeile Satans“ eingedrungen und muss damit rechnen, dass Satan selbst Christen mit seinen unheilvollen „Preisforderungen“ belästigt. Satan kann in diesem Sinn auch wiedergeborenen Christen das Leben schwer machen, besonders dann, wenn es Bereiche in ihrem Leben gibt, in denen er mit seinen Forderungen immer noch hineinreicht, weil aus der Vergangenheit satanische „Hilfsangebote“ nachwirken. Jesus Christus ist der Einzige der die „satanische Darlehens-Hilfe“ löschen kann.

Ein persönliches Erlebnis kann helfen den Sachverhalt besser zu verstehen: Bei einem Einkauf in einer Firma gab ich meine Anschrift an. Unerwartet wurde mir in regelmäßigen Abständen Werbe- und Informationsmaterial zugeschickt. Auch nach meinem Umzug in eine weit entfernte Stadt wurde mir die Firmenwerbung mit den günstigen „Sonderangeboten“ und einmaligen „Vorteilskäufen“ zugestellt. - Wer bei entsprechender Gelegenheit die „Hilfsangebote“ aus der „Musterkollektion“ des „Vaters der Lüge“ in Anspruch nimmt, darf gewiss sein, dass seine „Anschrift“ gespeichert ist. In diesem Bereich ist man deshalb für dämonisches Wirken leichter angreifbar.

Stadelmann stellt zwei berechtigte Fragen: **„Was geschieht nun, wenn zum Zeitpunkt der Bekehrung eines Menschen keine Sündenerkenntnis hinsichtlich okkulter Vergehen da war und also keine bewusste Abkehr von diesen satanischen Verstrickungen der Vergangenheit erfolgte? Sind durch die grundsätzliche Wende zum Glauben alle negativen Hypotheken in der Vergangenheit automatisch aufgehoben, oder können auch im Leben des Christen noch „Brückenköpfe“ Satans sein?“**

Licht vertreibt die Finsternis

Stadelmann hat in seinem lesenswerten Buch Das Okkulte in diesem Zusammenhang auf folgenden wichtigen Sachverhalt hingewiesen: **„Prinzipiell sind Christen Leute, die von der Finsternis zum Licht berufen worden sind** (1 Pt 2,9); *sie sind ‚errettet aus der Gewalt der Finsternis und versetzt in das Reich seines lieben Sohnes‘* (Kol 1,13).: **Und doch wird nur das licht, was ans Licht gebracht wird** (Eph 5,13). Dieses Prinzip wird man auch auf die Frage anwenden dürfen, die uns beschäftigt. **Wo bei der Bekehrung die dunklen Machenschaften des Okkultismus nicht aufgedeckt wurden, bleibt ein dunkler Bereich, der noch zu ordnen ist. Der ‚Geist‘ hat hier die Aufgabe, das ‚Fleisch‘ mit seinen Werken – wozu auch Okkultes gehört** (Gal 5,20) **– zu überwinden.“**[12]

Für Christen ist es absolut notwendig sich auf die Befreiungshilfe Jesu zu berufen und dadurch die endgültige Zerstörung der „Brückenköpfe“ Satans zu erleben. Der Tübinger Theologe Otto Michel macht deutlich: „die Tatsache, dass auch der Christ, der gerechtfertigt und geheiligt ist, die Aufgabe hat, sich täglich von satanischen und dämonischen Einflüssen freizuhalten, gibt unserem Problem eine eigentümliche Schärfe ... Dass auch in christlichen Kreisen ‚Lust‘ zum Satanischen möglich ist zeigt Offb 2,24 (‚die Tiefen des Satans‘).[13] Das bedeutet: **„Obwohl ein Christ vom Geist Gottes erfüllt sein sollte (Eph 5,25), kann es geschehen, dass er in dem Maße, in dem er in unbereinigten dunklen Bereichen verbleibt, vom Satan noch immer in Beschlag genommen ist.“**[14]

Die Erfahrung als Autofahrer hat mir gezeigt, dass in der Dämmerung die Konturen leicht verschwimmen. Sie sind, im Gegensatz zum hellen Tageslicht, nicht mehr so gut zu erkennen.

Menschen, die ihr Leben im „Licht der Gotteserkenntnis“ führen, haben kein Interesse die folgenschweren und betrügerischen Angebote aus der „Musterkollektion“ des Teufels in Anspruch zu nehmen. Wer sich jedoch neugierig und Hilfe suchend im Grenzbereich der „okkulten Dämmerung“ bewegt, der wird leicht überlistet und in den Bannkreis satanischer „Hilfsangebote“, mit ihren entsprechenden Preisforderungen, gezogen.

Jesus Christus ist Sieger! – Vertraue IHM alle deine Lebensbereiche an.

„Die Befreiung von okkulten Sünden wird durch eine Inanspruchnahme der durch Jesus vollbrachten Erlösung bewirkt und vollzieht sich seitens des Menschen in den Schritten der Sündenerkenntnis, der Gesinnungsänderung und radikalen Lösung von allem Okkulten ... sowie in einer ganzen Hingabe an Gott, der allein die Befreiung erwirkt.“[15] (Lies dazu in „Zauber des Aberglaubens“ S. 79.80 und 87-97.)

Vergessen wir nie: Die wichtigste Tatsache in Bezug auf den Teufel lautet: **Jesus Christus** hat Satan besiegt! Wenn es um den Bereich des Okkulten geht, dürfen nicht Satan und seine Mächte im Zentrum der Aufmerksamkeit stehen, sondern die Botschaft, dass Jesus Satan am Kreuz besiegt hat. Deshalb ist echte Befreiung nur möglich, wenn wir uns von allem Bösen lossagen, alle unsere Lebensbereiche Jesus Christus ohne Vorbehalte anvertrauen und seinen Sieg persönlich in Anspruch nehmen.

Lieber Leser, es mag sein, dass dir Fragen beantwortet wurden oder du denkst über neue Erkenntnisse nach.

Eine Tatsache steht fest: **Jeder Mensch kann jeden Tag einen neuen Anfang machen.** Du kannst heute einen neuen Anfang machen! Der beste Anfang für dich: Nimm das Angebot Jesu an!

JESUS CHRISTUS LIEBT DICH!

Jesus Christus will auch in deinem Leben der Sieger sein!

Lade ihn jetzt in dein Leben ein, sprich mit Jesus. Er ist für dich gestorben und hat sein Blut vergossen, das dir deine Sünden vergibt. Die biblische Aussage lautet:

„Leben wir aber im Licht, so wie Gott im Licht ist, dann sind wir miteinander verbunden, und das Blut, das sein Sohn Jesus Christus für uns vergossen hat, befreit uns von jeder Schuld. Wenn wir behaupten, ohne Schuld zu sein, betrügen wir uns selbst, und die Wahrheit ist nicht in uns. Wenn wir aber unsere Schuld eingestehen, dürfen wir uns darauf verlassen, dass Gott Wort hält: Er wird uns dann unsere Verfehlungen vergeben und alle Schuld von uns nehmen, die wir auf uns geladen haben.“ (1 Joh 1,7-9)

Ich lade dich ein, du kannst jetzt mit Jesus sprechen:

„Herr Jesus Christus, ich danke dir, dass du mich liebst. Ich habe erkannt, dass ich mein Leben selbst bestimmt habe. Ich bekenne dir meine Verfehlungen und meine Schuld (nenne jetzt deine Sünden, die dir vor Augen stehen laut mit Namen). Es tut mir leid. Ich bin dadurch an deinem Tod mitschuldig geworden. Bitte vergib mir, so wie du es versprochen hast. Ich danke dir, für deine vollzogene Vergebung.

Herr Jesus Christus, du bist als Unschuldiger am Kreuz für mich gestorben. Du hast damit deine Liebe zu mir unter Beweis gestellt. Du bist es wert eine Lebensentscheidung für dich zu treffen. Ich danke dir, dass ich dir vertrauen kann. Ich übergebe dir jetzt mein Leben und bitte dich: Sei du der alleinige Herr und Sieger in meinem Leben. Ich danke dir, dass meine Lebensübergabe jetzt Wirklichkeit ist. Heile die Wunden meines Lebens. Mache aus mir einen neuen Menschen, so wie du mich haben willst. Vollbringe es durch deinen Heiligen Geist. Herr Jesus Christus, ich stelle mich unter dein schützendes Blut.

Herr Jesus Christus, du hast versprochen: *„Der Sohn Gottes ist auf die Erde gekommen, um die Werke des Teufels zu zerstören.“* (1 Joh 3,8b) Dein Versprechen gilt auch für mich. Du hast die Macht das zu tun. Zerstöre jetzt in meinem Leben die Werke des Teufels. Ich danke dir, dass du mir diesen Befreiungs-Sieg geschenkt hast. Herr Jesus Christus, mein Leben und meine Zukunft gehören dir. Gestalte alles so, dass es dich ehrt und für mich zum Besten ist. Ich danke dir für deine Liebe und deine Hilfe. Amen.“

Quellenangaben:

1 So zutreffend D. E. Aune, „Demon“ in Geoffrey W. Bromiley, Hrsg. The International Standard Bible Encyclopedia (Grand Rapids, MI: Eerdmans, 1989), Bd. 1, S. 922.

2 Vgl. Rolf Hille, „Satan, Dämon, Besessenheit“ in Helmut Burkhardt, Fritz Grünzweig, Fritz Laubach und Gerhard Maier, Hrsg. Das Grosse Bibellexikon (Wuppertal: R. Brockhaus Verlag, 1989), 3:1348; und G. Gloege, „Dämonen“ in Kurt Galling, Hrsg. Die Religion in Geschichte und Gegenwart (Tübingen: J. C. B. Mohr, 31986), Bd. 2, S. 3. In klassisch-liberaler Weise hat Rudolf Bultmann aufgrund von einem historisch-kritisch verkürzten Wirklichkeitsverständnis die Existenz von Geistern und Dämonen abgetan. In vehementer Leugnung aller übernatürlichen Wirklichkeit schreibt Bultmann: „Erledigt ist durch die Kenntnis der Kräfte und Gesetze der Natur der Geister- und Dämonenglaube. ... Krankheiten und ihre Heilungen haben ihre natürlichen Ursachen und beruhen nicht auf dem Wirken von Dämonen bzw. auf deren Bannung. Die Wunder des Neuen Testaments sind damit als Wunder erledigt, ...“ (Rudolf Bultmann, Neues Testament und Mythologie: Das Problem der Entmythologisierung der neutestamentlichen Verkündigung [München: Chr. Kaiser Verlag, 1985 (1941)], S. 15.16).

3 Helge Stadelmann, Das Okkulte, (Gießen/Basel: Brunnen Verlag,, 1984), S. 41.

4 J. Penn-Lewis, Kampf nicht mit Fleisch und Blut, (Widdelswehr, 1966), S. 33, zitiert bei Helge Stadelmann, siehe oben S. 41.42.

5 Otto Michel, Gestaltswandel des Bösen (Wuppertal 1975), S. 7, zitiert bei Helge Stadelmann, siehe oben, S. 42.

6 Helge Stadelmann, siehe oben, S. 42.43.

7 Rolf Hille, siehe oben, 3:1347.

8 Helge Stadelmann, siehe oben, S. 43.

9 Helge Stadelmann, siehe oben, S. 44.45.

10 Im Folgenden vgl. Helge Stadelmann, siehe oben, S. 45.46.

11 Dieses biblische Phänomen wurde von H. Wheeler Robinson, Corporate Personality in Ancient Israel (Philadelphia: Fortress Press, 1964, ursprünglich erschienen als: „The Hebrew Conception of Corporate Personality“ in Werden und Wesen des Alten Testaments, Hrsg. J. Hempel, (Beihefte zur ZAW, 66, 1936), S. 49-62) beschrieben. Vgl. dazu auch Thorleif Boman, Das hebräische Denken im Vergleich mit dem griechischen, (Göttingen: Vandenhoeck & Ruprecht, 1965), S. 56-57; George A. F. Knight, A Christian Theology of the Old Testament (Carlisle, Paternoster Press, 1998), S. 14-20; Ralph L. Smith, Old Testament Theology: Its History, Method, and Message (Nashville, TN: Broadman and Holman Publishers, 1993), S. 252-255.

12 Helge Stadelmann, siehe oben, S. 49 (Hervorhebung hinzugefügt).

13 O. Michel, siehe oben, S. 8, zitiert bei Stadelmann, siehe oben, S. 50.

14 Helge Stadelmann, siehe oben, S. 50 (Hervorhebung hinzugefügt).

15 Helge Stadelmann, siehe oben, S. 53 (Hervorhebung hinzugefügt).

Mit der Sehnsucht nach Glück fing alles an ...

Ruth Martis Vater trank. Häufig und ausgiebig. Er tat es so selbstverständlich, dass Ruth Marti es für normal hielt, wenn er abends betrunken nach Hause kam. Diese Normalität wirkte sich aus. Nie gab es Anerkennung oder Geborgenheit, geschweige denn eine Umarmung für sie oder ihre jüngere Schwester. Auch nicht von der Mutter.

Eines Tages fand Ruth Marti ein Horoskop. Es versprach Glück. Sie wünschte sich, die Voraussage möge eintreffen. Etwas davon traf ein. Es war ein Wochenhoroskop. Noch war Ruth Marti Schülerin. Später ging sie, sooft es ihre Finanzen erlaubten, täglich zum Kiosk.

Allmählich begannen ihre Freundinnen mit Männerbekanntschaften. In so wichtigen Fragen reichte ein Horoskop nicht mehr, man brauchte spezielle Bücher. Dort stand genau, worauf astrologisch zu achten war, damit man den richtigen Partner fände. Bei Ruth Marti wollte es trotzdem nicht so recht klappen. Auch nicht nach mehreren Anläufen. Ihre Lebenspartner tranken, rauchten, injizierten, randalierten. Die Situation erinnerte an jene der Eltern. Immerhin, damit kannte sie sich aus. Etwas Besseres glaubte Ruth Marti sowieso nicht verdient zu haben, ihr Selbstwertgefühl.

Einmal kam eine Freundin zu Besuch. Sie machte sich Sorgen: „Bei euch klappt das irgendwie nicht. Du solltest eine Wahrsagerin aufsuchen. Ich wüsste dir eine.“ Ruth Marti ging zur Wahrsagerin. Sie stellte ihrer neuen Kundin in Aussicht, der Lebenspartner werde krank, außerdem betrüge er sie. Das mochte zwar der Wahrheit entsprechen, der Beziehung half es wenig. Zum bisherigen Streit gesellte sich nun Misstrauen und Angst.

Eine andere Freundin kam. Ihr Rat schien vernünftig: Bachblüten. Man werde ein bisschen ruhiger, es gehe einem ein bisschen besser, die Ängste würden ein bisschen weniger. Außerdem gebe es für Notfälle ganz ausgezeichnete Tropfen. – Schon bald reihten sich zehn Fläschchen mit originalen Blütenessenz von Doktor Edward Bach auf Ruth Martis Regal. Keins davon verstaubte, schließlich brauchten auch die Pflanzen in der Wohnung und im Büro von den begehrten Tropfen. Am häufigsten aber galt Ruth Martis Griff den Notfalltropfen. Die halfen nämlich bei Schreck oder Panik. Hieß es zumindest.

Eines Morgens hing in der Drogerie ein Plakat. Es pries den Kurs eines Herrn Coué an. Der versprach, dass man mit seiner Art des positiven Denkens sogar Abhilfe von Leiden schaffen könne. Zufrieden kam Ruth Marti an jenem Abend nach Hause, einen Zettel in der Hand. Darauf stand, wie man positiv denken konnte. Am nächsten Morgen legte sie los. „Mir geht es gut, mir geht es gut, mir geht es gut“, – hundertmal. Und der folgende Tag? „Es ging halt.“

Der Kurs hatte eine positive Nebenwirkung. Ruth Marti lernte gleich gesinnte Leute und eine neue Freundin kennen. Die klärte sie darüber auf, warum bei ihr die Bachblüten nicht so recht gewirkt hatten. Sie, Ruth Marti, sei nämlich ganz dem Rat des Drogisten und Apotheker gefolgt. Ein schwerer Fehler, wie sich jetzt herausstellte, denn die verfolgten in erster Linie geschäftliche Interessen. Also waren auch deren Tests nicht von der notwendigen Sorgfalt begleitet. Die wirklich optimale Mischung aus Bachblütenessenzen ließe sich nur mit der richtigen Testmethode herausfinden. Und das war das Pendeln. Ruth Marti ließ sich überzeugen.

Den endlich richtig ausgewählten Bachblüten kamen nun noch Steine mit ihrer reinigenden Wirkung zu Hilfe. Man musste sich auf den Boden legen und einen Kristall auf der Stirn platzieren. Auf andere Körperteile gehörten andere Steine, und zwar auf die nackte Haut. Nur so konnten die Energien aus dem Kosmos in den menschlichen Körper fließen. Und weil, wie Ruth Marti hörte, auch durch Bäume stets viel kosmische Energie floss, besuchte sie schon bald einen Kurs über Baum-Horoskope. Und dann, zur ganzheitlichen Abrundung, noch einen über Stein-Horoskope. Und weil die Vorgänge in der übersinnlichen Welt selbst dann noch rätselhaft blieben, ging sie zum Vortrag eines Mediums, das Tote zu befragen versprach.

Der Weg Ruth Martis war lang geworden, jeder Schritt, so hoffte sie, würde sie ans heiß ersehnte Ziel bringen. Endlich jemand sein, endlich zur Ruhe gelangen. Dazu Licht, Wärme, Energie und inneren Frieden in sich aufnehmen. Das große Glück … es musste einfach kommen.

Eines Nachts kam durch das Fenster, als ob die Scheibe Luft wäre, eine Gestalt in Ruth Martis Schlafzimmer. Das Wesen sah grauenhaft aus, und es kam gerade auf sie zu. Panik ergriff sie. Die Gestalt verschwand wieder, das Grauen nicht mehr. Es blieb nicht bei dem einen Besuch, auch kamen in Zukunft verschiedenen Wesen. Die Erscheinungen wurden häufiger, der Schlaf seltener. Ruth Marti unternahm drei Suizidversuche. In ihrer Panik ging sie in eine Selbsthilfegruppe. Bei einem dieser Treffen, kurz vor Weihnachten, brach sie in einen Weinkrampf aus.

Eine Freundin aus der Gruppe nahm sie mit nach Hause. Nachts musste Licht in der Wohnung brennen, die Türen zu den Schlafzimmern blieben offen. Aber auch hierher kamen die Gestalten. Nach 14 Tagen war die Freundin am Ende. Sie brachte Ruth Marti zum Seelsorger in ihre Gemeinde, einem adventistischen Prediger. Der Mann sprach, Ruth Marti hörte zu und nahm doch nichts auf. Was ihr aber auffiel, war etwas anderes. Der Mann vollständig ruhig. Dann betete er für sie.

Ruth Marti war noch einige Male bei diesem Prediger. Er empfahl, dass sie zusammen mit ihrer Freundin in die Wohnung zurückkehren sollte, um fünf Minuten lang zu probieren, was geschehen würde. Das taten die beiden Frauen. Von diesem Tag an erschien nie mehr eine Gestalt in Ruth Martis Wohnung. Trotzdem blieb sie nicht in dieser Gemeinde.

Während einer Zeit der Arbeitslosigkeit wechselte sie den Wohnort. Nun wurde sie von einer Frau in einen Hauskreis eingeladen. Ruth Marti fand die neuen Freunde toll, den Hauskreis aber mochte sie nicht. Singen lag ihr nicht, und wenn die anderen die Bibel aufschlugen, wusste sie nicht, was in diesem Buch hinten und vorne war. Aber die neue Freundin gab nicht auf. Sie lud Ruth Marti zu Konzerten ein, zu einem Frühstückstreffen von Frauen für Frauen und zuletzt zur Evangelisation. „Jesus für Züri“. Ruth Marti sagte ab. Aber etwas ließ sie nicht in Ruhe. Klammheimlich ging sie hin, ganz allein.

An jenem Abend übergab sie ihr Leben Jesus Christus. Noch nie war sie so glücklich gewesen. Nachts konnte sie schlafen wie ein kleines Kind. Mit ihren esoterischen Büchern, Steinen und Mitteln füllte sie zwei Kehrichtsäcke. Sie ging zu einem Seelsorger. Dort tat sie etwas, das sie in fünf Jahren psychologischer Behandlung nicht einmal in Erwägung gezogen hatte: Sie vergab ihrer Mutter – und ihrem Vater.

Christliches Zeugnis – Esoterik II, (Campus für Christus, Zürich, 4. Aufl. 1999), S. 66.67.

Die Zehn Gebote

Nun sprach Gott alle diese Worte:

1. „Ich bin der Herr, dein Gott, der dich aus dem Lande Ägypten, dem Hause der Knechtschaft geführt hat.
   Du sollst keine anderen Götter neben mir haben!

2. Du sollst dir kein Schnitzbild machen, noch irgendein Abbild von dem, was droben im Himmel oder auf der Erde unten oder im Wasser unter der Erde ist!
   Du sollst dich vor ihnen nicht niederwerfen und sollst sie nicht verehren;
   denn ich, der Herr, dein Gott, bin ein eifersüchtiger Gott, der die Schuld der Väter an den Kindern, am dritten und vierten Geschlecht, nachprüft bei denen die mich hassen.
   Ich erweise aber meine Gnade bis ins tausendste Geschlecht denen, die mich lieben und meine Gebote halten.

3. Du sollst den Namen, des Herrn, deines Gottes, nicht unnütz aussprechen; denn der Herr lässt denjenigen nicht ungestraft, der seinen Namen unnütz ausspricht!

4. Gedenke des Sabbattages, um ihn heilig zu halten.
   Sechs Tage lang sollst du arbeiten und alle deine Geschäfte verrichten.
   Doch der siebte Tag ist ein Ruhetag für den Herrn, deinen Gott. Du sollst an ihm keinerlei Arbeit tun, weder du selbst, noch dein Sohn, noch deine Tochter, noch dein Knecht, noch deine Magd, noch dein Vieh, noch dein Fremdling, der sich in deinen Toren aufhält.
   Denn in sechs Tagen hat der Herr den Himmel, die Erde, das Meer und alles was darinnen ist erschaffen; doch am siebten Tage ruhte er. Darum segnete der Herr den Sabbat und erklärte ihn für heilig.

5. Ehre deinen Vater und deine Mutter, damit du lange lebst in dem Lande, das der Herr, dein Gott, dir gibt!

6. Du sollst nicht töten!

7. Du sollst nicht ehebrechen!

8. Du sollst nicht stehlen!

9. Du sollst gegen deinen Nächsten kein falsches Zeugnis abgeben!

10. Du sollst nicht das Haus deines Nächsten begehren! Du sollst nicht begehren die Frau deines Nächsten und auch nicht seinen Knecht, seine Magd, sein Rind, seinen Esel und nichts von dem, was deinem Nächsten gehört!"

Katholische Pattloch Bibel, Exodus (2 Mo) 20,1-17.